教育部中等职业教育专业技能课立项教材

U0461919

电子商务物流管理

主　编　苏　莉　于倩颖

副主编　邱学林　李　季

参　编　林熠轩　高　伟　王木子

　　　　王雪飞　郭晓琪　周　祺

　　　　丁旭佳　张　雷

中国人民大学出版社

·北京·

图书在版编目（CIP）数据

电子商务物流管理 / 苏莉，于倩颖主编. --北京：
中国人民大学出版社，2024.4
教育部中等职业教育专业技能课立项教材
ISBN 978-7-300-32742-6

Ⅰ. ①电… Ⅱ. ①苏… ②于… Ⅲ. ①电子商务－物
流管理－中等专业学校－教材 Ⅳ. ①F713.365.1

中国国家版本馆 CIP 数据核字（2024）第 082990 号

教育部中等职业教育专业技能课立项教材

电子商务物流管理

主　编　苏　莉　于倩颖
副主编　邱学林　李　季
参　编　林熠轩　高　伟　王木子　王雪飞　郭晓琪　周　祺　丁旭佳　张　雷
Dianzi Shangwu Wuliu Guanli

出版发行	中国人民大学出版社		
社　　址	北京中关村大街 31 号	**邮政编码**	100080
电　　话	010－62511242（总编室）		010－62511770（质管部）
	010－82501766（邮购部）		010－62514148（门市部）
	010－62511173（发行公司）		010－62515275（盗版举报）
网　　址	http://www.crup.com.cn		
经　　销	新华书店		
印　　刷	北京溢漾印刷有限公司		
开　　本	787mm×1092mm　1/16	**版　　次**	2024 年 4 月第 1 版
印　　张	15	**印　　次**	2025 年 8 月第 5 次印刷
字　　数	348 000	**定　　价**	39.00 元

🔴 LiVE 前言

随着数智经济时代的到来，互联网成为人们进行商业贸易、生产经营、事务处理的重要工具和媒介，电子商务得到迅猛发展。作为一种新型的商业模式，电子商务正在改变着国民经济的方方面面。在经济全球化、信息社会化、产业知识化的 21 世纪，几乎每一个人都离不开电子商务。电子商务的发展，促进了现代物流业井喷式发展；同时，现代物流的高速发展又反过来推动了电子商务领域的不断延伸。因此，电子商务离不开物流，物流也离不开电子商务，学好电子商务专业必须掌握现代物流知识与技能。

电子商务已成为带动产业转型升级和公共服务体系建设的新引擎。为贯彻落实党的二十大精神，建设高质量教学体系，对接现代服务业，服务电商行业高质量发展，我们组织有丰富教学和实践经验的教师和企业人员，校企"双元"合作开发了本教材。本教材将知识传授、能力培养和价值引领融为一体，力求全面落实立德树人的根本任务。

为了能开发一本适合中等职业教育的特色教材，本教材编写者在前期做了大量的市场调研与企业调研，本着以职业能力培养为重点，与行业企业合作进行"基于工作过程"的系统化的课程开发与设计的思路，力求使课程内容设计充分体现职业性、实践性和开放性的要求。课程实施采取以典型工作任务为载体的"理实一体化"的项目教学模式，教、学、做相结合，充分体现"做中学，学中做"的学习思路。针对这一教学模式与思路，我们在开发与课程相对应的教材时，对教材的内容和体例进行了大胆的创新。本教材的内容充分体现特定的工作过程知识，并依据电子商务物流管理各岗位技能和素质要求，以真实的工作任务及工作过程为依据，整合、拓展教材内容。为了便于学生理解和掌握，我们将电子商务物流业务化繁为简、由难变易，遵循由简单到复杂、循序渐进的原则，依据企业岗位对学生理论与技能的要求，结合学生的认知规律对课程进行了重构。全书共设计了 11 个项目，每个项目下根据工作过程内容设置若干任务。通过任务的学习与实操，学生可以有效掌握电子商务物流的基础理论与实践技能。

本教材既适合电子商务专业的学生使用，又适合现代物流管理等其他相关专业的学生使用。

本教材具有以下特色：

第一个特色是教学内容新。本教材充分体现了先进性，对近两年电子商务物流领域出现的新知识、新技术、新应用做了大量介绍。

第二个特色是知识点全面够用，适用面广。本教材全面系统地介绍了电子商务物流各个方面的知识，适用于电子商务专业课和其他专业选修课的教学。

第三个特色是课程内容完全基于"工作过程"设计。本教材在技能操作上严格按照各个方面的知识，适用于电子商务专业课和其他专业选修课的教学。

第三个特色是课程内容完全基于"工作过程"设计。本教材在技能操作上严格按照现实中企业在电子商务物流方面的解决方案、工作流程、操作技巧来设计。

第四个特色是引入企业行家参与各个项目的编写与指导。

第五个特色是教材更加强调培养学生分析问题、解决问题的能力，以及创新能力和自主创业能力，同时融入课程思政内容，以培养出符合社会需要的德智体美劳全面发展的应用型技术人才。

本教材编写由电子商务物流管理教学第一线的教师与相关物流企业的工作人员合作完成，具体编写分工如下：项目一由苏莉、张雷编写；项目二、项目三由李季、王木子、郭晓琪编写；项目四、项目五、项目六由邱学林、王雪飞、周祺、丁旭佳编写；项目七、项目十、项目十一由于倩颖、苏莉编写；项目八、项目九由林熠轩、高伟编写；全书由苏莉统稿。

编写人员具体情况如下：

苏　莉：营口市农业工程学校；

于倩颖：辽宁农业职业技术学院；

邱学林：辽宁农业职业技术学院；

李　季：辽宁农业职业技术学院；

林熠轩：辽宁农业职业技术学院；

高　伟：辽宁农业职业技术学院；

王木子：辽宁农业职业技术学院；

王雪飞：辽宁农业职业技术学院；

郭晓琪：辽宁农业职业技术学院；

周　祺：辽宁经济职业技术学院；

丁旭佳：沈阳京东世纪贸易有限公司；

张　雷：辽宁京邦达供应链科技有限公司。

本教材在编写过程中引用了很多专家、学者的观点，一些软件的操作步骤来自网上搜索，仅限教学使用，在此向这些资料的创作者表示真挚的感谢。由于时间仓促，教材中难免会有差错和疏漏，恳请读者批评指正。

编　者

目 录

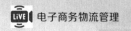

电子商务物流概述

问题引入

2023年10月23日晚8点，京东"双11"正式启动。大促开启仅半小时，家住北京朝阳区的小东便收到了他今年"双11"的第一笔订单——通过京东"小时购"购买的华为手机。小东知道京东"小时购"已接入超10万家全品类实体零售门店，超市便利、生鲜果蔬、手机数码、个护美妆、家居、家电、宠物……优质门店荟萃，大牌商品云集，让消费者可以随时随地随心而购。小东忍不住思考：电子商务与物流的关系是怎样的呢？

项目导读

本项目包括认知电子商务物流和分析电子商务与物流的关系两个任务，通过案例导入、知识链接等形式，帮助学生由浅入深地理解并掌握电子商务与物流的关系以及电子商务物流模式的相关内容。

学习目标

知识目标
- 了解电子商务物流的概念
- 理解电子商务物流的特点
- 掌握电子商务物流发展的制约因素
- 了解现代物流的发展趋势

能力目标
- 能够把握电子商务与物流的关系
- 能够正确分析电子商务物流的模式

素养目标
- 结合电子商务和现代物流产业、行业特点，树立生命、安全、环保、科学等与职业相关的思想意识
- 树立正确的世界观、人生观和价值观，培养对中华优秀传统文化和社会主义先进

文化的认同感。积极弘扬劳动光荣、技能宝贵、创造伟大的时代风尚，树立精益求精的专业精神、职业精神、工匠精神和劳模精神

▶ 任务一　　认知电子商务物流

◎ 案例导入

京东物流亚洲一号：国内智能仓储行业的标杆

在国内提起智能仓储，没有人不知道京东物流的亚洲一号。作为中国智能仓储的一面旗帜，京东物流的亚洲一号可以说引领着整个行业的快速更迭。

据了解，亚洲一号是京东物流自建的亚洲范围内建筑规模最大、自动化程度最高的现代化智能物流项目之一。它通过在商品的立体化存储、拣选、包装、输送、分拣等环节大规模应用自动化设备、机器人、智能管理系统，来降低成本和提升效率。

京东物流有关负责人表示，新建亚洲一号将瞄准新基建下沉，在原有一、二线城市布局基础上，加速在二到五线城市的快速渗透。以此为依托，京东物流将面向低线城市及重点县镇继续扩大物流覆盖能力，实现全国物流整体大提速。同时，京东物流将加快供应链、快递、冷链等业务下沉，服务产业带、农产品上行，助力当地脱贫攻坚，促进区域经济发展。京东物流还将为全国 22 个重点产业带提供标准服务网络之外的定制化供应链解决方案。

显然，京东物流的亚洲一号能起到的作用绝不是储存仓库那么简单，对于各地来说，京东物流亚洲一号的落地能对当地的经济生态产生巨大的影响，因而也是各地招商的宠儿。

实际上，京东物流亚洲一号也正在不断革新，京东物流每年都要投入重金研发相关的物流黑科技产品，以使亚洲一号能够一直保持紧随市场动态的高速运转。

2020 年 6 月 17 日，京东物流北斗新仓正式建成投用，据了解，这也是亚洲首个全流程智能柔性生产物流园。京东物流相关负责人表示，京东物流 368 天磨一剑，对涉及仓储、拣货、复核、打包等环节的代码进行重新编写。1 260 万行代码重构了整个 WMS（仓储管理系统），让京东物流北斗新仓拥有了更加智能的"大脑"。

在此基础上，通过智能算法的全面升级，京东物流北斗新仓内运营的各工作环节实现了极大的优化，每天减少打包复核动作 18 万次，堪比 14 只机械手臂，不仅不会影响工作的准确程度，还能够提升工作效率，减少人为失误，实现流程的自动化、智能化升级。

重磅升级后的智能大脑，负责仓内海量的自动化设备规划和调度。而在具体的操作环节中，京东物流北斗新仓中还有着这样一件"法宝"，虽然看着体积很小，但实力不容小觑——众所周知，每一件商品的入库环节，都少不了通过一次扫码来确认商品信息，而这个过程，往往由工作人员手持扫码枪来完成，而在京东物流北斗新仓的生产线上，这个环节被大大优化，手持扫码枪变身为指环，彻底解放了工作人员的双手，仅这一处改进，初步计算每天能够减少取放动作 108 万次。

除了硬件设备的快速升级，京东物流北斗新仓也少不了软件细节的不断完善。以智

能仓内类目繁多的商品为例，更加精细化的货物管理，使北斗新仓一线员工每天平均减少54万次扭头动作，能够大大减轻员工颈部的损伤。同时，仓内有800辆智能分拣车进行并发式作业，定位速度达到毫秒级；全仓数万个自动化设备和硬件设施，能够从容应对20万订单。

问题与思考：
1. 你所了解的京东物流都有哪些特点？
2. 除了案例中的京东物流，你还知道哪些知名的物流企业？

学习任务单 1-1

学习情景	小东通过学习知道了物流对于电子商务的发展至关重要，于是小东和同学们准备就电子商务物流展开学习
任务描述	任务1： 学生上网浏览以下网站，了解电子商务物流的相关知识： （1）天猫商城 （2）京东商城 （3）苏宁易购 （4）考拉海购 （5）唯品会 （6）顺丰快递 （7）中国邮政速递物流 任务2： 学生分小组就以下问题进行讨论： 问题1：电子商务物流的概念是什么？ 问题2：电子商务物流有哪些特点？ 问题3：电子商务物流服务的内容有哪些？ 以上任务建议2学时完成
小调查	1. 请问你最看中的网上购物的优点是什么？ □商品种类丰富 □价格优势 □准确的可预期的到货时间 □足不出户就能购物 2. 当两款牛奶的价格、口味、质量相似时，你是否会因为包装的独特性而做出选择？ 3. 网购时，你能接受的货物送达的最长时间是多少？ □1～2 天 □3～4 天 □5～6 天 □无所谓
课程思政	学习电子商务物流背后的互联网精神，理解新时代背景下我国电子商务物流的发展理念和制度文化

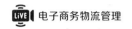

学习任务考核单 1－1

小组：

组长： 组员：				
序号	任务	分值	总结与归纳	成绩
1	电子商务物流的概念	25分		
2	电子商务物流的特点	25分		
3	电子商务物流服务的内容	25分		
4	电子商务物流发展的制约因素	25分		
合　计				

＊请学生填写完学习任务考核单后上交。

知识链接

一、电子商务物流的概念

电子商务物流就是在电子商务条件下，依靠计算机技术、互联网技术、电子商务技术以及信息技术等进行的物流活动。

电子商务物流的本质是物流的信息化和现代化。电子商务的任何一笔交易都由信息流、商流、资金流、物流四个基本部分组成。

信息流既包括商品信息的提供、促销行销、技术支持、售后服务等内容，也包括诸如询价单、报价单、付款通知单、转账通知单等商业贸易单，还包括交易方的支付能力、支付信誉等。商流是指商品在供应商、制造商、批发商、代理商、零售商和物流公司等之间进行交易和商品所有权转移的运动过程，具体是指商品交易的一系列活动。资金流主要是指资金的转移过程，包括信用证、汇票、现金通过银行在各层次的买方与卖方及其代理人之间的流动，此外还涉及外汇管理部门。在电子商务条件下，信息流、商流和资金流的处理都可以通过计算机和网络通信设备实现。物流作为"四流"中最为特殊的一种，涵盖了商品或服务的流动过程，包括运输、储存、配送、装卸、保管等各种活动。对于少数商品和服务来说，可以直接通过计算机网络传输的方式进行商品配送，如各种电子出版物、信息咨询服务、计算机软件等。而对于大多数实体商品和服务来说，其配送仍要经过物理方式传输。一系列机械化、自动化工具的应用，准确、及时的物流信息和对物流过程的监控，能够使物流的流动速度加快、准确率提高，从而有效地减少库存，缩短生产周期。物流作为电子商务整个交易过程的最后一个环节，其执行结果的好坏对电子交易能否成功起着十分重要的作用。因此，可以说，电子商务物流是指基于信息流、商流、资金流的网络化的物资或服务配送活动，包括实体商品（或服务）的物理传送和软体商品（或服务）的网络传送。

二、电子商务物流的特点

(一) 信息化

在电子商务时代，物流信息化是电子商务的必然要求。物流信息化表现为物流信息的商品化、物流信息收集的数据库化和代码化、物流信息处理的电子化和计算机化、物流信息传递的标准化和实时化、物流信息存储的数字化等。因此，条码（Bar Code）、数据库（Database）、电子订货系统（Electronic Ordering System，EOS）、电子数据交换（Electronic Data Interchange，EDI）、电子资金转账（EFT）、快速反应（Quick Response，QR）及有效客户响应（Efficient Customer Response，ECR）、企业资源计划（Enterprise Resource Planning，ERP）等技术在我国的物流中将会得到普遍的应用。信息化是一切技术的基础，没有物流的信息化，任何先进的技术设备都不可能应用于物流领域，信息技术及计算机技术在物流中的应用将会彻底改变世界物流的面貌。

(二) 自动化

自动化的基础是信息化，自动化的核心是机电一体化，自动化的外在表现是无人化，自动化的效果是省力化，另外自动化还可以提升物流作业能力、提高劳动生产率、减少物流作业的差错等。物流自动化的设施非常多，例如：条码/语音/射频自动识别系统、自动分拣系统、自动存取系统、自动导向车、货物自动跟踪系统等。

(三) 网络化

物流领域网络化的基础也是信息化，这里所说的网络化有两层含义：一是物流配送系统的计算机通信网络，包括物流配送中心与供应商或制造商进行联系的计算机网络，以及物流配送中心与下游顾客之间进行联系的计算机网络。例如：物流配送中心向供应商提出订单这个过程，就可以使用计算机通信方式，借助于增值网（Value-added Network，VAN）上的电子订货系统（EOS）和电子数据交换（EDI）技术来自动实现；物流配送中心通过计算机网络收集下游客户订货的过程也可以自动完成。二是组织的网络化，即所谓的企业内部网（Intranet）。

物流的网络化是物流信息化的必然结果，是电子商务下物流活动的主要特征之一。互联网等全球网络资源的可用性及网络技术的普及为物流的网络化提供了良好的外部环境，物流网络化的趋势不可阻挡。

(四) 智能化

智能化是物流自动化、信息化的一种高层次应用，物流作业过程中大量的运筹和决策，例如库存水平的确定、运输（搬运）路径的选择、自动导向车的运行轨迹和作业控制、自动分拣机的运行、物流配送中心经营管理的决策支持等问题都需要借助大量的知识才能解决。在实现物流自动化的进程中，物流智能化是不可回避的技术难题。目前专家系统、机器人等相关技术在国际上已经有了比较成熟的研究成果。为了提高物流现代化的水平，物流的智能化已成为电子商务下物流发展的一个新趋势。

(五) 柔性化

柔性化本来是生产领域为实现"以顾客为中心"理念而提出的，但要真正做到柔性化，即真正地能根据消费者需求的变化来灵活调节生产工艺，没有配套的柔性化的物流系统是不可能实现的。20 世纪 90 年代，国际生产领域纷纷推出弹性制造系统（Flexible Manufacturing System，FMS）、计算机集成制造系统（Computer Integrated Manufacturing System，CIMS）、制造资源系统（Manufacturing Resource System，MRS）、企业资源计划（ERP）以及供应链管理等概念和技术，这些概念和技术的实质是将生产、流通进行集成，根据需求端的需求组织生产，安排物流活动。因此，柔性化的物流正是适应生产、流通与消费的需求而发展起来的一种新型物流模式。这就要求物流配送中心要根据消费需求"多品种、小批量、多批次、短周期"的特色，灵活组织和实施物流作业。

另外，物流设施、商品包装的标准化，物流的社会化、共同化也都是电子商务下物流模式的新特点。

三、电子商务物流服务的内容

随着电子商务的不断发展，人们对电子商务物流的认识不断加深，电子商务物流服务的功能越来越多地被人们开发出来，逐渐得到企业和社会的关注，也成为客户选择服务时的重要参考因素。电子商务与非电子商务就实现商品销售的本质来讲并无区别，物流只是实现销售过程的最终环节，但由于采用不同形式，在电子商务物流中，有一部分特殊服务变得格外重要。概括起来，电子商务物流服务的内容可以分为以下两个方面。

（一）传统物流服务

这与非电子商务的物流服务相同，主要包括以下几个方面的内容。

1. 运输功能

运输功能是物流的基本服务内容之一。物流的主要目的就是满足客户在时间和地点两个条件下对一定货物的要求，时间的变换和地点的转移是实现物流价值的基本因素。企业可以通过自建车队的方式自己设计运输系统，也可将这项物流业务外包给第三方物流经营者。第三方物流经营者一般自己拥有或掌握一定规模的运输工具。具有竞争优势的第三方物流经营者的物流设施不会局限在某一个点上，而是覆盖全国或一个大的区域网络，因此，第三方物流经营者首先要为客户设计最合适的物流系统，选择满足客户需要的运输方式，然后具体组织网络内部的运输作业，在规定的时间内将客户的商品运抵目的地。除了在交货地点交货需要客户配合外，整个运输过程，包括最后的市内配送都可以由第三方物流经营者完成，以尽可能方便客户。

2. 储存功能

这是物流服务的第二大功能，它实现了物流的时间价值。对于企业来说，储存功能通过一定的库存实现。与运输功能一样，企业既可以通过构建自己的仓库，或租用仓库来对产品进行管理，也可以交给第三方物流经营者来完成这项功能。

电子商务既需要建立网站，又需要建立物流中心，而物流中心的主要设施之一就是仓库及其附属设备。需要注意的是，电子商务服务提供商的目的不是要在物流中心的仓库中储存商品，而是通过仓储保障市场分销活动的开展，同时尽可能减少库存占压的资金，降低储存成本。如果一个物流系统设计和运作得好，能够使仓库成为系统多余的东西，那肯定会大受欢迎，对各方都有好处。因此，提供社会化物流服务的公共型物流中心需要配备高效率的分拣、传送、储存等设备。在电子商务物流中，可以利用电子商务的信息网络，尽可能地通过完善的信息沟通，将实物库存暂时用信息代替，即将信息作为虚拟库存（Virtual Inventory），具体方法可以是建立需求端数据自动收集系统（Automated Data Collection，ADC），在供应链的不同环节通过 EDI 交换数据，建立基于 Internet 的 Intranet，为用户提供 Web 服务器，便于数据实时更新和浏览查询，一些生产厂商和下游的经销商、物流服务商共用数据库、共享库存信息等，目的都是尽量降低实物库存水平但并不降低供货服务水平。那些能将供应链上各环节的信息系统有效集成，并能以尽可能低的库存水平满足营销需要的电子商务方案提供商是竞争的真正领先者。

3. 装卸搬运功能

这是为了加快商品的流通速度所必须具备的功能，无论是传统的商务活动还是电子商务活动，都必须具备一定的装卸搬运能力。第三方物流服务提供商应该提供更加专业化的装载、卸载、运送、码垛等装卸搬运机械，以提高装卸搬运作业效率，缩短订货周期，减少作业对商品造成的损坏。

4. 包装功能

物流的包装作业目的不是要改变商品的销售包装，而在于通过对销售包装进行组合、拼配、加固，形成适宜于物流和配送的组合包装单元。

5. 流通加工功能

流通加工的主要目的是方便生产或销售，专业化的物流中心常常与固定的制造商或分销商进行长期合作，为制造商或分销商完成一定的加工作业，比如贴标签、制作并粘贴条形码等。

6. 物流信息处理功能

由于现代物流系统的运作已经离不开计算机，因此，对各个物流环节的各种物流作业信息进行实时采集、分析、传递，并向货主提供各种作业明细信息及咨询信息，是相当重要的。

 **小资料**

中国航空及快递禁限运规则

一、中国海关禁限进出口物品

1. 各种武器、仿真武器、弹药及爆炸物品。

2. 伪造的货币及伪造的有价证券。

3. 对中国政治、经济、文化、道德有害的印刷品、胶卷、照片、唱片、影片、录音带、录像带、激光视盘、计算机存储介质及其他物品。

4. 各种烈性毒药。

5. 鸦片、吗啡、海洛因、大麻以及其他能使人成瘾的麻醉品、精神药物。

6. 带有危险性病菌、害虫及其他有害生物的动物、植物及其产品。

7. 有碍人畜健康的、来自疫区以及其他能传播疾病的食品、药品或其他物品。

二、国际物流禁运品

（一）快递禁运品

1. 难以估算价值的有价证券及易丢失的贵重物品，如：提货单、核销单、护照、配额证、许可证、执照、私人证件、汇票、发票、本国或外国货币（现金）、金银饰物、人造首饰、手机。

2. 易燃易爆、腐蚀性、毒性、强酸碱性和放射性的各种危险品，如：火柴、雷管、火药、爆竹、汽油、柴油、煤油、酒精（液体和固体）、硫酸、盐酸、硝酸、有机溶剂、农药及其他列入化学工业出版社出版的《化学危险品实用手册》中的化工产品。

3. 各类烈性毒药、麻醉药物和精神药品，如：砒霜、鸦片、吗啡、可卡因、海洛因、大麻等。

4. 国家法令禁止流通或寄运的物品，如：文物、武器、弹药、仿真武器等。

5. 含有反动、淫秽或有伤风化内容的报刊书籍、图片、宣传品、音像制品、激光视盘（VCD、DVD、LD）、计算机磁盘及光盘等。

6. 妨碍公共卫生的，如尸骨（包括已焚的尸骨）、未经硝制的兽皮、未经药制的兽骨等。

7. 动物、植物以及它们的标本。

8. 难以辨认成分的白色粉末。

9. 私人信函等。

（二）航空禁运品

1. 威胁航空飞行安全的物品，指在航空运输中，可能明显地危害人身健康、安全或对财产造成损害的物品或物质。主要有以下几类：

A. 爆炸品，如烟花爆竹、起爆引信等；

B. 气体，如压缩气体、干冰、灭火器、蓄气筒（无排放装置，不能再充气的）、救生器（可自动膨胀的）等；

C. 易燃液体，如油漆、汽油、酒精类、机油、樟脑油、发动机启动液、松节油、天拿水、胶水、香水等；

D. 易燃固体，自燃物质，遇水释放易燃气体的物质，如活性炭、钛粉、椰肉干、蓖麻制品、橡胶碎屑、安全火柴（盒擦的或片擦的）、干燥的白磷、干燥的黄磷、镁粉等；

E. 氧化剂和有机过氧化物，如高锰酸钾；

F. 毒性和传染性物品，如农药、锂电池、催泪弹等；

G. 放射性物质；

H. 腐蚀品，如蓄电池、碱性的电池液。

2. 未加消磁防护包装的磁铁、磁钢等含强磁的制品。

3. 任何药品。

4. 其他航空禁运品，如粉末状物品（不论何种颜色）、液体（不论使用何种包装）、外包装有危险标志的货物、没有国家音像出版社证明的音像制品（含CD、VCD）、刀具、榴梿、带气火机、涉及"武器"和"枪支"概念的任何货品（含玩具）等。

（二）增值性物流服务

以上是普通商务活动中典型的物流作业，电子商务物流也应该具备这些功能。但除了传统的物流服务外，电子商务还需要增值性的物流服务（Value-added Logistics Services）。

增值性物流服务是指在完成物流基本功能的基础上，根据客户需求提供的各种延伸业务服务。提供增值性服务是竞争力强的企业区别于一般小企业的重要特征。有时，在传统服务的基础上也能够实现增值性服务。增值性物流服务包括以下几个方面的内容。

1. 增加便利性的服务

一切能够简化手续、简化操作的服务都是增值性服务。简化是相对于消费者而言的，并不是说服务的内容简化了，而是以前需要消费者自己做的一些事情，现在由商品或服务提供商以各种方式代替消费者做了。在提供电子商务物流服务时，推行一条龙门到门服务、提供完备的操作或作业提示、免培训、免维护、省力化设计或安装、代办业务、一张面孔接待客户、24小时营业、自动订货、物流全过程追踪等都是对电子商务销售有用的增值性服务。

2. 加快反应速度的服务

快速反应已经成为物流发展的动力之一。传统观点和做法单纯地将加快反应速度当成快速运输的一种要求，而现代物流的观点则认为，可以通过两条途径使物流过程变快：一是提高运输基础设施和设备的运行效率，如修建高速公路、铁路提速、制定新的交通管理办法、将汽车本身的行驶速度提高等。这是一种速度的保障，但在需求方对速度的要求越来越高的情况下，它也变成了一种约束，必须采取其他的办法来提高速度，所以第二种办法，也是具有重大推广价值的增值性物流服务方案，就是优化电子商务系统的配送中心、物流中心网络，重新设计适合电子商务的流通渠道，以此来减少物流环节、简化物流过程，提高物流系统的快速反应能力。

3. 降低成本的服务

在电子商务发展的前期，物流成本一般会居高不下，有些企业可能会因为根本承受不了这种高成本而退出电子商务领域，或者是选择性地将电子商务的物流服务外包出去，这是很自然的事情。因此，发展电子商务，一开始就应该寻找能够降低物流成本的物流方案，比如：第三方物流服务；电子商务经营者之间或电子商务经营者与普通商务经营者联合，实施物流联盟计划。如果具备一定的商务规模，比如亚马逊这样具有一定销售量的电子商务企业，可以通过采用比较适用但投资较少的物流技术和设施设备，或推行物流管理技术，如运筹学中的管理技术、单品管理技术和信息技术等，提高物流的效率和效益，降低物流成本。

4. 延伸服务

物流服务向上可以延伸到市场调查、需求预测、采购及订单处理；向下可以延伸到配送、物流咨询、物流方案的选择与规划、库存控制决策建议、货款回收与结算、物流教育与培训、物流系统设计与规划方案的制定等。关于货款结算功能，物流的结算不仅仅是物流费用的结算，在从事代理、配送的情况下，物流服务商还要替货主向收货人结算货款等。关于需求预测功能，物流服务商应该根据物流中心商品进货、出货信息来预测未来一段时间内的商品进出库量，进而预测市场对商品的需求，从而指导订货。关于物流系统设计功能，第三方物流服务商要充当电子商务经营者的物流专家，为电子商务经营者设计物流系统，替它选择和评价运输商、仓储商及其他物流服务供应商，国内有些专业物流公司正在进行这项尝试。关于物流教育与培训功能，物流系统的运作需要电子商务经营者的理解与支持，通过向电子商务经营者提供物流培训服务，可以将物流服务商的要求传达给电子商务经营者，培养它们对物流服务商的认同感，提高电子商务经营者的物流管理水平，也便于确立物流作业标准。

四、电子商务物流发展的制约因素

早在 80 多年前，物流对国民经济的重要性就已经被揭示出来，人们花了将近一个世纪的时间探索挖掘物流这个利润源泉的办法，现已积累了不少经验。但由于电子商务的发展还处于成长期，人们对电子商务物流的认识才刚刚开始，电子商务物流还要从传统物流做起。目前，国内外的各种物流配送虽然大都跨越了简单送货上门的阶段，但在层次上仍是传统意义上的物流配送，因此在经营中存在着传统物流配送无法克服的种种弊端和问题，尚不具备或基本不具备信息化、现代化、社会化的新型物流配送的特征。我国电子商务物流发展的制约因素主要表现在以下方面：

（1）社会上重电子、轻商务，重商流、轻物流，重信息网、轻物流网的倾向比较严重；

（2）适合电子商务发展的物流体系还没有建立；

（3）物流基础设施不配套；

（4）物流管理手段落后；

（5）第三方物流服务发展滞后；

（6）传统储运的观念、体制及方法对现代物流的发展造成了巨大阻力。

我国的电子商务发展目前仍处在比较困难的成长阶段，尤其是物流、配送体系的完善是电子商务发展必须解决的问题。电子商务作为数字化生存方式，代表着未来的贸易方式、消费方式和服务方式。应完善整体生态环境，打破原有物流行业的传统格局，建设和发展以商品代理和配送为主要特征，物流、商流、信息流有机结合的社会化物流配送中心，建立电子商务物流体系，使各种"流"畅通无阻，这样才能达到最佳的电子商务境界。

▶ 任务二　　分析电子商务与物流的关系

◎ 案例导入

畅通快递的"最后一百米"

热衷网购的消费者，对这样的情形一定不陌生：在家里左等右等快递员上门派件，却只等到一条短信——"请凭取件码取件"；快递迟迟不到，查看物流才发现早已"被签收"，联系快递员询问情况，才知道已经"放驿站了""放门卫室了"……如今，快递不上门，给不少消费者带来困扰。

近几年，随着电商的快速发展，快递行业规模不断扩大。数据显示，2020年全国快递服务企业业务量累计完成833.6亿件，是10年前的30多倍。但从2010年到2019年，快递业从业人员只增长了4倍多，远低于快递业务量的增长速度。这意味着，现在一位快递员的工作量是10年前的7倍多。对于快递揽投人员来说，工作压力倍增，工资收入又采取计件工资制，派送效率直接影响收入。

在快递员提高效率的过程中，有一些不可控因素。比如，有的小区出于安全考虑，拒绝快递员进入；有的住宅楼设有门禁，进出或乘坐电梯需要刷卡，这些都增加了送件的时间成本。堆积的包裹推着快递员不断向前，而现实的种种"阻碍"又让快递员的脚步无法快起来。面对签收率达标要求以及只能靠高强度工作提高收入的现实压力，快递员们只能"被数据推着走"。不少快递企业无暇顾及用户体验，纷纷将目光投向了代收点。

这是一个折中的选择，却不是一个令人满意的方案。快递放在代收点，意味着收件人无法当面验货再签收，快递被冒领、错领，甚至丢失怎么办？生鲜产品变质等问题谁来负责？重物搬运谁来帮忙？诸如此类问题，无疑给消费者增添了麻烦，最终也会转化为对快递服务的不满。此前，中消协发布的"618"消费维权舆情分析报告显示，消费者吐槽较多的配送类问题中，排名第一的就是不送货上门。这些吐槽和投诉，也会直观反映在快递员的收入上，一次投诉，很可能一天白干。快递员不上门送货，提高了派送效率，却有被罚款的风险，用户的体验也大打折扣，取快递平添不少麻烦，双方都有无奈之处。

在快递总量快速增长而快递员数量有限的结构性矛盾下，要改变这一现状，必须从优化服务方面破题。实际上，对于快递，有人要求当面签收，也有人更看重住址隐私，愿意在代收点取件；有人希望送货上门，也有人上班时间无法收货，更喜欢快递柜随时可取。快递不上门饱受诟病的关键在于，快递员代替用户做出了选择。用户多元化的需求，看似为投递服务增添了麻烦，却也是缓解派送压力的切口。细分需求，定制服务，让送上门、快递柜、快递超市等方式各尽其用，才能兼顾好"送出去"的急切和"收过来"的感受。

当前，全国日均快递包裹量已超3亿件。从西北戈壁到西南边陲，从乌蒙山区到秦巴腹地，都有不断延伸的快递网络。规模如此庞大的行业，仅靠末端揽投人员的急速狂奔，注定难以支撑。既解决服务不断"缩水"问题，又切实为快递员减负，有赖于市场机制、激励机制的调整以及监管的完善。对快递企业来说，应该认识到：在经历过行业快速发展后，能够留下来、赢得用户的，终将是提供更好服务的那一个。

资料来源：尹双红.畅通快递的"最后一百米".人民日报，2021-11-12（05）.

问题与思考：

电子商务与物流的关系是怎样的？

学习任务单1-2

学习情景	小东通过学习了解了电子商务物流的概念、特点和服务内容等知识，接下来小东和同学们准备就电子商务与物流的关系展开学习
任务描述	任务1： 学生访问以下网站，了解电子商务物流的相关知识： （1）中华人民共和国国家邮政局官网 （2）中国物流股份有限公司官网 （3）京东物流官网 任务2： 学生分小组就以下问题进行讨论： 问题1：电子商务和物流的关系是怎样的？ 问题2：电子商务物流模式有哪些？ 以上任务建议2学时完成
小调查	1. 您认为电子商务与物流的关系如何？ □关系密切 □关系一般 □有一点关系 □没什么关系 2. 对于消费者来说，在快递公司的包裹派送和收取业务过程中哪些因素比较重要？ □货物要保管好 □速度要快 □价格要合理 □可电话追踪或网上追踪 □快递员态度要好 □可送至家中或楼下
课程思政	理解节能降碳、发展绿色物流的重要性，积极探索净化物流环境、充分利用物流资源的理念和措施

学习任务考核单1-2

小组：

组长： 组员：				
序号	任务	分值	总结与归纳	成绩
1	电子商务与物流的关系	40分		
2	电子商务物流模式	30分		
3	现代物流发展趋势	30分		
合　计				

＊请学生填写完学习任务考核单后上交。

⊚ 知识链接

电子商务与物流之间是相互依存和相互促进的关系。电商的发展为物流增加了业务数量，而大部分电商都离不开物流，而且电商做得越好其物流系统就越完备。实体店的优势中有一点是即时到货，也就是说顾客付了钱就能够拿到商品，没有时间差。但是电商却不是如此，电商需要顾客在摸不到实物的情况下先行付款，然后等物流运送过来后验货。所以电商离不开物流，而且需要更好的物流。如果物流能够将电商中存在的下单和到货之间的时间缩短，就能为电商在消费者心目中赢得更高的信任度和美誉度。不少电商就是在物流方面努力，通过超过其他电商品牌的强大物流来赢得消费者的喜爱和信赖。所以，物流是电商的依靠，而物流也因电商的繁荣才得以发展壮大。

一、电子商务与物流的关系

电子商务与现代物流业之间是一种互为条件、互为动力、相互制约的关系。关系处理得当，采取的措施得力，二者可以相互促进，共同加快发展；反之也可能互相牵制。

(一) 现代物流是电子商务发展的必备条件

1. 现代物流技术为电子商务快速推广创造了条件

每笔电子商务交易都需要具备物流、信息流和资金流等要素。其中，物流是基础，信息是桥梁，资金是目的。物流企业需要收集商业交易背后的信息，以便对产品进行运输、跟踪、分拣、接收、存储、提货以及包装等。在信息化的电子商务时代，物流与信息流的配合也变得更重要，这就要求必须运用现代物流技术。

物流技术是指与物流要素活动有关的所有专业技术的总称，包括各种操作方法、管理技能等，如流通加工技术、物品包装技术、物品标识技术、物品实时跟踪技术等。随着计算机网络技术的应用与普及，物流技术中综合了许多现代信息技术，如地理信息系统（GIS）、全球定位系统（GPS）、电子数据交换（EDI）、条码（Bar Code）等。物流业加快应用现代信息技术，为电子商务的快速推广铺平了道路。

2. 现代物流配送体系是电子商务的支持系统

现代物流配送可以根据电子商务的特点，对整个物流配送体系实行统一的信息管理和调度，按照用户要求在物流基地完成理货，并将配好的货物送交收货人。这一现代物流方式对物流企业提高服务质量、降低物流成本、提高企业经济效益及社会效益具有重要意义。

3. 现代物流配送系统提高了社会经济运行效率

物流配送企业可以采用网络化的计算机技术和现代化的硬件设备、软件系统及先进的管理手段，严格按用户的订货要求进行分类、编配、整理、分工、配货等一系列理货工作，定时、定点、定量地将货物交给各类用户，满足其多样化的需求。物流配送以一种全新的面貌，成为流通领域革新的先锋，代表了现代市场营销的主方向。新型物流配送比传统物流方式更容易实现信息化、自动化、现代化、社会化、智能化、简单化，使货畅其流、物尽其用，既能减少生产企业库存、加速资金周转、提高物流效率、降低物流成本，又能刺激社会需求，促进经济的健康发展。

（二）电子商务为物流业提高效率和效益提供了技术条件和市场环境

电子商务的兴起，为物流产业带来了更为广阔的增值空间；同时，网络技术又为物流企业建立高效、节省的物流信息网提供了最佳手段。虽然目前物流业因不能适应电子商务的快速发展而暴露出种种不尽如人意之处，但这恰恰是现代物流服务产业无限商机的源泉。

1. 电子商务为物流功能集成创造了有利条件

电子商务的发展必将加剧物流业的竞争，竞争的主要方面不是硬件而是软件，是高新技术支持下的服务。电子商务可以表现为很多技术的应用，但只有通过技术和业务的相互促进，才能实现形式与内容的统一。电子商务公司希望物流企业不是仅仅完成送货任务，而是最终成为电子商务公司的客户服务商，协助电子商务公司完成售后服务，并提供更多增值服务，如跟踪产品订单、提供销售统计、代买卖双方结算货款、进行市场调查与预测、提供采购信息及咨询服务等系列化服务，从而提高电子商务公司的核心服务价值。

2. 电子商务为物流企业实现规模化经营创造了有利条件

电子商务为物流企业实施网络化与规模化经营搭建了理想的业务平台，便于物流企业建立自己的营销网、信息网、配送网。当然网络化经营的运作方式不一定全部要由物流企业来完成，物流企业更多的应是集成商，通过对现有资源的整合来完善自己的网络，实现物流功能的集成化。现在越来越多的企业认识到物流是获得竞争优势的重要手段，把"价值链"的概念引入物流管理，形成了"供应链"的概念，把物流称为"一体化供应链"，物流系统的竞争优势主要取决于它的一体化即功能整合与集成的程度。

3. 电子商务的虚拟技术为物流企业提高管理水平提供了工具

虚拟化与全球化发展趋势促使物流企业不断加强自身网络组织建设，电子商务的发展要求物流企业具备在短时间内完成广阔区域物流任务的能力，同时保持合理的物流成本。物流企业应该通过互联网整合现有的物流手段，加强与其他物流服务商的联系，加快海陆空一体化物流平台的建设，发展物流网上交易市场，从而提高物流资源综合利用率和服务水平。

4. 电子商务环境要求物流企业创新客户服务模式

电子商务的即时性要求物流企业创新客户响应模式，建立完备的信息处理系统和传输系统，以便在第一时间对客户要求做出反应。在电子商务条件下，速度已上升为物流企业最主要的竞争手段，所以在物流系统内采用 EDI 技术成为一种重要趋势。

 政策护航

国务院办公厅关于推进电子商务与快递物流协同发展的意见

国办发〔2018〕1号

各省、自治区、直辖市人民政府，国务院各部委、各直属机构：

近年来，我国电子商务与快递物流协同发展不断加深，推进了快递物流转型升级、

提质增效，促进了电子商务快速发展。但是，电子商务与快递物流协同发展仍面临政策法规体系不完善、发展不协调、衔接不顺畅等问题。为全面贯彻党的十九大精神，深入贯彻落实习近平新时代中国特色社会主义思想，落实新发展理念，深入实施"互联网十流通"行动计划，提高电子商务与快递物流协同发展水平，经国务院同意，现提出以下意见。

一、强化制度创新，优化协同发展政策法规环境

（一）深化"放管服"改革。简化快递业务经营许可程序，改革快递企业年度报告制度，实施快递末端网点备案管理。优化完善快递业务经营许可管理信息系统，实现许可备案事项网上统一办理。加强事中事后监管，全面推行"双随机、一公开"监管。（国家邮政局负责）

（二）创新产业支持政策。创新价格监管方式，引导电子商务平台逐步实现商品定价与快递服务定价相分离，促进快递企业发展面向消费者的增值服务。（国家发展改革委、商务部、国家邮政局负责）创新公共服务设施管理方式，明确智能快件箱、快递末端综合服务场所的公共属性，为专业化、公共化、平台化、集约化的快递末端网点提供用地保障等配套政策。（国土资源部、住房城乡建设部、国家邮政局负责）

（三）健全企业间数据共享制度。完善电子商务与快递物流数据保护、开放共享规则，建立数据中断等风险评估、提前通知和事先报告制度。在确保消费者个人信息安全的前提下，鼓励和引导电子商务平台与快递物流企业之间开展数据交换共享，共同提升配送效率。（商务部、国家邮政局会同相关部门负责）

（四）健全协同共治管理模式。发挥行业协会自律作用，推动出台行业自律公约，强化企业主体责任，鼓励签署自律承诺书，促进行业健康发展。引导电子商务、物流和快递等平台型企业健全平台服务协议、交易规则和信用评价制度，切实维护公平竞争秩序，保护消费者权益；鼓励开放数据、技术等资源，赋能上下游中小微企业，实现行业间、企业间开放合作、互利共赢。（商务部、交通运输部、国家邮政局会同相关部门负责）

二、强化规划引领，完善电子商务快递物流基础设施

（五）加强规划协同引领。综合考虑地域区位、功能定位、发展水平等因素，统筹规划电子商务与快递物流发展。针对电子商务全渠道、多平台、线上线下融合等特点，科学引导快递物流基础设施建设，构建适应电子商务发展的快递物流服务体系。快递物流相关仓储、分拨、配送等设施用地须符合土地利用总体规划并纳入城乡规划，将智能快件箱、快递末端综合服务场所纳入公共服务设施相关规划。加强相关规划间的有效衔接和统一管理。（各省级人民政府、国土资源部、住房城乡建设部负责）

（六）保障基础设施建设用地。落实好现有相关用地政策，保障电子商务快递物流基础设施建设用地。在不改变用地主体、规划条件的前提下，利用存量房产和土地资源建设电子商务快递物流项目的，可在5年内保持土地原用途和权利类型不变，5年期满后需办理相关用地手续的，可采取协议方式办理。（各省级人民政府、国土资源部负责）

（七）加强基础设施网络建设。引导快递物流企业依托全国性及区域性物流节点城市、国家电子商务示范城市、快递示范城市，完善优化快递物流网络布局，加强快件处理中心、航空及陆运集散中心和基层网点等网络节点建设，构建层级合理、规模适当、匹配需求的电子商务快递物流网络。优化农村快递资源配置，健全以县级物流配送中心、

乡镇配送节点、村级公共服务点为支撑的农村配送网络。（国家发展改革委、商务部、国家邮政局负责）

（八）推进园区建设与升级。推动电子商务园区与快递物流园区发展，形成产业集聚效应，提高区域辐射能力。引导国家电子商务示范基地、电子商务产业园区与快递物流园区融合发展。鼓励传统物流园区适应电子商务和快递业发展需求转型升级，提升仓储、运输、配送、信息等综合管理和服务水平。（各省级人民政府、国家发展改革委、商务部、国家邮政局负责）

三、强化规范运营，优化电子商务配送通行管理

（九）推动配送车辆规范运营。鼓励各地对快递服务车辆实施统一编号和标识管理，加强对快递服务车辆驾驶人交通安全教育。支持快递企业为快递服务车辆统一购买交通意外险。规范快递服务车辆运营管理。（各省级人民政府负责）引导企业使用符合标准的配送车型，推动配送车辆标准化、厢式化。（国家邮政局、交通运输部、工业和信息化部、国家标准委、各省级人民政府负责）

（十）便利配送车辆通行。指导各地完善城市配送车辆通行管理政策，合理确定通行区域和时段，对快递服务车辆等城市配送车辆给予通行便利。推动各地完善商业区、居住区、高等院校等区域停靠、装卸、充电等设施，推广分时停车、错时停车，进一步提高停车设施利用率。（各省级人民政府、交通运输部、国家邮政局、公安部负责）

四、强化服务创新，提升快递末端服务能力

（十一）推广智能投递设施。鼓励将推广智能快件箱纳入便民服务、民生工程等项目，加快社区、高等院校、商务中心、地铁站周边等末端节点布局。支持传统信报箱改造，推动邮政普遍服务与快递服务一体化、智能化。（国家邮政局、各省级人民政府负责）

（十二）鼓励快递末端集约化服务。鼓励快递企业开展投递服务合作，建设快递末端综合服务场所，开展联收联投。促进快递末端配送、服务资源有效组织和统筹利用，鼓励快递物流企业、电子商务企业与连锁商业机构、便利店、物业服务企业、高等院校开展合作，提供集约化配送、网订店取等多样化、个性化服务。（国家邮政局会同相关部门负责）

五、强化标准化智能化，提高协同运行效率

（十三）提高科技应用水平。鼓励快递物流企业采用先进适用技术和装备，提升快递物流装备自动化、专业化水平。（工业和信息化部、国家发展改革委、国家邮政局负责）加强大数据、云计算、机器人等现代信息技术和装备在电子商务与快递物流领域应用，大力推进库存前置、智能分仓、科学配载、线路优化，努力实现信息协同化、服务智能化。（国家发展改革委、商务部、国家邮政局会同相关部门负责）

（十四）鼓励信息互联互通。加强快递物流标准体系建设，推动建立电子商务与快递物流各环节数据接口标准，推进设施设备、作业流程、信息交换一体化。（国家标准委、国家发展改革委、工业和信息化部、商务部、国家邮政局负责）引导电子商务企业与快递物流企业加强系统互联和业务联动，共同提高信息系统安全防护水平。（商务部、国家邮政局负责）鼓励建设快递物流信息综合服务平台，优化资源配置，实现供需信息实时共享和智能匹配。（国家邮政局负责）

（十五）推动供应链协同。鼓励仓储、快递、第三方技术服务企业发展智能仓储，延伸服务链条，优化电子商务企业供应链管理。发展仓配一体化服务，鼓励企业集成应用各类信息技术，整合共享上下游资源，促进商流、物流、信息流、资金流等无缝衔接和高效流动，提高电子商务企业与快递物流企业供应链协同效率。（国家发展改革委、商务部、国家邮政局负责）

六、强化绿色理念，发展绿色生态链

（十六）促进资源集约。鼓励电子商务企业与快递物流企业开展供应链绿色流程再造，提高资源复用率，降低企业成本。加强能源管理，建立绿色节能低碳运营管理流程和机制，在仓库、分拨中心、数据中心、管理中心等场所推广应用节水、节电、节能等新技术新设备，提高能源利用效率。（国家发展改革委、环境保护部、工业和信息化部负责）

（十七）推广绿色包装。制定实施电子商务绿色包装、减量包装标准，推广应用绿色包装技术和材料，推进快递物流包装物减量化。（商务部、国家邮政局、国家标准委负责）开展绿色包装试点示范，培育绿色发展典型企业，加强政策支持和宣传推广。（国家发展改革委会同相关部门负责）鼓励电子商务平台开展绿色消费活动，提供绿色包装物选择，依不同包装物分类定价，建立积分反馈、绿色信用等机制引导消费者使用绿色包装或减量包装。（商务部会同相关部门负责）探索包装回收和循环利用，建立包装生产者、使用者和消费者等多方协同回收利用体系。（国家发展改革委、环境保护部、商务部、国家邮政局负责）建立健全快递包装生产者责任延伸制度。（国家发展改革委、环境保护部、国家邮政局负责）

（十八）推动绿色运输与配送。加快调整运输结构，逐步提高铁路等清洁运输方式在快递物流领域的应用比例。鼓励企业综合运用电子商务交易、物流配送等信息，优化调度，减少车辆空载和在途时间。（国家邮政局、交通运输部负责）鼓励快递物流领域加快推广使用新能源汽车和满足更高排放标准的燃油汽车，逐步提高新能源汽车使用比例。（各省级人民政府负责）

各地区、各有关部门要充分认识推进电子商务与快递物流协同发展的重要意义，强化组织领导和统筹协调，结合本地区、本部门、本系统实际，落实本意见明确的各项政策措施，加强对新兴服务业态的研究和相关政策储备。各地区要制定具体实施方案，明确任务分工，落实工作责任。商务部、国家邮政局要会同有关部门加强工作指导和监督检查，确保各项措施落实到位。

国务院办公厅

2018 年 1 月 2 日

二、电子商务物流模式

电子商务物流模式主要有四种：平台整合物流资源模式、平台自建物流体系模式、电商物流服务外包模式、即时配送物流服务模式。

（一）平台整合物流资源模式

平台整合物流资源模式是指利用智慧物流平台，搭建智慧物流骨干网，全面整合社会资源建设的服务于电子商务网购平台的智慧物流体系。最典型的案例是菜鸟物流。菜鸟物流基于阿里巴巴淘宝、天猫等电商平台的物流需求，联合多家快递企业、物流企业、物流技术服务企业，通过大数据驱动，以建设中国和世界智慧物流骨干网为目标，建立了基于数据驱动的社会化协同平台，力争实现全国任何地区电子商务物流配送24小时达的目标。

（二）平台自建物流体系模式

在全国各地以投资自建为主，搭建智慧物流服务体系，即为平台自建物流体系模式，如京东物流。这是典型的重资产物流服务模式，虽然也有一些地区的物流仓储设施采用了租赁模式，但物流服务网络基本上是以投资自建为主。京东在全国建设了大量仓储设施作为智慧物流服务网络的节点，末端配送也以自营为主体，干线运输以社会资源为主体，也有部分自有车辆。

（三）电商物流服务外包模式

电商物流服务外包模式是指电子商务商家把物流配送服务外包给物流配送企业（主要是快递物流企业）的服务模式，中小商家一般均采用这种服务外包的模式。淘宝最早采用的也是物流配送服务外包模式，与众多快递企业合作，将其接入淘宝平台，通过平台向商家推荐快递企业，商家选择快递企业将物流配送外包出去。

（四）即时配送物流服务模式

即时配送物流服务模式是近几年外卖配送、新零售、电子商务物流等在配送末端推出的一种新的物流资源组织服务的模式。即时配送物流服务模式主要指不经过仓储网点周转，直接点对点配送的物流服务模式，其智能化的配送调度与管理平台是关键。目前同城邻近区域的本地生活服务类电商一般都采用这一服务模式。

三、现代物流发展趋势

随着物流业的发展，供应链管理模式方面不断增添新的内容，物流业出现了新的发展趋势。

（一）由物的处理转向物的价值方案设计、解决和管理

现代物流可以为客户提供量身定制的个性化服务，企业逐渐转向强调跨企业界限的整合，使得客户关系的维护与管理变得越来越重要。

（二）由对立转向联合

在传统商业通道中，企业多以自我为中心，追求自我利益，因此往往造成企业间对立的局面。如今为了追求更强大的竞争力，许多企业开始在各个商业流通机能上进行整合，通过联合规划与作业，形成高度整合的供应链通道关系，使通道整体效果大幅提升。

（三）由预测转向终测

传统的流通模式通过预测下游通道的资源来进行各项物流作业活动，然而预测往往不准确，因而浪费了许多自然及商业资源。新兴的物流管理趋势则强调通道成员的联合机制，成员间互换营运及策略信息，尤其是内部需求及生产资料，使得上游企业无须进行预测。

（四）由经验积累转向变迁策略

一直以来，经验曲线都是企业用来分析市场竞争趋势及制定应对策略的依据，然而随着科技的突飞猛进，企业固守既有经验反而成为发展的障碍。因此，在高度变化的环境下，企业要想成功，必须有辨识策略方向的敏锐嗅觉，持续变迁管理体系。

（五）由绝对价值转向相对价值

传统财务评价只看绝对价值，而新的评估方法则更注重相对价值的创造，即在通道中提供价值服务，看顾客所增加的价值中企业占多少比例。

（六）由功能整合转向程序整合

在渠道竞争日趋激烈的环境中，企业必须更快响应上、下游顾客的需要，因而必须有效整合各部门的营运，并以程序式的操作系统来运作，物流作业与活动大多具有跨功能、跨企业的特性，故程序整合是物流管理成功的重点。

（七）由垂直整合转向虚拟整合

在传统渠道中，一些大企业进行通道的垂直整合，以期掌握更大的力量，事实证明这并不成功，反而分散了企业的资源，并将主业削弱。如今企业经营的趋势是专注于核心业务，将非核心业务委托给专业管理公司去做，形成虚拟企业整合体系，使主体企业提供更好的产品及服务。

（八）由信息保留转向信息分享

在供应链管理结构下，供应链内相关企业必须将供应链整合所需的信息与其他企业分享，否则就无法形成有效的供应链体系。

（九）由训练转向知识学习

物流作业多半需要在各个物流节点和运输网络中进行，大约有90%的时间，物流主管无法亲自加以监控。全球化的发展趋势也提高了物流人力资源管理的复杂性。物流主管必须由个别人员技能训练的方式转向基础知识的学习。

（十）由会计管理转向价值管理

未来许多企业愿意投入大量资源建立基本会计系统，着重提供增值创造、跨企业的信息管理等服务，以期能确认可以创造价值的作业，而非仅仅关注收益的增减和成本的升降。

◎ **素养提升**

节能降碳，发展绿色物流

绿色物流是绿色发展的重要内容，是推动绿色低碳发展的题中应有之义。要加强绿色包装应用、加大新能源物流车推广力度、加强科技手段在物流环节中的赋能，实现重点环节绿色化，推动绿色物流高质量发展。

家住广东省广州市越秀区的吴月凌喜欢在网上购物，但"买买买"的背后，不断堆积的快递纸箱也成了难题。最近，她收到了一个特别的快递包裹，这个快递纸箱的内侧设计了示意线条，她按照提示把快递箱拆开平铺，沿着示意线裁开，很快就制作出了一个置物架。

"既有意思也有意义。这种创意改造既能锻炼消费者的动手能力，也能变废为宝践行环保责任。"吴月凌说。这种特别的纸箱是顺丰推出的"'箱'伴计划"中的一个举措，顺丰已在全国大中城市投放了数十万个创意纸箱，鼓励用户动手对旧纸箱进行创意改造和再利用，推动快递物流绿色化。

2022年的《政府工作报告》中提出，持续改善生态环境，推动绿色低碳发展。中国宏观经济研究院研究员王蕴表示，流通是社会大生产循环中的重要环节，绿色物流的发展对促进社会大生产绿色发展具有重要意义，是推动绿色低碳发展的题中应有之义。

2021年，我国快递年业务量突破千亿件级别，已连续8年稳居世界第一，日均服务用户近7亿人次。国家统计局数据显示，交通运输、仓储和邮政业能源消费量已由2003年的1.28亿吨标准煤增至2019年的4.39亿吨标准煤，占我国能源消费总量的比例由6.50%提升至9.01%。促进绿色物流产业发展、构建低碳生态，成为一项日益重要且迫切的任务。

2022年1月国家发展改革委、商务部、市场监管总局等7部门发布的《促进绿色消费实施方案》中提出，加快发展绿色物流配送。北京工商大学商业经济研究所所长洪涛认为："绿色物流涉及包装、运输、仓储和配送等方面，由生产者、销售者和消费者共同参与，需要各方共同努力才能实现。"

王蕴表示，近年来，在绿色发展理念和相继出台的绿色低碳发展政策引导下，我国绿色物流呈现较快发展态势，正在向低污染、低消耗、低排放，高效能、高效率、高效益的现代化物流转变。各地加快建设绿色物流仓储园区，通过采用高效节能设备，加快物联网、云计算和大数据等技术应用，进行物流智能化改造，优化仓储设计，减量和可循环成为快递包装绿色化发展的重要内容。

思考：节能降碳，发展绿色物流有什么意义？

📀 练习题 ▮▮

1. 简答题

（1）电子商务物流的概念是什么？
（2）现代物流的发展趋势有哪些？
（3）电子商务物流有哪些特点？
（4）电子商务物流发展的制约因素有哪些？
（5）电子商务与物流的关系是怎样的？
（6）电子商务物流的模式有哪些？

2. 实训练习

请学生以小组为单位完成以下实训任务。

【任务内容】

请从以下物品中找出能够采用航空运输的商品：眼线笔、腮红、眼影盘、子弹、炮弹、手榴弹、地雷、炸弹、雷管、炸药、火药、鞭炮、饼干、火腿肠、面包、方便面、休闲食品、薯片、瓜子、包装花生、开心果、汽油、煤油、桐油、酒精、生漆、柴油、气雾剂、气体打火机、瓦斯气瓶、磷、硫黄、火柴、火硫酸、盐酸、硝酸、有机溶剂、农药、过氧化氢、铀、钴、镭、钚、铊、氰化物、砒霜、吗啡、可卡因、海洛因、睫毛夹、眼线膏、口红、大麻、冰毒、麻黄素。

【实践活动安排】

活动	识别快递货物中的禁限运商品
活动目标	熟悉中国航空及快递禁限运规则
活动内容	查询相关规定，找出禁止航空运输的商品
活动考核	1. 每个小组上交一份作业记录 2. 考核每个小组操作的准确性，分 A、B、C、D 4 个等级评定

电子商务企业物流部门的岗位

问题引入

随着社会的不断进步，人们逐渐认识到了岗位职责的重要性，岗位职责可以明确每个人该承担什么样的工作、担当什么样的责任、如何更好地完成工作、什么是不该做的，等等。电商行业的快速发展使得物流岗位成为电商企业中不可或缺的一环。通过前面的学习，小东对电子商务物流已经有了一个大致的认识，接下来他准备对电商企业物流部门的岗位进行学习。

项目导读

本项目包括电子商务企业物流部门的岗位设置和岗位职责两个任务，通过案例导入、知识链接等形式，帮助学生由浅入深地理解并掌握电子商务企业物流部门岗位的相关内容。

学习目标

知识目标
- 了解影响电子商务企业物流部门设置的因素
- 理解电子商务企业物流部门的设置方式
- 掌握电子商务企业物流部门的岗位职责

能力目标
- 能够正确地进行电子商务企业物流部门岗位结构分析
- 能够用文字或图表描述电子商务企业物流部门的岗位职责

素养目标
- 将所学与所用有机结合，养成良好的职业素养并承担相应的社会责任
- 全面提升综合素质，树立正确的世界观、人生观与价值观

▶ 任务一　电子商务企业物流部门的岗位设置

◎ 案例导入

物流企业岗位结构与物流总体规划的关系：以兖矿集团为例

兖矿集团，原本是中国第四大煤炭国有企业，总部位于山东，成立于1976年，于1996年改组为国有独资公司。集团地处华东地区，从事煤炭、煤化工、发电、矿井基建、建筑材料、机械加工、外经外贸等多个行业。旗下曾拥有八座煤矿，年产量可以达到3 000万～3 500万吨，并且拥有当时世界最先进的综合机械化放顶煤技术。企业发展鼎盛时期，曾拥有10个全资子公司与控股公司，8个参股公司，员工8.2万人，资产总额为175.73亿元。然而，这样一个规模庞大的企业却在2020年7月13日与山东能源集团进行合并，合并后存续公司为山东能源集团。而这样的结局，实际上与其物流部门组织结构管理中暴露出的诸多问题不无关系（以下仅列举部分长期调查结论）：组织结构过于松散，不利于现代统一物流的实施；物资采购与供应权力过于分散，信息传递准确性差，储备资金占用过大；物流仓储设施落后，物流条件差，管理水平参差不齐；物流配送包括运输设施背景复杂，没有形成集体合力，导致资源外流；流通加工各自为政，缺乏一体化合作；业务管理过于分散，权力下放，没有充分发挥应有的职能；没有建立物资供货商档案资料体系，采购程序复杂；缺乏统一的企业物流标准；未建立物资部领导业务巡检制度；物资部缺乏对非煤单位物资供应的技术力量和能力保证；缺乏行之有效的激励机制，责权利不明晰，造成死库存长期存在。

要解决兖矿集团发展中存在的问题，需要进行诸多方面的整合，包括人员的组织整合、现有物流基础设施的资产整合、现有物流装备包括汽车的整合、制度与流程的整合、权力和利益的重新分配等。

供应物流的组织形式：统一思想、明确目标；建立兖矿集团统一的大物流组织体系；妥善处理物流组织和生产组织间服务与被服务的关系；提高组织成员的专业素养；建立健全物流组织奖励和激励机制，激发人的潜能。

采购的集权：供货商的管理与开发；采购的控制；采购财务控制；采购信息服务体系；供应物流的质量保证体系；统一的编码与信息基础体系；集中仓储；集中配送；集中流通与加工；回收物流与废弃物物流；统一的呼叫中心；现代化的信息系统；面向社会的物流体系；规范、统一的服务流程与规章制度。

问题与思考：

1. 现代物流对管理制度以及技术手段的要求有哪些？

2. 人才对于物流管理规划的价值体现在哪些方面？

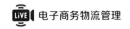
学习任务单 2-1

学习情景	小东同学偶然看到了一篇宝供物流集团的相关报道，里面提到宝供物流集团标准职位序列呈现三大特点：三大层级——战略层、管理层、执行层；三大序列——管理、技术和作业；20子系列……小东对企业物流岗位设置产生了很大的兴趣，带着诸多疑问，他和小组同学一起展开了学习
任务描述	每组自选一个物流企业，调查其具体岗位设置情况。各组根据学生性格特质和自身意愿进行岗位分工，推选出每组组长。最后由组长介绍调查结果，汇报执行过程。 以上任务建议2学时完成
小调查	1. 你认为你所调查的物流企业岗位的人员配置是否充足？ □是　□否 2. 你认为你所调查的物流企业岗位人员配置的依据是否合理？ □完全合理　□基本合理　□不合理
课程思政	在专业技能课教学中，引导学生树立正确的职业观，培养学生爱岗敬业、不畏艰险、兢兢业业、一丝不苟、互相尊重的学习和工作态度，在提升学生职业技能的同时，将思政元素融入项目任务，落实立德树人根本任务

学习任务考核单 2-1

小组：

序号	任务	分值	总结与归纳	成绩
组长： 组员：				
1	影响电子商务企业物流部门设置的因素	30分		
2	电子商务企业物流部门的设置方式	30分		
3	电子商务企业物流部门发展面临的形势	40分		
合计				

＊请学生填写完学习任务考核单后上交。

◎ 知识链接

一、影响电子商务企业物流部门设置的因素

在现实经营过程中，物流及物流管理的作用越来越受到人们的关注，因而电子商务企业物流部门的设置也越来越受到企业的重视。但设置物流部门要受到许多因素的影响，这些因素实际上构成了设置物流部门的基本依据，主要有以下几个方面。

（一）企业的状况

物流部门是否需要设置、如何设置，应根据企业的具体情况来决定。如果企业规模愈来愈大，分工愈来愈细，物流业务过程愈来愈复杂，为了提高工作效率，就必须按照不同的业务分工设置不同的部门。一般来说，企业规模大、专业化分工细，则部门较多；反之，则部门较少。这说明企业规模和业务分工是设置物流部门的基础。

（二）划分物流部门的标准

从不同的角度确定划分物流部门的标准，然后进行有区别的设置。例如，按管理职能划分，有物流成本、物流统计等控制与评价部门；按物流业务划分，有采购、储运、检验等部门；按物流对象划分，有各种业务经营部门和物流服务部门等。

（三）管理层次与管理幅度

一般情况下，企业规模大，管理层次就多，物流部门自然也多；相反，企业规模小，管理层次就少，物流部门也会相对少一些。与此同时，管理幅度又是决定管理层次的基本因素，因此，在设置物流部门考虑管理层次因素时，也必须考虑管理幅度因素。有效管理幅度增大时，管理层次就会减少，物流部门也会减少；相反，有效管理幅度减小时，管理层次就会增多，物流部门也就随之增多。

（四）集权与分权制度

所要设置的物流部门划分为几个管理层次后，要求相应地为各管理层赋予充分的自主权，并使职权与职责相适应。事实上在各管理层之间就产生了集权与分权制度的问题。这种权力集中与分散的程度，自然会影响到物流部门的设置。

（五）物流部门与相关部门的关系

在企业经营活动过程中，物流部门与生产部门、营销部门、财务部门以及其他职能部门的关系十分密切。企业的发展要求物流部门与相关部门紧密配合、相互协作，为实现企业总体目标而共同努力。但是，如果对物流工作以及物流工作与其他工作的关系有不同认识，例如将物流工作归并到销售部门，难免会给物流部门的设置带来一定的影响。

（六）企业外部环境

企业外部环境及其变化对物流部门的设置会产生比较大的影响，比如：国家经济管理体制及改革的情况；国际贸易的要求；国内外物流市场状况；企业及分支机构的地域分布以及企业与外部联系的情况；客户网络及其变化情况等。

除上述影响物流部门设置的主要因素外，还有其他一些因素同样会对物流部门的设置产生不同的影响，如企业家的能力、管理人员的素质、人们的传统习惯等，在进行物流部门设置时，应当给予充分的考虑。

二、电子商务企业物流部门的设置方式

在企业经营活动过程中，不同企业有着不同的物流活动方式，并在此基础上设置相应的物流部门来实现物流活动的职能。一个企业在物流活动方面，应当具有两方面的功能，一是运作社会物流的功能，二是组织企业自身物流的功能。这就需要在相应的管理体制下通过某种物流运作的模式来实现。

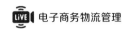

电子商务企业物流部门的设置方式主要有以下几种。

（一）临时性物流部门的设置

这是指当企业因未完成某项工作任务，需要进行某项物流活动时，各个相关部门分别派出专人组建对该物流活动进行实时操作和管理的临时性物流部门。与此同时，任命其中的主要责任人为该临时性物流部门的主管或领导。当该项物流活动工作任务完成后，临时性物流部门即可解散。

在这种运作模式下，临时性物流部门所承担的任务是全权负责所指派的某项物流活动的领导工作。该物流部门对所有参与协作的各个部门负责，而各部门派出的参与者就具有了双重身份——既是原部门的代表，又是这一临时性部门的工作者之一。他们都要起到在物流活动过程中与本部门管理环节之间的协调作用。

（二）专门性物流部门的设置

专门性物流部门也称专业性物流部门，这是大多数企业最常用的物流部门设置方式。企业大都会设立专门的物流部门，协调、管理企业的各项物流活动，为企业实现整体经营目标、提高综合经济效益服务。专门性物流部门具有独立开展业务和管理的能力，是企业的主要部门之一。它在企业中直接向总经理或主管经理负责。

这种运作模式下的物流部门与生产、营销、财务等部门一样，都属于企业独立的专业职能部门，它的设置和调整全部由企业最高决策层来决定。同时，不同行业、不同生产特点及不同规模的企业在设置物流部门时也会有所区别，例如设置物流部门的数量会有所不同。

（三）隐性物流部门的设置

隐性物流部门实际上是一种虽有物流活动但不形成独立机构的部门设置方式。在物流活动比较分散的情况下一般采取这种设置方式。大型企业的各个组成部分，如各个事业部一般都有各自的物流部门来负责自己经营中的实际物流工作，这些物流部门和各自所属主体的经营活动密不可分。因此，它们不可能脱离自己的主体而形成专门的物流部门，从而使企业的物流分散在各个组成部分当中，形成了所谓的隐性物流部门，企业对此只能实行分散管理。

在这种运作模式下，物流功能可以和企业各组成部分经营活动紧密结合，有利于统一协调管理。

（四）物流子公司的设置

物流子公司是大型企业（大公司或公司集团）在总公司下将物流部门从各职能部门中分离出来成立的单独的物流公司。这个子公司成为企业集团中的一员，不但在该企业集团中承担物流的任务和责任，而且可以同集团以外的其他企业建立各种经济关系，接受其他企业的物流活动委托，从事物流经营业务活动。

这种物流子公司与其他物流部门相比较，具有很多明显的特点：一是物流子公司是一个自主经营、实行独立核算、自负盈亏的经济实体，它按照市场经济规律的要求进行有效的管理；二是物流子公司成立以后，为了自身的经济利益，会努力实现物流的合理化和现代化，提高物流工作效率；三是物流子公司对外承接各种物流业务活动，可以帮助总公司拓展经营领域,实现多元化经营,有利于总公司或集团公司的整体发展;四是从物流子公司与总公司以及其他企业之间的关系来看,可以是一般联合形式,也可以是相互持股的关系,还可以是控股关系。

三、电子商务企业物流部门发展面临的形势

随着全球市场经济的快速发展,电商企业等互联网企业的核心竞争因素也在发生改变。在传统工业时代,企业更多的是通过原材料、资本、厂房等资源提升企业竞争力;但在电商产业高速发展的互联网时代,企业的核心竞争因素面临着巨大的转变。任何企业想要在全球化的市场经济背景下生存与发展,形成具有自身特质的市场竞争力,都需要不断完善自身与市场的交流,建立一整套完整高效的物流体系,这样才能充分发挥企业优势,使企业能够在激烈的市场竞争中不断发展。

在这其中,企业物流岗位的设置与优化是企业发展的关键,怎样建立一个完整高效的物流体系,是目前电商企业共同面临的问题之一。随着社会经济和科技的高速发展,中国物流市场急速扩张。由于物流技术匮乏和物流管理水平仍然处于发展阶段,企业迫切需要素质高、技能高的物流人才。尤其是"双循环"发展战略①带来的新一轮市场领域的开放,对我国物流行业和相关从业人才提出了更高要求。

▶ 任务二 电子商务企业物流部门的岗位职责

◎ 案例导入

山东某物流有限公司位于山东胶东半岛地区,成立于 1995 年,注册资本 2 700 万元人民币。该公司主要业务涵盖国际集装箱堆存、物流仓储、集装箱检修等三大核心物流功能,拥有专业技术人员近 300 名。该公司还拥有自己的报关行及仓库,能为客户提供全套的进出口报关、商检、仓储、拖车、分拨及相关服务,实行"一票在手,全程无忧"的二十四小时服务。经过 30 来年的发展,该公司成为山东地区规模最大、功能最齐全、综合实力最强的集装箱物流企业之一。

由于物流行业的特殊性及从业人员的特点,公司的人员流动较为频繁,很多员工在熟悉了岗位操作及工作标准之后就离开,公司不得不重新招聘,再培训,周而复始。这一方面造成了员工培训成本的增加,另一方面由于人员都是"新手",服务质量也难以保证。面对人员频繁流动给公司造成的压力,该公司领导提出了工作标准化的要求,希望能通过对各个岗位工作标准的梳理和规范,打造统一的服务模式,提高服务质量。

---

① 2020 年 5 月下旬"两会"期间,习近平发表重要讲话:"逐步形成以国内大循环为主体、国内国际双循环相互促进的新发展格局。"《中共中央关于制定国民经济和社会发展第十四个五年规划和二〇三五年远景目标的建议》将"加快构建以国内大循环为主体、国内国际双循环相互促进的新发展格局"纳入其中,指明了物流行业的发展方向。

问题与思考：

该物流公司应该如何设置岗位以及如何划分岗位职责？

学习任务单2-2

学习情景	小东作为一名物流专业的毕业生，即将就业，同学们知道物流企业里有哪些岗位适合毕业生就业吗？
任务描述	任务1： 选择一个校企合作的物流企业，访问该企业网站，了解以下信息： 1. 该企业物流业务流程 2. 该企业物流岗位设置及组织结构 3. 该企业不同岗位员工数量 任务2： 学生分小组就以下问题进行讨论： 问题1：大型物流企业与中小型物流企业在人员配备上有什么区别？ 问题2：一个物流企业在制定岗位职责时应该考虑的现实问题有哪些？ 以上任务建议2学时完成
小调查	1. 你认为将来物流领域发展潜在的不利因素是什么？ □物流人才过剩　□金融危机冲击物流市场　□物流行业发展不规范 2. 你对快递公司的服务态度是否满意？ □满意　□一般　□不满意
课程思政	从电子商务企业物流部门的岗位职责课程内容出发，围绕增长知识见识、加强品德修养、坚定理想信念、培养奋斗精神和厚植爱国情怀，培养学生求真务实的工作精神和严谨踏实的工作作风，提升学生的职业素养，让学生成为经得起实践磨砺和检验的时代新人
任务拓展	4人为一组，根据海淘购物流程，分析其中涉及的物流岗位及岗位职责

学习任务考核单2-2

小组：

序号	任务	分值	总结与归纳	成绩
	组长： 组员：			
1	电子商务企业物流部门的职能	20分		
2	电子商务企业物流部门的岗位职责和权责范围	60分		
3	电子商务企业物流部门的员工守则	20分		
合　计				

*请学生填写完学习任务考核单后上交。

🎧 知识链接

一、电子商务企业物流部门的职能

电子商务企业的物流部门，作为隶属于某公司或企业的下属部门，其主要职能一般包括以下几个方面：

（1）确保公司外销成品仓储与运输活动的正常开展；

（2）维护公司 ERP 系统相关的数据信息，并对各类数据信息进行统计，提供有关的库存动态资料；

（3）负责公司内部积压物资的提报与处理；

（4）负责公司仓库、厂房租赁的归口管理；

（5）优化和完善物流运作体系，降低物流成本；

（6）组织员工进行物流专业知识的培训；

（7）参与公司总体物流策划活动。

物流部门在完成各项工作的同时，要力求在进行物流活动的过程中加强控制和降低物流成本，并力争为各个部门提供更方便、安全、优质的服务。

二、电子商务企业物流部门的岗位职责和权责范围

按照工作流程可将物流部门岗位划分为三个主要职能部门，分别对应仓储、调度及运输。

（一）仓储职能部门的岗位职责和权责范围

仓储职能部门涉及的岗位及其职责、权责范围如下。

1. 部门经理

（1）岗位职责。

制订部门总体工作计划并推进实施；制订部门管理培训计划并实施；制定和完善部门管理体系；优化和完善部门物流运作体系；审核各类上报报表及费用单据；制定和审核部门管理费用；研究并改进工作流程和操作规范，完善单据和账簿管理；参与公司总体物流策划活动；确保职责范围内仓储与运输活动的正常进行；做好客户物流服务，确保客户满意；主导呆滞成品的提报与处理工作；提供本部门的物流统计数据；制定本部门固定资产的管理和使用制度；部门对外沟通；上司安排的其他工作。

（2）权责范围。

有权参与企业相关制度、政策的制定，并提出合理化建议；有权对企业的库存管理、采购工作提出意见和建议；有权拒绝手续不齐全、不合格物资的出入库；有权对不合格品、变质品、废品进行处理或提出合理化建议；有权建立内部组织机构，并对员工进行考核；有权参与对各分公司、分部仓库管理人员的考核；有权对内部员工的聘任、解聘提出意见和建议；有权处罚做出违规行为的内部员工；有权要求相关部门配合其工作；有权提出改进仓库管理制度、工作流程的意见与建议。

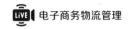

2. 仓储经理

（1）岗位职责。

制订部门的管理制度以及工作计划；制订部门培训计划及培训教材并有效实施；审查并督导各仓库日常工作；审查并督导各仓库账务管理工作；审查并督导部门安全管理工作；制定部门预算并控制各项管理费用；制订仓储进出存计划并组织实施；审核各类上报报表；与外部门沟通；对部门员工进行考核；审核本部门监工单据及费用数据；上司安排的其他工作。

（2）权责范围。

有权参与部门工作计划的制订；有权对本部门员工进行考核；有奖惩本部门员工的建议权；对仓库管理的产品数量与质量负责；对部门的费用投入效果负责；对因工作失误给公司造成的经济损失负相应的经济和行政责任。

3. 仓库主管

（1）岗位职责。

参与制订及实施部门工作计划和培训计划；主持部门内部各类沟通管理会议；定期对库存数量进行稽查，及时发现存在的问题；组织仓库日常、月度盘点，确保盘点的有效实施；定期汇总复检产品明细并提报处理；下属的考勤管理和工作纪律稽查；处理权责范围内的异常情况；临工单的审核；下属的岗位培训；上司安排的其他工作。

（2）权责范围。

有奖惩仓库保管员的建议权；有考核仓库保管员的建议权；有参与部门管理的建议权；有权举报不符合公司规定的人和事；对因工作失误给公司造成的经济损失负相应的经济和行政责任。

4. 厂运主管

（1）岗位职责。

参与制订7S计划（包括整理、整顿、清扫、清洁、素养、安全、节约，因为这7个词在日语和英语中的第一个字母都是"S"，所以简称"7S"）；负责7S的具体推行工作；负责监督检查部门各类设备的日常保养，确保设备的正常使用；负责部门固定资产的管理；负责部门消防与安全管理工作；仓库门禁管理；工作纪律稽查；相关安全作业的培训与考察；负责成品外运的具体工作；控制运输成本；上司安排的其他工作。

（2）权责范围。

有奖惩保管员、装卸工的建议权；有权制止无关人员进入仓库；有权制止不安全操作；有权反映发现的不良行为；有权举报危害公司利益的人和事；对因工作失误给公司造成的经济损失负相应的经济和行政责任。

5. 库管员

（1）岗位职责。

除上述管理岗位之外，仓储部门还包括负责各专项工作的库管员，其主要工作职责一般包括：按单点收入库成品，对入库产品合理安排存储位置；按单发货，准确及时完成产品出库，确保客户满意；定期盘点，确保账物一致；认真做好管理区域的7S，保持库区整洁；定期检查库区环境，确保产品的存储安全；维护产品及库区的各类标识；合理安排和监督装卸工的搬运工作；合理安排集装箱来柜时间及停靠位置，检查其是否完好并做好记录；对装柜全程进行监督、拍照、封锁、填单等管理；上司安排的其他工作。

（2）权责范围。

有权拒收不符合单据或有问题的产品；有权拒发无正式单据的产品；有奖惩装卸工的建议权；对分管成品的数量和质量负责；有权举报危害公司利益的人和事；对因工作失误给公司造成的经济损失负相应的经济和行政责任。

（二）调度、运输职能部门的岗位职责和权责范围

除仓储外，一个职能相对完善的物流部门一般还包括调度、运输等职能部门，涉及的岗位及其职责、权责范围如下。

1. 统计主管

（1）岗位职责。

参与制订部门工作计划；对下属进行业务培训与工作考核；系统数据维护；稽查库存账务；审核单据与发票；对部门电子文档进行保存和管理；审核各类财务报表和业务报表；负责主要报表和文件的传送；制定电脑、打印机等设备的日常保养制度并推动实施；协助仓库在 ERP 系统中查询成品信息；上司安排的其他工作。

（2）权责范围。

有奖惩统计员的建议权；有考核统计员的建议权；有参与部门管理的建议权；有权举报危害公司利益的人和事；对因工作失误给公司造成的经济损失负相应的经济和行政责任。

2. 统计员

（1）岗位职责。

系统基础数据维护；审查各类单据的有效性；将单据准确及时输入电脑；对各类单据文件定期进行整理和归档保存；做好办公区的 7S 工作，保持办公室的环境整洁；定期汇总各类财务报表和业务报表；进行仓库文件电子文档的录入和管理；负责相关报表和文件的传送；对电脑、打印机等设备进行日常保养；上司安排的其他工作。

（2）权责范围。

有权拒收不合规范的单据并举报给上司；有权举报危害公司利益的人和事；对因工作失误给公司造成的经济损失负相应的经济和行政责任。

3. 设备主管

（1）岗位职责。

参与运输费用的核定；负责固定资产的登记和设备的合理分配；定期检查车辆保养情况，确保车辆正常运行；确保成品运输中人、车辆、货物的安全；控制车辆平均油耗和设备维修成本；定期汇总运输费用并提报审核；定期举办部门安全作业培训，杜绝安全事故；上司安排的其他工作。

（2）权责范围。

有权参与运输费用的价格拟定；有权对本部门员工进行考核；有奖惩本部门员工的建议权；有权举报损害公司利益的人和事；对因工作失误给公司造成的经济损失负相应的经济和行政责任。

在传统物流企业与部门运作中，与仓储主管相比，设备主管的工作内容在一般情况下对技术的专业性要求更高。

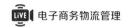

4. 牵引车驾驶员

（1）岗位职责。

检查入库产品的外包装、数量、批号和型号等的准确性；安全驾驶，确保运输安全；对栈板进行准确记录，避免流失；监督装卸工，确保无野蛮操作；定期对牵引车进行保养与维护；上司安排的其他工作。

（2）权责范围。

有奖惩装卸工的建议权；有权制止不良品流入仓库；有权制止不合流程的发货；有权反映发现的不良行为；有权举报危害公司利益的人和事；对因工作失误给公司造成的经济损失负相应的经济和行政责任。

5. 叉车驾驶员

（1）岗位职责。

按要求装卸货物；按叉车操作规程安全操作；定期进行车辆保养与维护，保证车辆正常运行；上司安排的其他工作。

（2）权责范围。

有权拒绝不安全操作；有权反映不安全情况；对因工作失误给公司造成的经济损失负相应的经济和行政责任。

6. 装卸工

（1）岗位职责。

按规定装卸产品，确保产品的包装和品质完好；合理使用物流工具搬运产品，确保产品的安全；定期打扫库区，保持现场良好的环境；协助保管员检查出入库成品，确保出入库成品数量、型号准确。

（2）权责范围。

有权拒收不良产品入库；有权反映发现的不良产品；对因工作失误给公司造成的经济损失负相应的经济和行政责任。

相比各部门领导以及专项职能员工，装卸工的职业门槛较低。在传统制造业的物流部门中，装卸工的学历要求一般为初中以上；知识要求包括掌握安全作业、搬运作业的相关理论和技术；能力技能要求包括熟悉产品型号，能够使用简单的物流工具，吃苦耐劳。

随着智慧物流的快速发展，物流行业岗位需求发生了重大变化。智慧物流对仓储、分拣、运输、配送、管理等物流核心业务的覆盖使得传统库管员（仓管员）、统计员、送货员（配送员）、拣货员和客服等岗位的人才素质与能力面临转型升级，人工智能技术员、物联网工程技术员、大数据工程师、设备技术工程师、自动化技术高级工程师等一批新兴专业技术岗位出现。企业对物流人才的要求明显提高，除了掌握专业的物流理论和技术外，还需要具备物流信息化、物流数据分析、系统分析与设计、智能设备运维等方面的专业知识与技能。

三、电子商务企业物流部门的员工守则

任何企业的员工，在明确自身所属岗位的岗位职责和权责范围前，都应明确自身属于企业的一员，都要遵循企业通行的员工守则。电子商务企业物流部门员工要明确自己

的基本职责、工作要求和行为规范，以确保部门的高效运作，提升企业的整体竞争力。所有物流部门员工都应严格遵守以下守则。

（一）工作态度

（1）积极进取：始终保持对工作的热情和进取心，努力提高工作效率和质量。

（2）认真负责：对待工作认真负责，注重细节，保证工作的准确性和及时性。

（3）团结协作：发扬团队精神，与同事和睦相处，共同完成工作任务。

（二）岗位职责

（1）负责订单处理、仓储管理、物流配送等相关工作。

（2）严格按照工作流程进行操作，确保货物的安全、准确、及时送达。

（3）定期对仓库进行盘点，确保库存的准确性。

（4）及时处理客户投诉，提升客户满意度。

（三）工作纪律

（1）准时出勤，不得无故迟到、早退。

（2）严格执行请销假制度，不得擅自旷工或擅离职守。

（3）保持工作场所整洁、有序，营造良好的工作环境。

（四）保密义务

（1）对企业的商业机密、客户信息等保密内容承担保密义务。

（2）在未得到企业正式授权的情况下，不得向任何外部机构或个人透露企业的保密内容。

（3）在离职后，仍需继续履行保密义务。

（五）安全操作

（1）严格遵守安全操作规程，确保自身和他人的安全。

（2）在仓储、物流配送等环节，应遵循相关安全规定，防止货物损坏、丢失或造成其他安全事故。

（3）对发现的安全隐患应及时报告，并配合相关部门进行整改。

练习题

1. 简答题

（1）影响电子商务企业物流部门设置的因素有哪些？

（2）电子商务企业物流部门的设置方式主要有几种？

（3）简述仓储职能部门管理岗位的岗位职责和权责范围。

（4）简述调度、运输职能部门的岗位职责和权责范围。

2. 实训练习

请学生以小组为单位完成以下实训任务。

【任务内容】

某物流公司因为客户业务规模的扩大，仓库储存货物的品种和数量大大增加，为了更好地服务客户，该公司要对客户的库存物品进行管理，有效地控制库存，提高管理效率。对于仓库管理者来说，既要明确工作职责、库存管理的任务，又要确定好各种电商产品的合理库存量。

【实践活动安排】

活动	分析电商企业库存控制与管理是否合理
活动目标	明确仓库管理者的工作职责、库存管理的任务，确定好电商产品的合理库存量
活动内容	1. 定时观察库房条件，确保库房内温度不超标 2. 对存货及时进行控制，随时了解库存产品的数量，确保产品质量，随时检查，发现问题及时上报调整 3. 全力协助货主公司进行退货、收货作业，并填写好单据，及时反馈给货主公司
活动考核	1. 考核收集的资料是否准确、丰富 2. 考核库存合理与否，分析是否准确 3. 考核小组报告内容完整程度 4. 考核小组协作程度，分 A、B、C、D 4 个等级评定

项目三

电子商务物流技术

问题引入

随着经济全球化和信息技术的迅速发展，现代物流作为新兴的支柱产业，在国民经济中发挥着越来越重要的作用。"现代物流"与"传统物流"最本质的区别在于，前者由"物流信息系统"搭建平台，而后者则没有。可以说，现代物流就是"传统物流＋信息化"，信息化已成为现代物流的灵魂和关键。为了降低物流成本，实现"按需生产、零库存、短在途"的目标，我国物流行业大力发展现代物流，充分利用信息技术，提高从业人员素质，让"信息流"主导"物品流"，通过信息化来实现"物流"的准确配置，让物的流动达到最佳的目的性和经济性，将生产地和流通过程中的库存降到最低。那么，都有哪些物流技术？物流技术对实现零库存能起到什么作用？

项目导读

本项目包括认知物流技术、条码技术、RFID 技术（射频识别技术）、电子订货系统、仓储管理系统以及全球卫星导航系统六个任务，通过案例导入、知识链接等形式，帮助学生由浅入深地理解并掌握电子商务物流技术的相关内容。

学习目标

知识目标
- 理解物流技术的概念
- 了解条码技术
- 掌握射频识别技术
- 掌握电子订货系统
- 了解仓储管理系统
- 了解全球卫星导航系统

能力目标
- 能够熟悉并适应企业信息化运作管理模式
- 能够熟练操作相关软件以及硬件设备

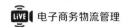

● 能够在电子商务物流中应用典型的现代物流技术

素养目标

● 能够将所学与所用有机结合，养成良好的职业素养，遵守各种行为规范和操作规范

▶ 任务一　　认知物流技术

◉ 案例导入

京东物流科技全场景、全链条覆盖，强大技术成一体化供应链坚实后盾

2021年11月18日，京东物流发布公告，第三季度营收257亿元，同比增长43.3％。值得注意的是，第三季度以来，京东物流连续发布多项技术成果，推出多项物流基础设施，有效增强了市场信心，强大的物流科技正成为京东物流一体化供应链物流服务器的强大后盾。

具体而言，京东物控已具备5G智能调度云边端一体化、全终端、数据融合、全链路、数字孪生、共建生态等特性，管理和接入供应链物流全环节终端；三代天狼系统则已经实现拣货效率提升3～5倍，拣货准确率提升至99.99％，单位面积存储密度提升3倍；京东物流第五代智能快递车还实现了完全无盲区，有远程遥控、监控等功能，有效提升了自动驾驶的智能水平。2021年9月，京东还推出了天地狼系统，该系统兼具立库存储和柔性搬运功能，可以实现3～20米的高密度立体存储，完全自研核心控制器和三维调度算法，让设备可靠性高达99.95％。

多项技术成果在实际运营中发挥着不可替代的重要作用。在京东"双11"期间，京东物流投入近400辆智能快递车，分布在全国超过25个城市，与2020年相比送达订单量增加超过200％，并持续用科技助力抗击疫情；而高达95％的全链路预测准确率均值，则成为京东"双11"期间端到端高效、精准服务的有力保障。

京东物流科技"硬实力"正得到越来越多的关注。在数据管理能力等方面，2021年10月，京东物流获评DCMM 4级，成为国内首家获得DCMM 4级认证的物流企业；另外，2021年三季度，京东物流的"智能无人仓"货到人订单拣选整体解决方案等4项创新技术和应用，正不断提升客户体验，并提高全流程运营效率。

在物流基础设施方面，截至2021年9月30日，京东物流已运营1 300个仓库，从2020年三季度末以来，一年间新增约500个仓库。值得注意的是，自2020年三季度末以来，京东物流一年间增加了13座"亚洲一号"大型智能物流园区，综合效率提升超4倍。

正是得益于多年来持续不断的物流基础设施建设和技术研发，京东物流构建了强大的一体化供应链优势，以高质量的服务，连续多季度成为公众满意度最好的物流服务品牌之一。在2021年的京东"双11"期间，京东物流在全国超过300座城市实现分钟达，93％的区县、84％的乡镇可以实现当日达和次日达。

问题与思考：

1. 现代物流技术对物流人才提出了哪些全新的要求？

2. 在企业运作过程中，是使用成熟的技术更加重要还是使用创新但尚未经过行业认证的技术更加重要？

学习任务单 3-1

学习情景	在东北上学的小东从网上一家义乌的店铺购买了一些气氛彩灯，下单后直接从沈阳的仓库发货，24小时配送到位。配送速度之快让小东产生了好奇：物流环节到底应用了哪些先进的现代化技术使得电商网购如此顺畅？对此，小东准备展开学习
任务描述	任务1： 访问菜鸟物流网站，了解和分析菜鸟物流当前的业务，包括仓配网络、跨境网络、快递平台、菜鸟物流云、菜鸟驿站、供应链金融等。 任务2： 学生分小组完成以下任务： 1. 了解菜鸟物流的配送体系 2. 了解菜鸟物流的运行系统 以上任务建议2学时完成
小调查	1. 你用过菜鸟物流吗？ □用过　□没用过 2. 在选择物流公司时，你主要考虑哪些方面的因素？ □速度　□价格　□服务　□其他
课程思政	在新冠疫情期间，各大物流公司运用大数据、人工智能、5G等现代信息技术以最快的速度集中物资并组织运输配送，保证了应急物资运输的时效性。以此为切入点，引导学生树立爱国主义思想，厚植保家卫国的情怀，立鸿鹄之志，勇于创新，增强学生投身专业研究的使命感，鼓励学生把爱国情怀转化成为国奉献的实际行动
任务拓展	调查你所在城市的物流行业发展情况，了解有无菜鸟物流，其经营状况及现代物流技术应用情况如何

学习任务考核单 3-1

小组：

组长： 组员：				
序号	任务	分值	总结与归纳	成绩
1	物流技术的含义	30分		
2	物流技术的分类	30分		
3	物流技术的作用	40分		
合　计				

＊请学生填写完学习任务考核单后上交。

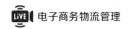

知识链接

一、物流技术的含义

物流技术，是指运用于物流各环节中的技术，主要包括计算机技术、网络技术、信息分类编码技术、条码技术、射频识别技术、电子数据交换技术、全球定位系统、地理信息系统等。

物流技术是物流现代化的重要标志。从数据采集的条码系统，到办公自动化系统中的微机、互联网、各种终端设备等硬件以及计算机软件都在日新月异地发展。同时，随着物流技术的不断发展，一系列新的物流理念和新的物流经营模式得以形成，推进了物流的变革。在供应链管理方面，物流技术的发展也改变了企业应用供应链管理获得竞争优势的方式，企业可通过应用物流技术来支持自身的经营战略并选择经营业务，提高供应链活动的效率，增强整个供应链的经营决策能力。

二、物流技术的分类

（一）按范围划分

从范围上看，物流技术有狭义和广义之分。

狭义的物流技术主要是指与物流操作活动密切相关的物流技术。例如，货物实体运动过程中所涉及的物流技术等。本项目主要介绍和研究狭义的物流技术。

广义的物流技术不仅包括物流活动过程中的有关物流技术，也包括物流活动过程之外的一些物流技术以及物流技术的发展规律等，比如物流规划技术、物流效率分析与评价技术等。

（二）按领域划分

从领域上看，物流技术可划分为硬技术和软技术。

1. 物流硬技术

物流硬技术是指组织实施电子商务物流过程所需要的各种物流设施、物流机械装备、物流材料和物流技术手段，既包括传统的物流硬技术和装备，也包括典型的现代物流硬技术手段和装备。传统的物流硬技术和装备主要包括：

（1）与电子商务物流密切相关的基础设施，如仓库、公路、车站、港口及机场等；

（2）机械技术，如装卸机械、分拣机械、包装机械及运输机械等；

（3）材料技术，如集装材料和包装材料等。

典型的现代物流硬技术手段和装备主要包括计算机、互联网、数据库技术、条码技术、电子数据交换技术、全球定位系统、地理信息系统、电子订货系统、销售时点信息系统等。

2. 物流软技术

物流软技术又称物流技术应用方案，是指为组织实施高效率的物流所需要的计划、分析、评价等方面的技术和管理方法等，它包括物流系统化，物流标准化，各种物流设备的合理调配使用，库存控制，成本控制，操作流程、人员、物流路线的合理选择，以及为提高物流活动的效率而进行的计划、组织、指挥、控制和协调等。具体来说主要包括：

（1）规划技术，指对流通形态和硬技术进行规划研究与优化改进的工作，如运输或配送中的路线规划技术；

（2）运用技术，包括运输工具的选择使用、装卸方法、库存管理、资源与劳务调配等方面的技术，如库存控制技术、物流过程中的可视化技术；

（3）评价技术，主要指进行成本控制与核算以及系统绩效评价等所使用的技术，此外还包括现代物流技术中的供应链管理（Supply Chain Management，SCM）、客户关系管理（Customer Relationship Management，CRM）、快速反应（Quick Response，QR）、准时制生产（Just in Time，JIT）等。

（三）按内容划分

从内容上看，物流技术可划分为实物作业技术和现代信息技术。

实物作业技术主要包括包装、运输、储存保管及装卸搬运技术等；现代信息技术主要包括 GIS、GPS、EDI 等。

此外，物流技术也可以按物流作业过程、物流管理方法等进行划分。

三、物流技术的作用

物流技术是电子商务物流系统的构成要素之一，它担负着物流作业的各项任务，影响着物流活动的每一个环节，在物流活动中处于十分重要的地位。物流技术通过切入物流企业的业务流程来实现对物流企业各生产要素的合理组合与高效利用，降低了经营成本，提高了物流活动的效率。它有效地把各种零散数据组织起来，赋予了物流企业新型的生产要素——信息，大大提高了物流企业的业务预测和管理能力，有效地帮助物流企业提高了服务质量，提升了物流企业的整体效益。物流技术的作用主要体现在以下四个方面。

（一）提高物流作业效率和质量

电子商务物流的优势之一就是能简化物流的业务流程，从而提高物流作业效率。一方面，人们可以通过电子商务方面的有关技术，对电子商务物流活动进行模拟、决策和控制，从而为物流作业活动选择最佳方式、方法和作业程序，提高物流的作业效率；另一方面，物流技术的应用可以提高物流作业的水平和质量。

（二）降低物流费用

先进、合理的物流技术不仅可以有效地提高电子商务物流的效率，而且可以降低电子商务物流的费用。这主要是由于先进、合理的物流技术的应用可以有效地使物流资源得到合理运用，同时减少物流作业过程中的货物损失。

（三）提升客户满意度

物流技术的应用不仅可以提高物流作业效率和质量，降低物流费用，而且可以提升客户满意度，密切与客户的关系。随着电子商务物流技术的应用、快速反应机制的建立，企业能及时地根据客户的需要，将货物保质保量、迅速准确地送到客户指定的地点。

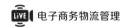

（四）是衡量电子商务物流水平高低的主要标准

物流技术的应用是物流生产力提高的决定性因素，其水平的高低直接关系到物流各项功能能否有效实现，直接影响着整体物流水平的高低。因此，物流技术是衡量电子商务物流水平的主要标准。

▶ 任务二　　条码技术

◎ 案例导入

条码的发展历史

早在 20 世纪 40 年代，美国的乔·伍德兰德（Joe Woodland）和伯纳德·西尔沃（Bernard Silver）两位工程师就开始研究用代码表示食品项目及相应的自动识别设备，并于 1949 年获得了美国专利。但条码得到实际应用和发展还是在 70 年代左右。到现在，世界上绝大多数国家和地区都已普遍使用条码技术，而且其应用范围越来越广，并逐步渗透到许多技术领域。

早期的条码图案并不是现在的样子，而是像微型射箭靶，所以被叫作"公牛眼"代码。靶式的同心圆是由圆条和空绘成圆环形。在原理上，公牛眼代码与后来的条码很相近，遗憾的是在当时的工艺和商品经济水平下还没有能力印制出这种码。

20 世纪 50 年代，身为 IBM 公司（国际商业机器公司）工程师的乔·伍德兰德成为北美统一代码 UPC 码的奠基人。再后来，以吉拉德·费伊塞尔（Girard Feissel）为代表的几名发明家，于 1959 年提请了一项专利，描述了数字 0～9 中每个数字可由七段平行线条组成。但是这种码机器难以识读，人读起来也不方便。不过这一构想的确促进了后来条码的产生与发展。不久，E. F. 布宁克（E. F. Brinker）申请了另一项专利，该专利是将条码标识在有轨电车上。60 年代后期西尔沃尼亚（Sylvania）发明了一个条码系统，被北美铁路系统采纳。这两项可以说是条码技术最早期的应用。

1970 年美国超级市场 Ad Hoc 委员会制定出通用商品代码 UPC 码，这为以后条码的统一和广泛采用奠定了基础。1972 年蒙那奇·马金（Monarch Marking）等人研制出库德巴（Code Bar）码，美国的条码技术进入新的发展阶段。

1973 年美国统一编码协会（UCC）建立了 UPC 条码系统，实现了该码制的标准化。同年，食品杂货业把 UPC 码作为该行业的通用标准码制，为条码技术在商业流通销售领域里的广泛应用起到了积极的推动作用。

从 20 世纪 80 年代初开始，人们围绕提高条码符号的信息密度开展了多项研究。128 码和 93 码就是其中的研究成果。128 码于 1981 年被推荐使用，而 93 码于 1982 年使用。此后，戴维·阿利尔（David Allairs）又研制出 49 码，这是一种非传统的条码符号，它比以往的条码符号具有更高的密度（二维条码的雏形）。接着特德·威廉姆斯（Ted Williams）推出 16K 码，这是一种可用于激光扫描的码制。到 1990 年底为止，共有 40 多种条码码制，相应的自动识别设备和印刷技术也得到了长足的发展。

从 20 世纪 80 年代中期开始，我国一些高等院校、科研部门及出口企业，把条码技术的研究和推广应用逐步提上议事日程。一些行业如图书、邮电、物资管理和外贸等已开始使用条码技术。1988 年 12 月 28 日，经国务院批准，国家技术监督局成立了"中国物品编码中心"。该中心的任务是研究、推广条码技术；统一组织、开发、协调、管理我国的条码工作。

问题与思考：

在生活中你接触过哪些不同的条码？

学习任务单 3-2

学习情景	小东和同学课间休息喝饮料的时候，对饮料包装上条码的外形特点进行了观察、探讨。出于好奇他们又上网观看了一些视频，了解了条码包含的信息及作用，并进一步通过实物对条码进行观察讨论。为了深入认识条码在生活中的广泛运用以及条码的使用方法，他们展开了相关学习
环境需求	1. 互联网接入 2. 计算机（每人一台） 3. 全班分成若干小组，5~8 人一组 4. 物流案例资料 5. 学习任务考核单（也可在教学资源包中下载电子版）
任务描述	任务 1： 1. 上网搜索关于条码的视频并查阅相关资料，借助案例了解条码的构成以及应用情况 2. 通过多媒体或书籍资料了解条码的工作原理，知道如何将条码用于物流活动中 任务 2： 学生分小组完成以下任务： 1. 利用电子产品制作条码，并将它打印出来 2. 利用手持扫码设备模拟进行扫码入库、上架、出库等操作 以上任务建议 2 学时完成
小调查	1. 你用过条码吗？ □用过　□没用过 2. 你一般使用何种方式扫描商品条码查找信息？ □浏览器　□微信　□中国物品编码中心
课程思政	利用与物流相关的爱国事迹激发学生的爱国精神，通过课堂教学把专业知识与思政元素相结合，实现学生思想道德和文化素质的内在提高
任务拓展	思考条码技术在物流领域的应用中存在的问题

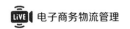

学习任务考核单 3-2

小组：

序号	任务	分值	总结与归纳	成绩
组长： 组员：				
1	物流条码的特点	30分		
2	条码系统的组成	30分		
3	条码技术在物流领域中的应用	40分		
合　计				

＊请学生填写完学习任务考核单后上交。

知识链接

条码技术是在计算机的应用实践中产生和发展起来的一种自动识别技术，它为我们提供了一种对物流中的货物进行标识和描述的方法。从表现形式上来说，条码技术是由条码符号设计、制作及扫描、阅读等功能组成的自动识别系统。条码技术的应用流程主要包括条码的编辑，条码的印制，条码的读取，条码信息的解码、计算机分析和处理、应用等。

一、条码的概念

条码也称条形码，是指按照规定的编码原则及符号印制标准，将文字、数字等信息印制在诸如标签、吊牌等平面载体上的有光学反射差异的条、点、块状图形，这种图形可用扫描器阅读、识别、解码并传输进计算机。物流条码是在产品装卸、仓储、搬运等过程中使用的识别符号，通常印在外包装箱上，用来识别产品种类以及数量，亦可用于仓储批发作业、销售现场的扫描结账。常用的条码类型如图 3-1 所示。

图 3-1　常用的条码类型

二、条码技术的作用

条码技术是为实现对信息的自动扫描而设计的，是快速、准确而可靠地采集数据的一种有效手段。条码技术的应用解决了数据录入和数据采集的瓶颈问题，为供应链管理提供了有力的技术支持。

条码技术作为一种数据输入手段，具有操作简单、信息采集速度快、采集信息量大、准确度高、成本低廉、可靠性强等特点，已在电子商务物流领域得到广泛应用。为物流各环节提供了通用的"语言"，为商业数据的自动采集和电子数据交换奠定了基础。

条码技术作为物流信息系统中的数据自动采集技术，提供了一种对物流中的物品进行标识和描述的方法，是实现 POS 系统、EDI、电子商务、供应链管理的技术基础，是实现物流管理现代化、提高企业管理水平和竞争力的重要技术手段。

条码技术还是实现自动化管理的一种有效手段，利用条码技术可以对企业的物流信息进行采集跟踪，满足企业在物料准备、生产制造、仓储运输、市场销售、售后服务、质量控制等方面的信息管理需求，有利于实现进货、销售、仓储管理一体化，进而实现产、供、销一条龙。

三、物流条码的特点

物流条码是物流过程中用以识别具体实物的一种特殊代码。运用物流条码可使信息的传递更加方便、快捷、准确，充分发挥物流系统的功能。与通用商品条码相比，物流条码有以下特点：

（1）储运单元的唯一标识。商品条码是最终消费品的唯一标识；而物流条码是储运单元的唯一标识，通常标识多个或多种商品的集合，用于物流的现代化管理。

（2）服务于供应链全过程。商品条码服务于消费环节；而物流条码服务于供应链全过程，商品从生产到最终零售中间经过若干环节，物流条码是这些环节中的唯一标识，是多种行业共享的通用数据。

（3）采用码制不同，信息容量大。商品条码采用的是 EAN/UPC 码制，是 13 位数字条码；物流条码则主要采用 UCC/EAN - 128 条码，是可表示多种含义、多种信息的条码，如货物的体积、重量、生产日期、批号等。

（4）标准维护复杂程度高。商品条码已经很成熟，实现了国际标准化，不需要经常变更；而物流条码是可变形条码，随着贸易的具体需要而改变，相关标准需要经常维护。

四、条码系统的组成

条码系统是物流自动化识别的重要系统之一，对运输信息管理有强大的支持作用。条码系统可以将条码识别技术和现代物流管理技术融入 ERP 系统。条码系统主要由两部分组成：

（1）软件部分：数据采集器（手持终端）程序、后台数据交换服务以及条码打印程序（部分应用并不要求三个模块都包含，例如一些系统可以没有数据采集器程序，而直接用条码扫描器来完成输入程序的工作）。后台数据交换服务自动完成与 ERP 系统的实时数据交换，从 ERP 系统中读取基础数据、单据数据及业务配置数据等，并从数据采集器中接收实际的作业数据，检查并控制作业数据的有效性及合法性，将作业数据回写到ERP系统中，生成各类库存单据。条码打印程序从ERP系统中读取基础数据，并根据预设的标签格式打印各类物料条码标签。

（2）硬件部分：读取条码的条码扫描设备和打印条码的条码打印机。

五、条码技术在物流领域中的应用

条码技术在物流领域中的应用主要包括以下几个方面。

（一）条码技术在供应链领域中的应用

从产品的生产到成品下线、销售、运输、仓储、零售等各个环节，都可以应用条码技术进行方便、快捷的管理。条码技术就像一条纽带，把产品生命周期各阶段发生的信息连接在一起，在仓库货物管理、生产线人员管理、流水线的生产管理、仓储管理、进货管理、入库管理、库存管理、货物信息控制、货物信息跟踪、出库管理、系统管理等方面都发挥着不可替代的作用。条码技术可以不断改善物流能力，实时地监督物流动态的信息系统，识别潜在的作业障碍，打造完美的客户体验，帮助企业获得持久的竞争优势。

（二）条码技术在仓库管理中的应用

条码编码和识别技术的应用解决了仓库信息管理中数据录入和采集的瓶颈问题，为仓库信息管理系统的应用提供了有力的技术支持。

1. 货物库存管理

仓库管理系统可以根据货物的品名、型号、规格、产地、品牌、包装等划分货物品种，并且分配唯一的编码，也就是"货号"。货号可用于管理货物库存和管理货号的单件集合，还可应用于仓库的各种操作。

2. 仓库库位管理

仓库分为若干个库房，每个库房分为若干个库位，库房是仓库中独立和封闭的存货空间，库房内的空间细划为库位，通过细分能够更加明确地定义存货空间。仓库管理系统按仓库的库位记录仓库货物库存，在产品入库时将库位条码号与产品条码号一一对应，在出库时按照库位货物的库存时间可以实现先进先出或批次管理。

3. 货物单件管理

利用产品标识条码可以记录单件产品所经历的状态，进行产品的跟踪管理。

4. 仓库业务管理

仓库业务主要包括出库、入库、盘库、月盘库、移库等，不同业务以各自的方式进行，可通过条码进行信息采集、追溯，完成仓库的进、销、存管理。

5. 更加准确地完成仓库出入库

仓库可以利用条码采集货物单件信息，通过对数据的处理，建立仓库的入库、出库、移库、盘库数据，这样可以使仓库操作更加准确。它还能够根据货物单件库存为仓库货物出库提供库位信息，使仓库货物库存更加准确。

仓库管理是条码技术广泛应用且比较成熟的传统领域，不仅适用于商业商品库存管理，而且适用于工厂产品和原料库存管理。只有实现仓库管理（盘存）的电子化，才能使产品、原料信息资源得到充分利用。仓库管理是动态变化的，通过仓库管理电子化系统的建立，管理者可以随时了解每种产品或原料当前在货架上和仓库中的数量及其动态变化，并且定量地分析出各种产品或原料的库存、销售、生产情况等信息，进而及时确定进货数量、调整生产，以保持最优库存量，改善库存结构，加速资金周转，实现产品和原料的全面控制和管理。

立体仓库是现代工业生产中的一个重要组成部分，利用条码技术，可以更好地完成仓库货物的导向、定位、入库操作，提高识别速度，减少人为差错，从而提高仓库管理水平。

（三）条码技术在仓储作业中的应用

条码几乎应用于整个仓储作业流程中的所有环节，它的应用有利于实现库存管理自动化，合理控制库存量，实现仓库进货、发货与运输中的装卸自动化管理。条码作为数据、信息输入的重要手段，具有输入准确、速度快、信息量大的特点。下面简要阐述一下条码在仓储作业中的应用情况。

1. 订货

无论是企业向供应商订货，还是销售商向企业订货，都可以根据订货簿或货架牌进行订货。具体操作方法是：用条形码扫描设备扫描订货簿或货架上的条码，这种条码包含了商品品名、品牌、产地、规格等信息，然后通过主机，利用网络通知供应商或配送中心自己订货的品种、数量。这种订货方式比传统的手工订货效率高出数倍。

2. 收货

当配送中心收到从供应商处发来的商品时，接货员就会在商品包装箱上贴一个条码，作为该种商品所属仓库内相应货架的记录。同时，接货员还要对商品外包装上的条码进行扫描，将信息传到后台管理系统中，使包装箱条码与商品条码一一对应。

3. 入库

商品到货后，通过条码输入设备将商品基本信息输入计算机，告诉计算机系统哪种商品要入库、要入多少；计算机系统根据预先确定的入库原则和商品库存数量，确定该种商品的存放位置，然后根据商品的数量发出条码标签，这种条码标签中包含着该种商品的存放位置信息；之后在货箱上贴上标签，并将其放到输送机上，输送机识别货箱上的条码后，将货箱放至指定的库位区。

4. 理货

在人工理货时，搬运工要把收到的货品摆放到仓库的货架上。在搬运商品之前，首先扫描包装箱上的条码，计算机会提示搬运工将商品放到事先分配好的货位上；搬运工将商品放到指定的货位后，再扫描货位条码，以确认所找到的货位是否正确。这样，在商品从入库到搬运至货位存放的整个过程中，条码起到了相当重要的作用。商品以托盘为单位入库时，把到货清单输入计算机，就会得到按照托盘数发出的条码标签。将条码贴于托盘面向叉车的一侧，叉车前面安装有激光扫描器，叉车将托盘提起，并将其放置于计算机所指引的位置上，在各个托盘货位上装有传感器和发射显示装置、红外线发光装置和表明货区的发光图形牌。叉车驾驶员将托盘放置好后，通过叉车上安装的终端装置，将作业完成的信息传送到主计算机。这样，商品的货址就存入计算机中了。

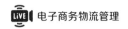

5. 补货

查找商品的库存，确定是否需要进货或者货品是否占用太多库存，同样需要利用条码来实现。另外，由于商品条码和货架是一一对应的，因此也可通过检查货架达到补货的目的。条码不仅可以在配送中心业务处理中发挥作用，配送中心的数据采集、经营管理同样也离不开条码，通过计算机对条码的管理，对商品运营、库存数据进行采集，可及时了解货架上商品的存量，从而进行合理的库存控制，将商品的库存量降到最低点；也可以做到及时补货，避免缺货造成的补货不及时，减少销售损失。

除此之外，条码实际上还是一种国际通用语言，通过对条码的识别，可以进行国际沟通，从而避免不同国家间语言文字的转换问题，有力地支持了物流的国际化。

▶ 任务三　　RFID 技术

◎ 案例导入

RFID 用于汽车装配流水线

德国宝马汽车公司在装配流水线上应用射频卡，以尽可能多地生产用户定制的汽车。宝马公司可以根据用户提出的要求式样来生产汽车。用户可以从上万种内部和外部选项中，选定自己想要的颜色、引擎型号和轮胎式样等。这样一来，汽车装配流水线上就得装配上百种式样的宝马汽车，如果没有一个高度组织的、复杂的控制系统是很难完成这样复杂的任务的。宝马公司在装配流水线上配有 RFID 系统，使用可重复使用的射频卡，该射频卡上带有汽车的所有详细的要求，在每个工作点处都有读写器，这样可以保证在各个流水线位置都能毫不出错地完成汽车装配任务。

问题与思考：

你还知道哪些应用 RFID 技术的场景？

学习任务单 3-3

学习情景	小东所在宿舍楼安装了 RFID 门禁系统，易于操控，简单实用，识别工作无须人工干预。进出人员手持一张合法的感应式 SIM 卡即可通过 SIM 卡识读设备自动控制授权允许开启的电子锁。门禁系统取代传统的机械锁匙，减少了钥匙管理的麻烦，有效地避免了钥匙丢失的问题，同时可以记录、查询进出人员信息，有着普通机械锁无法比拟的优越性。小东对 RFID 技术的应用产生了浓厚的兴趣，准备对其展开学习
任务描述	学生分小组完成以下任务： 1. 收集并比较相关的 RFID 标准 2. 明确 RFID 设备操作要领和易出现操作不当或失误的环节和位置 3. 了解 RFID 系统的构成及工作流程 以上任务建议 2 学时完成

续表

小调查	1. 你知道高速公路自动收费系统是射频识别技术的应用吗？ □知道　□不知道 2. 学习这节课前你是否听说过 RFID 技术？ □听说过　□没听说过
课程思政	展示无人配送车、无人仓等现代化物流设施，介绍先进技术的物流应用场景，解读无人物流经济对物流行业的推动和助力，利用国家智慧物流建设内容、物流人创新故事激发学生创新热情，帮助学生树立从事专业创新工作的决心，培养具有改革创新、使命担当意识的物流人才
任务拓展	收集一些 RFID 应用于货物运输的资料并进行讨论

学习任务考核单 3-3

小组：

组长： 组员：				
序号	任务	分值	总结与归纳	成绩
1	RFID 系统的组成	30 分		
2	RFID 系统的工作原理	30 分		
3	RFID 技术的应用	40 分		
合　计				

＊请学生填写完学习任务考核单后上交。

◎ 知识链接

一、射频识别技术的含义与特点

（一）射频识别技术的含义

射频识别（Radio Frequency Identification，RFID）技术，又称电子标签，是 20 世纪 90 年代开始兴起的一种自动识别技术。射频识别技术是一种利用射频信号通过空间耦合（交变磁场或电磁场）实现无接触信息传递并通过所传递的信息达到识别目的的技术。它通过射频信号自动识别目标对象并获取相关数据，识别工作无须人工干预，是一种非接触式的自动识别技术，可应用于各种恶劣环境。

与条码技术相比，RFID 的优点体现在以下几个方面：（1）无方向性，不局限于视线，识别距离远；（2）射频识别卡具有读写能力，可携带大量数据，难以伪造，更加智能；（3）一次能读取数个至数千个标签识别码及数据，加快了信息采集和流程处理速度，提高了作业的准确性和快捷性。

射频识别系统的传送距离由许多因素决定，如传送频率、天线设计等。在应用射频识别技术时应考虑传送距离、工作频率、标签的数据容量、识别对象的尺寸与重量、定位、响应速度及选择能力等。

 小资料

射频识别技术的发展历史

从信息传递的基本原理来说，射频识别技术在低频段是基于变压器耦合模型（初级与次级之间的能量传递及信号传递），在高频段则是基于雷达探测目标的空间耦合模型（雷达发射电磁波信号碰到目标后携带目标信息返回雷达接收机）。射频识别技术的发展基本可按十年期划分如下：

1940—1950 年：雷达的改进和应用催生了射频识别技术，1948 年哈里·斯托克曼发表的《利用反射功率的通信》奠定了射频识别技术的理论基础。

1951—1960 年：早期射频识别技术的探索阶段，主要处于实验室实验研究。

1961—1970 年：射频识别技术的理论得到了发展，开始了一些应用尝试。

1971—1980 年：射频识别技术与产品研发进入一个大发展时期，各种射频识别技术测试得到加速，出现了一些最早的射频识别应用。

1981—1990 年：射频识别技术及产品进入商业应用阶段，各种规模的应用开始出现。

1991—2000 年：射频识别技术标准化问题得到重视，射频识别产品得到广泛应用，射频识别产品逐渐成为人们生活中的一部分。

2000 年后：标准化问题日益为人们所重视，射频识别产品种类更加丰富，有源电子标签、无源电子标签及半无源电子标签均得到发展，电子标签成本不断降低，在越来越多的行业实现规模化应用。

如今，射频识别技术的理论不断得到丰富和完善。单芯片电子标签、多电子标签识读、无线可读可写、无源电子标签的远距离识别、适应高速移动物体的射频识别技术与产品正在成为现实并投入应用。

（二）射频识别技术的特点

（1）射频识别标签抗恶劣环境，防水、防磁、耐高温，使用寿命长，在放置上比条码标签更具有灵活性，而且几乎不需要任何保养，尘土、油漆和其他不透明的物质都不会影响射频标签的识读性。

（2）RFID 标签是非接触识读，无须像条码标签那样瞄准读取，不会被强磁场洗去信息，只要将其置于读取设备形成的电磁场内就可以准确读到信息，错误率极低。因此，它更加适合与各种自动化的处理设备配合使用，同时能减少因人工干预数据采集而带来的人力资源浪费、效率降低和产生差错等问题，降低纠错成本。

（3）RFID 每秒钟可进行上千次读取，能同时处理许多标签，高效且高度准确，从而使企业能够在既不降低（甚至提高）作业效率，又不增加（甚至减少）管理成本的前提下大幅度提高管理精细度，让整个作业过程实时透明，创造巨大的经济效益。

（4）RFID 标签上的数据可反复修改，因此 RFID 标签能够在企业内部进行循环重复使用，从而将一次性成本转化为长期摊销的成本，在进一步节约企业运行成本的同时，降低企业采用 RFID 技术的风险成本。

（5）RFID 标签的识读不依赖于可见光，也就不需要以目视可见为前提，因而可以在那些条码技术无法适应的恶劣环境下使用，如高粉尘污染环境、野外等，这就进一步扩大了射频识别技术的应用范围。

（6）射频识别系统还可以识别快速运动的物品，附有 RFID 标签的物品在识读过程中不需要处于静止状态。

（7）RFID 标签保密性强，安全性高。RFID 芯片是非常不易被伪造的。黑客需要对无线工程、编码演算以及解密技术等各方面有深入了解才能破解它。此外，在标签上可以对数据采取分级保密措施，使得数据在供应链上的某些点可以读取，而在其他点上却不行。一些 RFID 标准还规定了额外的安全措施。

二、RFID 系统的组成

在具体的应用过程中，根据不同的应用目的和应用环境，RFID 系统的组成会有所不同，但从 RFID 系统的工作原理来看，系统一般都由信号发射机（标签）、信号接收机（读写器）、编程器、天线几部分组成，如图 3-2 所示。

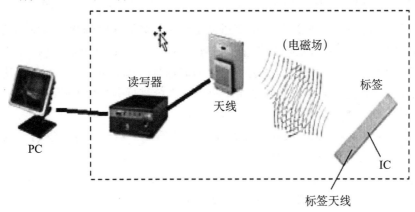

图 3-2　RFID 系统的组成

（一）信号发射机

在 RFID 系统中，信号发射机根据不同的应用目的，会以不同的形式存在，典型的形式是标签（Tag）。标签相当于条码技术中的条码符号，用来存储需要识别传输的信息。另外，与条码不同的是，标签必须能够自动或在外力的作用下把存储的信息发射出去。

（二）信号接收机

在 RFID 系统中，信号接收机一般叫作阅读器或读写器。根据支持的标签类型不同与完成的功能不同，阅读器的复杂程度是显著不同的。阅读器基本的功能就是提供与标签进行数据传输的途径。另外，阅读器还提供相当复杂的信号状态控制、奇偶错误校验与更正等功能。标签中除了存储需要传输的信息外，还必须含有一定的附加信息，如错误校验信息等。所要识别的数据信息和附加信息按照一定的结构编制在一起，并按照特定的顺序向外发送。阅读器通过接收到的附加信息来控制数据流的发送。一旦到达阅读器的信息被正确地接收和译解后，阅读器就会通过特定的算法决定是否需要发射机对发送的信号重发一次，或者命令发射机停止发送信号，这就是"命令响应协议"。使用这种协议，即便在很短的时间、很小的空间内阅读多个标签，也可以有效地防止"欺骗问题"的产生。

（三）编程器

编程器是向标签写入数据的装置，只有可读可写标签系统才需要编程器。编程器写入数据一般来说是离线（Off-Line）完成的，也就是预先在标签中写入数据，等到开始应用时直接把标签黏附在被标识项目上。也有一些 RFID 应用系统，写入数据是在线（On-Line）完成的，尤其是在生产环境中作为交互式便携数据文件来处理时。

（四）天线

天线是标签与阅读器之间传输数据的发射、接收装置。在实际应用中，除了系统功率，天线的形状和相对位置也会影响数据的发射和接收，需要专业人员对系统的天线进行设计、安装。

三、RFID 系统的工作原理

RFID 系统的基本工作原理是：标签进入磁场后，如果接收到阅读器发出的特殊射频信号，就能凭借感应电流所获得的能量发送出存储在芯片中的产品信息（Passive Tag，无源标签或被动标签），或者主动发送某一频率的信号（Active Tag，有源标签或主动标签），阅读器读取信息并解码后，传送至中央信息系统进行有关数据处理。

RFID 系统的工作流程如下：

（1）阅读器通过发射天线发送一定频率的射频信号，当标签进入发射天线工作区域时产生感应电流，标签获得能量被激活。

（2）标签将自身编码等信息通过内置发送天线发送出去。

（3）系统接收天线接收到标签发送来的载波信号，经天线调节器传送到阅读器，阅读器对接收的信号进行解调和解码，然后送到后台主系统进行相关处理。

（4）主系统根据逻辑运算判断该标签的合法性，针对不同的设定做出相应的处理和控制，发出指令信号控制执行机构动作。

四、RFID 技术的应用

（一）RFID 技术在物流领域中的常见应用

RFID 技术已经在物流的诸多环节中发挥着重要的作用，包括生产环节、配送/分销环节、运输环节、仓储环节、销售环节等。RFID 技术在物流领域的常见应用如下：

（1）高速公路的自动收费系统。

（2）交通督导和电子地图。

（3）停车智能化管理系统。

（4）邮政包裹管理系统。

（5）铁路货运编组调度系统。

（6）集装箱识别系统。

（7）RFID库存跟踪系统。

（8）生产物流的自动化及过程控制。

（二）RFID技术在电子商务中的应用

电子商务利用互联网技术把企业与顾客联系在一起，整个供应链由企业、物流中心和顾客组成，减少了中间环节。与传统商务相比，在电子商务中，物流中心的作用变得越来越突出，物流中心既是企业的仓库，又是顾客的供应仓库，物流中心的效率直接决定了整个供应链的效率，利用RFID技术可以提高物流中心的管理水平，有效地提高电子商务供应链的运作效率。

1. 自动入库作业

物流中心的仓库在接到进货清单后，开始验收整理。货物入库之前，需要在RFID电子标签内预先写入货物名称、规格、生产商等相关数据，把制作好的标签安装在货物、包装箱或托盘表面。与此同时，主机系统给该批次货物分配货位，生成入库指令。叉车上安装有阅读器和平板电脑，入库指令由主机系统通过天线发送到平板电脑上，上叉车取货时，叉车上的阅读器读取标签信息并与平板电脑上的入库指令进行对比，保证操作的准确性。库门入口处也安装有阅读器，当货物入库时，阅读器自动批量读取货物信息、计数、记录入库时间，并把信息发送到主机系统。叉车到达目标货位后，阅读器读取货位标签，确认与指令的目标货位一致后，把货物放入货架，并发送确认信息到主机系统。主机系统确认入库并更新数据库，将最终的入库结果和进货清单进行对比，确认无误后，入库工作完成。

利用RFID技术的无线实时传输功能，可以把入库作业的各种单证从人工录入变成自动读取，实现无纸化作业；通过主机系统自动核对，从源头上减少了操作差错，提高了速度和准确率。当然也可在每一辆叉车上都安装RFID标签，这样主机系统就能够随时确定叉车的位置，在分派入库任务时，可以挑选离仓库较近的空闲叉车工作，提高叉车的利用率，并能记录叉车驾驶员的工作量，为考核员工绩效提供客观依据。

2. 快速盘点

电商物流中心的仓库面积较大，库位数量也多。理货员每天理货的库位数量很大，难以记清每个位置的货物存放情况，盘点时耗时较长、错误率高；另外，传统的盘点工作需要扫描条码，多次翻检货物后，货物上的条码会出现磨损现象，给后续工作造成困难。RFID可以很好地解决盘点的难题。

入库时，货物已经装入RFID标签，理货员手持移动的阅读器，在走过货架的时候，阅读器读取货物信息，实时向主机系统传输，短时间内就完成了货物的盘点工作。通过RFID非接触式的工作，盘点速度得以加快，盘点核库时间是传统条码识别时间的1/20；同时减少了翻检过程，解决了条码磨损问题。手持式阅读器能够在一定距离内识别货物，即使货物放置得比较分散，也不影响盘点效率，特别是货物放置在较高货位时，避免了工作人员爬高盘点的麻烦。

3. 高效拣货和出库作业

电商物流面对的是个性化、多样化的需求，商品订单量大而拆零率非常高，有时甚至要从海量货物中拣选出一本书、一瓶药。拣货工作是物流中心的一个关键环节，其效率直接影响着整个物流中心的效率。这两年频频出现的爆仓问题，原因就在于拣货效率太低，拣货员无法应对突然增加的拣货工作量而出现了严重的货物积压。应用 RFID 技术可以提高拣货速度和准确率，显著地提升物流效率。

拣货时，主机系统挑选离出库区较近的空闲叉车，把出库指令发送到叉车的平板电脑上，叉车驾驶员到达目标货位后，阅读器读取货位标签及货物标签，与出库指令对比，确认后取走货物。出库门同样安装有阅读器，当全部货物拣好之后，从库门经过时，阅读器读取货物信息，主机系统自动录入出货数量、品名、叉车号等信息，与出库指令对比，无误后更改系统数据。如果数量、品种等与出库指令不符，主机系统会发出报警提示命令，一般在库门上方有 LED 灯，当货物等信息与出库指令不符时，此灯亮起并发出警示音，提示工作人员复核。整个拣货出库过程流畅无停顿，减少了传统拣货过程中的开箱复核、人工点数记录的过程，时间短，准确性高。

▶ 任务四　　电子订货系统

◎ 案例导入

JIT 采购方案

JIT 采购又称即时化采购，它是由即时化生产（Just in Time，JIT）管理思想演变而来的。它的基本理念是：将合适的产品，以合适的数量和合适的价格，在合适的时间送到合适的地点，以便更好地满足用户需求。即时化采购和即时化生产一样，它不但能够更好地满足用户需求，而且可以极大地消除库存，最大限度地避免浪费。JIT 采购由于大大地精简了采购作业流程，因此避免了浪费，提高了工作效率。小批量采购是 JIT 采购的一个基本特征。

JIT 采购是即时化生产系统的重要组成部分。JIT 是由日本企业首创的生产管理系统，最早使用这一系统的公司是全球知名的丰田汽车公司。JIT 系统是指企业在生产自动化、电算化的情况下，合理规划并大大简化采购、生产及销售过程，使原材料进厂到产成品出厂进入市场过程中的各环节能够紧密衔接，尽可能减少库存，从而达到降低产品成本，全面提高产品质量、劳动生产率和综合经济效益目的的一种先进生产系统。JIT 采购是 JIT 系统得以顺利运行的重要一环，是 JIT 系统循环的起点，推行 JIT 采购是实施 JIT 生产经营的必然要求和前提条件。根据 JIT 采购原理，企业只有在需要的时候才把需要的物资采购到需要的地点，这种做法使 JIT 采购成为一种节省而有效率的采购模式。

日本丰田汽车公司的大野耐一创造 JIT 生产方式源于他在美国参观超级市场时受超级市场供货方式的启发。而实际上，超级市场模式本来就是一种采购供应的模式。有一个供应商、一个用户，双方形成了一个供需"节点"，需方是采购方，供方是供应商，供方按照需方的要求为需方进行即时化供货，它们之间的采购供应关系，就是一种即时化采购模式。JIT 采购的原理主要表现在以下几个方面：

（1）与传统采购面向库存不同，即时化采购是一种直接面向需求的采购模式，它的采购送货是直接送到需求点上。

（2）用户需要什么，就送什么，品种、规格符合用户需要。

（3）用户需要什么质量的产品，就送什么质量的产品，产品质量符合用户需要，拒绝次品和废品。

（4）用户需要多少就送多少，不少送，也不多送。

（5）用户什么时候需要，就什么时候送货，不晚送，也不早送，非常准时。

（6）用户在什么地点需要，就送到什么地点。

以上几条，即 JIT 采购的原理，既很好地满足了企业对物资的需求，又使得企业的库存量最小，用户不需要设库存，只要在货架上（生产企业是在生产线边）有一点临时的存放，一天工作完（生产线是在一天工作完、生产线停止时），这些临时存放就消失了，库存完全为零，真正实现了零库存。依据 JIT 采购的原理，企业中的所有活动只有当需要的时候接受服务，才是最合算的。

问题与思考：

你认为企业在生产中能够实现零库存吗？

学习任务单 3-4

学习情景	联华超市创建于 1991 年，是上海首家以发展连锁经营为特色的超市公司。现如今，联华已成为全国最大的商业零售企业。联华采用电子订货系统，通过网络管理，同时与配送中心和生产商、供应商之间建立起实时订货系统，平均每天的配送量高达 6 万～8 万箱。小东对此感到好奇，什么是电子订货系统（EOS）？电子订货系统是如何运作的呢？对此，小东准备展开学习
任务描述	学生分小组完成以下任务： 1. 了解 EOS 的销售订货业务流程 2. 了解 EOS 的采购订货业务流程 3. 了解 EOS 的物流作业流程 以上任务建议 2 学时完成
小调查	1. 你知道连锁超市是如何配送的吗？ □知道　□不知道 2. 学习这节课前你是否听说过电子订货系统？ □听说过　□没听说过
课程思政	学习电子订货系统背后的互联网精神，理解新时代背景下我国 EOS 发展的理念与制度文化，培养创新思维和创新能力。以国家科技工作者、行业典型工作者为榜样，培养学生勇于攻坚克难、追求卓越的态度，让学生认识到"人人是创造之人，天天是创造之时"，把握机会、勇于创新
任务拓展	思考 EOS 系统可以为物流带来哪些效益

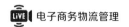

学习任务考核单 3－4

小组：

| 组长： | | | | |
| 组员： | | | | |
序号	任务	分值	总结与归纳	成绩
1	EOS 的特点和类型	30 分		
2	EOS 的配置	30 分		
3	EOS 的操作流程	40 分		
合　计				

＊请学生填写完学习任务考核单后上交。

◎ 知识链接

电子订货系统（Electronic Ordering System，EOS），是指将批发、零售时所发生的订货数据输入计算机，即通过计算机通信网络连接的方式将资料传送至总公司、批发商、商品供应商或制造商处。因此，EOS 能及时、准确地处理订单以及从新商品资料说明直到会计结算这一商品交易过程中的所有作业，可以说 EOS 涵盖了整个物流过程。在"寸土寸金"的情况下，零售业已没有更多空间用于存放货物，在要求供应商及时补足售出商品的数量且不能有缺货的前提下，必须采用 EOS 系统。EOS 因包含许多先进的管理手段，在国际上使用非常广泛，并且越来越受到商业界的青睐。

一、EOS 的组成

电子订货系统采用电子手段完成供应链上零售商与供应商之间的产品交易过程。因此，EOS 主要由以下四部分组成：

（1）供应商：商品的制造者或供应者（生产商、批发商）。

（2）零售商：商品的销售者或需求者。

（3）网络：用于传输订货信息（订单、发货单、收货单、发票等）。

（4）计算机系统：用于生成和处理订货信息。

二、EOS 的特点

（1）商业企业内部计算机网络应用功能完善，能及时产生订货信息。

（2）POS 与 EOS 高度结合，产生高质量的信息。

（3）方便了零售商和供应商之间的信息传递，且信息传递及时、准确。

（4）通过网络传输信息订货。

（5）EOS 是许多零售商和供应商之间的整体运作系统，而不是单个零售店和单个供应商之间的系统。电子订货系统在零售商和供应商之间建立起了一条高速通道，使双方的信息及时得到沟通，使订货过程的周期大大缩短，既保证了商品的及时供应，又加速了资金的周转，有利于实现零库存战略。

三、EOS 的类型

根据电子订货系统的整体运作程序来划分，大致可以将 EOS 分为以下三种类型。

(一) 连锁体系内部的网络型

连锁门店有电子订货配置，总部有接单电脑系统，并用即时、批次或电子信箱等方式传输订货信息。这是"多对一"与"一对多"相结合的初级形式的电子订货系统。

(二) 供应商对连锁门店的网络型

其具体形式有两种：一种是直接的"多对多"，即不同连锁体系下属的众多门店对供应商，由供应商直接接单发货至门店；另一种是以各连锁体系内部的配送中心为中介的间接的"多对多"，即连锁门店直接向供应商订货，并告知配送中心有关订货信息，供应商按商品类别向配送中心发货，并由配送中心按门店组配向门店送货。这可以说是中级形式的电子订货系统。

(三) 众多零售系统共同利用的标准网络型

其特征是利用标准化的传票和社会配套的信息管理系统完成订货作业。其具体形式有两种：一种是地区性社会配套的信息管理系统网络，即成立由众多的中小型零售商、批发商构成的区域性社会配套的信息管理系统营运公司和地区性的咨询处理公司，为本地区的零售业服务，支持本地区 EOS 的运行；另一种是专业性社会配套信息管理系统网络，即按商品的性质划分专业，从而形成各个不同专业的信息网络。这是高级形式的电子订货系统，必须以统一的商品代码、统一的企业代码、统一的传票和订货的规范标准的建立为前提条件。

四、EOS 的配置

无论采用何种形式的电子订货系统，皆以门店订货系统的配置为基础。门店订货系统的配置包括硬件设备与电子订货方式两个方面。

(一) 硬件设备

硬件设备一般由以下三个部分组成：

(1) 电子订货终端机。其功能是将所需订货的商品和条码及数量以扫描或键盘输入的方式，暂时储存在记忆体中，当订货作业完毕时，再将终端机与后台计算机连接，取出储存在记忆体中的订货资料，存入计算机主机。现在具备无线功能的电子订货终端机已被广泛使用，订货数据可直接通过无线网络传输到计算机主机。电子订货终端机与手持式扫描器的外形有些相似，但功能却有很大差异，其主要区别是：电子订货终端机具有存储和运算等计算机基本功能，而扫描器只有阅读及解码功能。

(2) 数据机。它是传递订货方与接单方计算机信息资料的主要通信装置，其功能是将计算机内的数据转换成线性脉冲资料，通过专有数据线路，将订货信息从门店传递给商品供方的数据机，供方以此为依据来发货。

（3）其他设备。如个人计算机、价格标签及店内码的印制设备等。

（二）电子订货方式

EOS 的运作除硬件设备外，还必须有记录订货情报的订货簿和货架卡，并确定电子订货方式。常用的电子订货方式有以下三种：

（1）利用电子订货簿订货。电子订货簿是一种记录商品信息的电子文档，包括商品代码、名称、供应商信息、进售价等。利用电子订货簿订货时，订货者携带电子订货终端机巡视货架，检查缺货状况。当发现缺货时，订货者可以直接在电子订货簿上找到相应的商品，扫描商品的条码，并输入订货数量。完成这些步骤后，订货者可以通过数据机（通常是电话线或其他网络连接）将订货信息传输给供应商。

（2）利用货架卡订货。货架卡是一种安装在货架上的商品信息卡片，通常包含商品的中文名称、商品代码、条码、售价、最高订量、最低订量以及厂商名称等信息。使用货架卡时，订货者无须携带电子订货簿，只需手持电子订货终端机，在巡货过程中对照货架卡上的信息，对缺货商品进行扫描和订货。完成订货后，同样可以通过数据机将订货信息传输给供应商。

（3）电子订货簿和货架卡并用。结合使用以上两种方式，订货者可以更加方便快捷地进行订货操作。电子订货簿提供了全面的商品信息，而货架卡则方便订货者在巡货过程中快速查找和确认商品信息。两者结合使用，可以大大提高订货的效率和准确性，减少人为错误和沟通成本。这种并用的方式特别适用于那些商品种类繁多、库存量大的零售或分销企业。通过电子订货簿和货架卡的结合使用，企业可以更加有效地管理库存、满足客户需求，并优化供应链的效率。

五、EOS 的操作流程

EOS 的操作流程如下：

（1）在零售店的终端利用条码阅读器获取准备采购的商品条码，并在终端机中输入订货资料，利用电话线通过调制解调器传到批发商的计算机中。

（2）批发商开出提货传票，并根据传票开出拣货单，实施拣货，然后根据送货传票进行商品发货。

（3）送货传票上的资料便成为零售商店的应付账款资料及批发商的应收账款资料，并接到应收账款的系统中去。

（4）零售商对送到的货物进行检验后，就可以陈列出售了。

使用 EOS 时要注意订货业务作业的标准化，这是有效利用 EOS 系统的前提条件，具体包括：（1）商品代码的设计。商品代码一般采用国家统一规定的标准，这是应用 EOS 系统的基础条件。（2）订货商品目录账册的制作和更新。订货商品目录账册的设计和运用是 EOS 系统成功应用的重要保证。（3）计算机以及订货信息输入和输出终端设备的添置是应用 EOS 系统的基础条件。（4）在应用过程中需要制定 EOS 系统应用手册并协调部门间、企业间的经营活动。

▶ 任务五　　仓储管理系统

◎ 案例导入

仓储管理系统的发展历史

一、WMS 1.0（2000 年及以前）：萌芽期

20 世纪 90 年代末，随着计算机技术的发展，全自动控制系统已经开始广泛应用，尤其是联想物流系统的成功上线，开启了中国应用 ERP/WMS 的新时代。

国产 WMS 企业也在这个时候开始萌芽，它们或诞生于科学研究所和院校，或从代理外资产品的过程中逐渐发家。这一阶段，WMS 企业主要是打零工，或依附于母体，并无清晰的行业定位：WMS 仅是一个信息接口。

二、WMS 2.0（2001—2011 年）：探索期

2001—2011 年，中国物流行业进入快速发展时期。2009 年 3 月 10 日颁布《物流业调整和振兴规则》，成功推动了中国物流服务系统的初步形成和完善，我国进入全面建设物流通路和仓储时期。这一阶段，WMS 系统逐步完善仓库管理模块、采购管理模块、销售管理模块、报表生成模块等各项功能模块。

三、WMS 3.0（2012—2020 年）：国产赶超外资

这几年，随着电商平台的发展，智能仓储物流设备以及仓储管理软件也迎来了第一次爆发，一些后起之秀借助这次风口实现了逆袭。

2010 年起，电商逐渐兴起。但是物流系统还是一个比较薄弱的环节，特别是每逢大型促销活动，仅依靠人工已经不足以满足仓储需要，原有 WMS 开始进行升级改造。

在电商发展到一定规模后，需要在全国建立分仓以便降低物流成本和提高配送时效。由于规模的扩大，自有库房已远不能满足自身发展需要，因此企业就会引入第三方物流运作。这些公司通过 EDI 与公司 WMS 实现数据共享。

智能化、物联网、大数据等概念的兴起，对仓储管理软件提出了智能化的要求，使 WMS 系统进入了智能化应用时期。电商 WMS 进入下一个阶段的标志是物流云仓的出现，各大电商平台和快递企业纷纷提出了物流云仓模式，以互联网为基础，整合现有运营单一的仓库，形成全国性网络，开放给电商企业和快递公司入驻，并通过大数据、云计算等信息技术实现商品智能入库、智能化分单、优选派送、物流数据分析等。而物流云仓的运作基础就是 WMS 系统和 TMS 系统，迫使 WMS 随着电商的发展不断地进步，向着自动化、智能化和物联网等方向发展。

四、WMS 4.0（2021 年至今）：整合和洗牌

随着国内外电商产业发展到一定程度，WMS 企业的焦点重新回到了制造业上。WMS 系统需要融合 ERP、自动化设备、精益管理等。在大东时代产业数据库（TD）调研中，有多家企业都强调了加强在制造业领域的布局。

在制造业数字化转型从制造环节延伸到仓储物流环节的趋势下，制造业将成为 WMS

企业掘金的下一片"沃土"，可能将改变因为电商物流而崛起的 WMS 企业的格局。

问题与思考：

你认为最先进的仓储管理应该是什么样的？

学习任务单 3-5

学习情景	小东通过学习知道了收取货物、货物上架、补充货物、拣选货物、包装、发货等是传统仓储管理的主要业务。但现代仓储管理与传统仓储管理不同，它已经转变成履行中心，它的功能不再局限于上述主要任务。那么，现代仓储管理都有哪些功能呢？小东和同学对此展开了学习
任务描述	学生分小组，配合仓储管理系统从三个角度进行优化整合： 1. 以仓储管理员身份，利用仓储管理系统节省劳动力成本 2. 以基层管理者身份，利用仓储管理系统进行企业信息查询管理 3. 以企业管理者身份，利用仓储管理系统为企业管理者进行管理决策提供参考 以上任务建议 2 学时完成
小调查	1. 你认为有建立仓储管理系统的必要吗？ □有　□没有 2. 你觉得哪些是仓储管理系统中不可或缺的功能？ □出入库管理　□货物统计　□货物查询　□货物位置管理　□人员管理
课程思政	早在远古时期，人们就已经开始利用仓库来改善自己的物质条件及生活环境，从而在自然界中更好地生存。在掌握仓储与仓库概念的同时，要了解我国的历史与文化，以及古代中国人的智慧，从而增强文化自觉、树立文化自信
任务拓展	举例说明仓储管理系统中库存系统具有的功能

学习任务考核单 3-5

小组：

序号	任务	分值	总结与归纳	成绩
	组长： 组员：			
1	仓储管理系统的功能模块	30 分		
2	仓储管理系统的功能	30 分		
3	仓储管理系统的优势	40 分		
合　计				

＊请学生填写完学习任务考核单后上交。

知识链接

仓储管理系统（Warehouse Management System，WMS）是指用于物流配送中心管理的计算机软件系统，它能够对仓库内的各类资源进行计划、组织、引导和控制，对货物的存储与移动（入库、出库、库内移动）进行管理，同时能够实现对作业人员的绩效管理。

一、仓储管理系统的功能模块

（一）基本资料维护模块

该模块可自定义整个系统的管理规则，包括定义管理员及其操作口令的功能；对每批产品生成唯一的基本条码序列号标签，用户可以根据自己的需要定义序列号，每种型号的产品都有固定的编码规则，在数据库中可以对产品进行添加、删除和编辑等操作。

（二）采购管理模块

采购管理模块又可细分为采购订单、采购收货、其他入库行为等模块。采购订单模块的功能为：当需要采购的时候，可以填写采购订单，此时并不影响库存。采购收货模块的功能为：当采购订单被批准，完成采购后到货的时候，首先给货物贴上条码序列号标签，然后在采购收货单上扫描此条码，保存之后，库存自动增加。其他入库行为模块的功能为：借出货物归还、退货等，只需要填写采购收货单即可。

（三）仓库管理模块

这也是 WMS 系统应用中最为人所熟知的一个模块，它包括以下七个细节模块：

（1）产品入库：采购入库或者其他入库时，自动生成入库单号，方便快捷，可以区分正常入库、退货入库等不同的入库方式。

（2）产品出库：销售出库或者其他出库时，可以自动生成出库单号，可以区分正常出库、赠品出库等不同的出库方式。

（3）库存管理：不需要手动管理，当入库和出库时，系统自动生成每类产品的库存数量，查询方便。

（4）特殊品库：当客户需要区分产品时，可以建立虚拟的仓库管理需要区分的产品，各功能和正常品库一致。

（5）调拨管理：不同的库之间需要调拨时，可以自动生成调拨单号，支持货品在不同的仓库间任意调拨。

（6）盘点管理：用户随时可以盘点仓库，自动生成盘点单据，使盘点工作方便快捷。

（7）库存上报预警：当库存数量不满足一个预先设定的量时，系统报警。

（四）销售管理模块

销售出库时，首先填写销售出库单，此时不影响库存，并且将销售出库产品条码序列号扫描至该出库单上，保存之后，库存报表自动减少该类产品。

（五）报表生成模块

具有月末、季度末、年末销售报表、采购报表以及盘点报表的自动生成功能，用户可以自定义需要统计的报表。

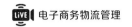
（六）查询功能模块

该模块的功能有采购单查询、销售单查询、单个产品查询、库存查询等，其查询都是按照某个条件如条码序列号、出库日期、出库客户等进行的。

WMS功能模块演示如图3-3所示。

二、仓储管理系统的功能

（一）业务批次管理

仓储管理系统可提供完善的物料批次信息管理、批次管理设置、批号编码规则设置、日常业务处理、报表查询，以及库存管理等综合批次管理功能，使企业进一步完善批次管理，满足经营者的管理需求。

（二）保质期管理

在批次管理的基础上，可对物料进行保质期管理及到期存货预警，以满足食品和医疗行业的保质期管理需求。用户可以设置保质期物料名称、录入初始数据、处理日常单据、即时查询库存和报表等。

（三）质量管理

质量管理功能是与采购、仓储、生产等环节相关的功能，能够实现对物料的质量控制，包括购货检验、完工检验和库存抽检等三种质量检验业务。同时它为仓库系统提供质量检验模块，综合处理与质量检验业务相关的检验单、质检方案和质检报表，包括设置检验方案检验单、质量业务报表等业务资料，以及查询质检报表等。

（四）即时库存智能管理

该功能可用来查询当前物料即时库存数量和其他相关信息，包括：所有仓库、仓位、物料和批次的数量信息；当前物料在仓库和仓位中的库存情况；当前物料的各批次在仓库和仓位中的库存情况；当前仓库及当前仓位中的物料库存情况。

（五）赠品管理

该功能可提供赠品管理的全面解决方案，包括赠品仓库设置、连属单据定义、赠品单据设置、定义业务单据联系、日常业务流程处理，以及报表查询等功能。

（六）虚仓管理

仓库不仅指具有实物形态的场地或建筑物，还包括不具有仓库实体形态，但代行仓库部分功能且代表物料不同管理方式的虚仓。仓库管理设置待检仓、代管仓和赠品仓等三种虚仓模式，并专门提供单据和报表综合管理虚仓业务。

（七）仓位管理

该功能在仓库中增加仓位属性，同时进行仓位管理，以丰富仓库信息，提高库存管理质量，主要包括基础资料设置、仓库仓位设置、初始数据录入、日常业务处理和即时库存查询等功能。

（八）业务资料联查

单据串联（包括上拉式和下推式关联）是工业供应链业务流程的基础，通过单据联

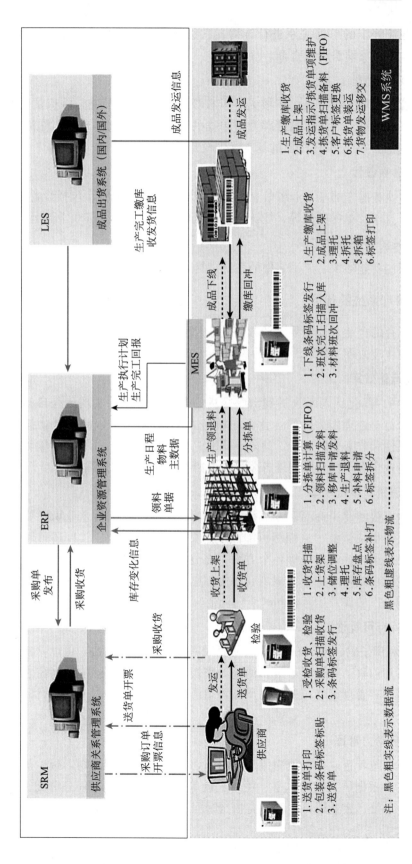

图 3-3 WMS 功能模块演示

查功能可对业务流程中的单据关系进行查询，它实现了仓库系统中单据、凭证、账簿、报表的全面关联，以及动态连续查询。

（九）多级审核管理

多级审核管理是对多级审核、审核人、审核权限和审核效果进行授权的工作平台，是采用多角度、多级别及顺序审核处理业务单据的管理方法。它体现了工作流管理的思路，属于 ERP 系统的用户授权性质的基本管理设置。

（十）系统参数设置

该功能可对业务操作的基本业务信息和操作规则进行初始设置，包括设置系统参数、单据编码规则、打印及单据类型等，能够帮助用户把握业务操作规范和进行运作控制。

（十一）完善的系统辅助工具

用户可以利用功能强大、灵活方便的系统工具处理数据，满足自身需要。

三、仓储管理系统的优势

对于持有库存的企业来说，强大的数字化仓储管理系统必不可少，能够帮助企业节约资金，并提高作业效率。WMS 系统的优势主要体现在以下五个方面。

（一）提高运营效率

WMS 系统可以简化从入库收货到出库交货的仓库流程，并实现流程自动化，从而提高效率，提升订单处理能力，使运营更加顺畅。WMS 系统可以减少货物拣配和装运错误，避免重复性和非必要的工作。此外，WMS 系统还可以与 ERP 和运输管理系统共享数据，帮助企业全面掌握仓库内外各个流程的情况，加快货物运输速度。

（二）减少浪费，降低成本

如果库存中有限期使用商品和易腐商品，WMS 软件可以帮助企业识别哪些需要优先拣配，哪些需要加快销售，从而尽可能减少浪费。此外，WMS 软件还可以帮助企业优化从库存布局到最佳拣货路线等各个方面，充分有效地利用仓库空间。一些 WMS 系统还提供高级模拟功能，支持企业规划仓库平面图，确定托盘、货架和设备的最佳摆放位置，从而实现仓库的高效运营，同时节约资金、节省时间。

（三）实时库存可视性

WMS 系统利用条码、RFID 标签、传感器及其他位置跟踪方法，可以帮助企业实时了解货物入库、库内移动和运抵下一目的地等情况。这样，企业就能提高需求预测的准确性，实施即时库存管理策略，并提高产品可追溯性。可追溯性对于产品召回活动尤其重要。

（四）改善劳动力管理

借助 WMS 系统，企业可以预测劳动力需求，制订员工分配计划，减少员工在仓库中穿梭的时间，并根据员工技能水平、距离远近等因素，优化员工任务分配。此外，借助完善的 WMS 系统，企业还可以营造宽松舒适且安全有序的环境，提高员工的工作效率，鼓舞员工士气。

（五）改善与客户和供应商的关系

借助 WMS 软件，企业可以提高订单履行率，加快交付速度，提高数据准确性，进而提高客户满意度和忠诚度，提升品牌声誉。此外，企业还可以利用 WMS 系统缩短供应商在装卸区和装卸码头的等待时间，从而改善与供应商的关系。

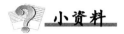 **小资料**

智能仓储技术

为了适应不断变化的客户购买模式、渠道和期望，紧跟瞬息万变的市场环境，应对新的颠覆性变革，企业需要采用各种智能仓储技术，包括人工智能、语音拣货和仓库机器人等。

（1）仓库自动化：如今，自动化技术正在对仓库和配送中心产生重大影响。利用自动化技术，企业可以简化一系列仓储工作流和流程，包括数据采集、条码制作和扫描、拣配和包装、装运及库存跟踪等，从而提高运营效率，并根据不断变化的需求进行扩展。

（2）语音拣货技术：语音拣货又称语音引导仓储或语音辅助拣货。操作员无须使用纸笔或用手用眼，就可以轻松执行任务，并在完成任务后通知系统。工作人员可以使用日常语言，向仓储系统发送实时更新的数据和信息，例如在完成出库后告知系统。

（3）移动设备：一线仓库工人可以使用移动设备更高效地开展工作。在一项关于仓库和配送中心设备的调查中，使用智能手机和平板电脑的有73%，使用条码扫描仪的有55%，使用 GPS 技术的有18%（另有28%的受访者表示计划在未来12个月内部署 GPS）。因此，部署能够集成此类技术的 WMS 至关重要。

（4）人工智能和物联网（IoT）：如今，人工智能和物联网在仓库运营中的应用日益广泛，有望帮助企业实现对快速变化的仓储环境的实时响应，而无须遵循预定义的规则。企业可以利用物联网传感器获取数据，借助人工智能开展数据分析，并进行以前无法实现的高级预测。通过综合运用这两项技术，企业可以转向采用由需求驱动的仓库管理模式。

（5）仓库机器人：仓库机器人借助人工智能和机器学习技术，根据周围环境的信息制定决策。通过综合使用视频、音频、温度和触觉传感器等设备，机器人可以测量环境温度，甚至感知触碰。如果支持与机器人集成，WMS 软件还可以向机器人发送活动指令。目前，有多种机器人在配送中心和仓库中得到应用，可以协助完成一些人工任务，甚至自动处理一些其他任务。

（6）增强现实（AR）和虚拟现实（VR）：增强现实技术是指使用摄像机捕获真实环境（例如仓库过道）情况，然后通过移动设备将指令或信息叠加到该环境中。例如，利用 AR 智能眼镜，操作员无须动手即可执行任务。借助此类应用，系统可以绘制路线、显示仓位等。此外，虚拟现实技术也在仓储管理中得到广泛应用，包括培训升降车操作员、提高送货路线的安全性等。

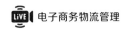

任务六　全球卫星导航系统

案例导入

中国"北斗"：从一张白纸到世界一流导航系统

2020年6月23日，中国西昌卫星发射中心，长征火箭搭载着最后一颗北斗组网卫星划破长空，成功发射。2020年7月31日上午，习近平总书记宣布北斗三号全球卫星导航系统正式开通。从此，我国及全球公众都可以使用由北斗三号系统提供的导航定位服务。目前，北斗卫星导航系统（BDS）与美国全球定位系统（GPS）、俄罗斯的格洛纳斯全球卫星导航系统（GLONASS）、欧盟的伽利略卫星导航系统（Galileo）一道，成为联合国卫星导航委员会认定的全球卫星导航四大核心系统。虽然我国的北斗系统起步最晚，但"后来居上"，成为可与美国GPS媲美的最先进的全球卫星导航系统。

一、建立北斗系统

从保障国家安全和卫星系统可靠性等方面来说，我国自主建设卫星导航系统是十分必要的。美国最新的导航卫星GPS-3已可以根据需要，迅速停止特定地理位置的导航信号发送。如果我国的导航定位与授时完全依赖于美国的GPS，这对国家安全和经济发展而言是十分不利的。

二、北斗的发展历程

国务院新闻办公室于2016年6月16日发布《中国北斗卫星导航系统》白皮书，其中提出中国北斗卫星导航系统实行"三步走"发展战略。北斗导航系统共经历了三代，2020年发射的最后一颗即为第三代，又称作"北斗三号"。

（一）北斗一号

北斗一号，可称作北斗卫星导航试验系统，使用的是有源定位方式，由空中三颗卫星（两颗工作卫星、一颗备份卫星）、地面控制中心以及用户终端三部分组成。校准精度为20米，未校准精度为100米。1994年，该试验系统正式立项，到2003年5月25日，备份卫星成功发射，试验系统完成组建。这使得我国成为世界上第三个建立了卫星导航系统的国家。

（二）北斗二号

2004年，北斗二号系统启动建设。2007年4月14日，北斗二号首颗卫星成功发射；2012年10月25日，第16颗北斗导航卫星发射升空并进入预定轨道，标志着北斗二号系统星座部署完成。2012年12月27日，北斗二号系统正式向亚太地区提供服务。北斗二号系统作为北斗系统"三步走"战略中的第二步，是承前启后的关键一步。北斗二号系统能为中国及亚太大部分地区用户提供定位、测速、授时和短报文通信服务。其定位精度显著提升，授时精度为50纳秒，测速精度为0.2米/秒。

（三）北斗三号

2009年，北斗三号系统建设启动，2020年6月最后一颗组网卫星发射成功。至此，北斗系统提供无源导航信号的卫星一共有55颗，包括北斗二号14颗组网卫星及6颗备用星、北斗三号的5颗试验卫星和30颗组网卫星。

北斗三号星座系统由GEO、IGSO、MEO三种轨道卫星组成，如表3-1所示。每颗卫星根据各自运行轨道的特点以及承载功能，既能各司其职，又能优势互补，共同为全球用户提供优质的定位、导航以及授时服务。

表3-1 北斗三号的三种轨道卫星

北斗卫星	MEO卫星（24）	GEO卫星（3）	IGSO卫星（3）
名称	中圆轨道卫星	地球静止轨道卫星	倾斜地球同步轨道卫星
轨道高度	2万千米左右，三个轨道面，保持55°的倾角	3.6万千米左右	3.6万千米左右
星下点估计	绕着地球画波浪线	投影一个点	锁定区域画"8"字
功能特点	环绕地球运行，实现全球导航定位、短报文通信、国际搜救	承载区域短报文通信	与GEO互补，对亚太区域可重点服务

问题与思考：

谈一谈北斗卫星导航系统与GPS系统的区别。

学习任务单3-6

学习情景	2020年7月31日，我国北斗三号正式开通，标志着全球卫星导航系统（GNSS）及其应用发展进入新阶段，卫星导航定位技术的跨越式发展必将引起其应用领域的变革。小东想知道GNSS的发展对物流领域会产生什么影响，对此他展开了学习
任务描述	学生分小组完成以下任务： 1. 利用互联网等途径查询资料，了解GNSS的发展对物流领域的影响 2. 利用互联网等途径查询资料，了解北斗卫星导航系统是否具备开放性、自主性、兼容性和渐进性 以上任务建议2学时完成
小调查	1. 你了解GNSS吗？ □了解 □不了解 2. 北斗卫星导航系统工程的总工程师是谁？ □沈荣俊 □孙家栋 □谭述森
课程思政	2020年7月31日，我国的北斗三号全球卫星导航系统正式开通。从1994年北斗一号系统立项开始，历时二十六年的建设，中国独立的卫星导航系统终于修成"正果"！"古有北斗七星辨别方向，今有北斗系统定位导航。"这是中国智慧遥隔时空的接力，也是对"两弹一星"、载人航天精神的传承。二十六载辛苦锻造，玉汝于成。这背后，离不开30余万科研工作者的上下求索，也正是他们用坚忍的意志，培育出了"自主创新、开放融合、万众一心、追求卓越"的新时代北斗精神。希望同学们在"自主创新、开放融合、万众一心、追求卓越"北斗精神的鼓励下，勤奋学习，勇于进取，为复兴民族大业积蓄力量，担当强国使命！
任务拓展	调查北斗卫星导航系统可拓展的其他功能

学习任务考核单 3-6

小组：

组长：				
组员：				
序号	任务	分值	总结与归纳	成绩
1	GPS 的功能和特点	30 分		
2	GPS 在物流领域中的应用	25 分		
3	北斗卫星导航系统的功能	20 分		
4	北斗卫星导航系统在物流领域中的应用	25 分		
合　计				

＊请学生填写完学习任务考核单后上交。

◎ 知识链接

全球卫星导航系统（Global Navigation Satellite System，GNSS）也叫全球导航卫星系统，是能在地球表面或近地空间的任何地点为用户提供全天候的三维坐标和速度以及时间信息的空基无线电导航定位系统，包括一个或多个卫星星座及支持其特定工作所需的增强系统。

全球卫星导航系统国际委员会公布的全球四大卫星导航系统供应商，包括美国的全球定位系统（GPS）、俄罗斯的格洛纳斯全球卫星导航系统（GLONASS）、欧盟的伽利略卫星导航系统（Galileo）和中国的北斗卫星导航系统（BDS）。其中，GPS 是世界上第一个建成并用于导航定位的全球系统，GLONASS 经历快速复苏后已成为全球第二大卫星导航系统，二者正处于现代化的更新进程中；Galileo 是第一个完全民用的卫星导航系统，正在试验阶段；BDS 是中国自主建设运行的全球卫星导航系统，为全球用户提供全天候、全天时、高精度的定位、导航和授时服务。

一、全球定位系统

（一）GPS 简介

全球定位系统（Global Positioning System，GPS）是一个中距离圆形轨道卫星导航系统，它可以为地球表面绝大部分地区（98％）提供准确的定位、测速和高精度的时间标准。GPS 由美国国防部于 20 世纪 70 年代开始研制，于 1994 年全面建成，可满足全球任何地方或近地空间的用户连续精确地确定三维位置、三维运动和时间的需要。该系统由太空中的 24 颗 GPS 卫星，地面上的一个主控站、三个数据注入站和五个监测站，以及作为用户端的 GPS 接收机组成。最少只需要其中四颗卫星，就能迅速确定用户端在地球上所处的位置及海拔高度；所能连接到的卫星数越多，解码出来的位置就越准确。

GPS 信号分为民用的标准定位服务（Standard Positioning Service，SPS）和军规的

精确定位服务（Precise Positioning Service，PPS）两类。由于 SPS 无须任何授权即可任意使用，美国担心敌对国家或组织会利用 SPS 对美国发动攻击，故在民用信号中人为地加入误差以降低其精确度，使其最终定位的精确度在 100 米左右，PPS 的精度在 10 米以内。2000 年后，克林顿政府决定取消对民用信号的干扰，因此，现在民用的 GPS 也可以达到 10 米左右的定位精度。

（二）GPS 的功能

（1）精确定时：广泛应用在天文台、通信系统基站、电视台中。

（2）工程施工：道路、桥梁、隧道的施工中广泛采用 GPS 进行工程测量。

（3）勘探测绘：用于野外勘探及城区规划。

（4）导航：包括诸如精确制导导弹、巡航导弹等武器导航；车辆调度、监控系统等车辆导航、远洋导航、港口/内河引水等船舶导航；航线导航、进场着陆控制等飞机导航；卫星轨道定位等星际导航；个人旅游以及野外探险等个人导航。

（5）定位：可应用于车辆、手机、PDA、PPC（PocketPC）等通信移动设备防盗、电子地图定位，儿童及特殊人群的防走失系统，农机具导航、自动驾驶、土地高精度平整等精准农业导航。

（三）GPS 的特点

（1）全天候：不受任何天气的影响。

（2）全球覆盖（高达 98%）。

（3）三维定点、定速、定时高精度。

（4）快速、省时、高效率。

（5）应用广泛、多功能。

（6）可移动定位。

（7）不同于双星定位系统，使用过程中不需要发出任何信号，增强了隐蔽性，提高了军事应用效能。

（四）GPS 在物流领域中的应用

1. 车辆跟踪

通过 GPS 和电子地图可以实时显示车辆的实际位置，这样就可以对配送车辆和货物进行有效的跟踪。GPS 在物流车队管理中的应用如图 3-4 所示。

2. 路线规划和导航

根据配送需求，系统可以在电子地图上设计出最优路线，并显示车辆的运行路径和方向。

3. 指挥调度

指挥中心可以监控区域内车辆的运行状况，根据实际情况进行合理的调度，以提高运输效率。此外，指挥中心还可以随时与跟踪目标进行通话，实施远程管理。

4. 信息查询

用户可以根据需要在电子地图上查询相关信息，查询目标会显示在电子地图上。指挥中心也可以使用监控台查询区域内任何目标的位置，车辆信息将以数字形式显示在控制中心的电子地图上。

GPS卫星

互联网

GPS定位功能

用户通过电脑或移动
终端访问系统

GPS部标一体机
接收GPS信号，发送数据

图 3－4　GPS 在物流车队管理中的应用

5. 紧急救援

通过 GPS 定位和监控管理系统，可以对遇到危险或事故的配送车辆提供紧急援助。

6. 办公自动化

物流信息平台可以全面规划物流网络各网点之间的操作，实现完全无纸化操作，所有信息都可以通过 Internet 准确及时地送达对方手中。

7. 费用管理

实时监控车辆交费登记和救援情况，有效杜绝乱报费用的问题。

8. 信息共享

客户可以通过网络实时查询车辆运输途中的运行情况以及车辆所处的位置，接货方只需要通过发货方提供的相关资料和权限，就可以通过网络实时查看车辆和货物的相关信息，掌握货物在途中的情况以及大概的到达时间，并据此来提前安排货物的接收、存放以及销售等环节，使货物的销售链可提前完成。

总的来说，GPS 在物流领域的应用提高了运输效率、管理精度和服务质量，对物流行业的升级和发展起到了重要的推动作用。

二、格洛纳斯全球卫星导航系统

（一）GLONASS 简介

格洛纳斯（GLONASS）是俄语"全球卫星导航系统"的缩写。该系统最早开发于苏联时期，后由俄罗斯继续执行该计划。该系统于 2007 年开始运营，当时只开放俄罗斯境内的卫星定位及导航服务。到 2009 年，其服务范围已经拓展到全球。该系统的服务内容主要包括确定陆地、海上及空中目标的坐标及运动速度信息等。

（二）GLONASS 的主要功能

GLONASS 可为全球海、陆、空以及近地空间的各种军、民用户全天候、连续地提供高精度的三维位置、三维速度和时间信息。GLONASS 在定位、测速及定时精度上优于施加选择可用性之后的 GPS，俄罗斯向国际民航和海事组织承诺将向全球用户提供民用导航服务。

（三）GLONASS 在物流领域中的应用

GLONASS 系统可应用于汽车自动定位和跟踪调度、铁路运输的管理以及军事物流等。

三、伽利略卫星导航系统

（一）Galileo 简介

伽利略计划，实际上是欧洲的一个全球导航服务计划。它是世界上第一个专门为民用目的设计的全球性卫星导航定位系统。它的总体思路具有四大特点：自成体系；能与其他的 GNSS 系统兼容互动；具备先进性和竞争能力；公开进行国际合作。

（二）Galileo 的主要功能与服务

虽然提供的信息仍是位置、速度和时间，但是伽利略系统提供的服务种类远比 GPS 多，GPS 仅有标准定位服务（SPS）和精确定位服务（PPS）两种，而伽利略系统则提供五种服务，分别是：公开服务（OS），它与 GPS 的 SPS 相类似，免费提供；生命安全服务（SOLS）；商业服务（CS）；公共特许服务（PRS）；搜救（SAR）服务。

（三）Galileo 在物流领域中的应用

伽利略系统在物流领域中有着广泛的应用。首先，它可以提供高精度、高可靠性的定位服务，帮助物流企业实现实时监控、优化运输路径、提高运输效率等目标。其次，通过与其他全球卫星导航系统兼容，伽利略系统可以为用户提供多模式、多频段的导航定位服务，满足不同物流应用场景的需求。此外，由于伽利略系统的可靠性较高，因此它可以提高物流运输过程中的安全性和稳定性，减少事故和延误。

伽利略系统在物流领域中的具体应用场景如下。

1. 实时监控

通过接收来自卫星的信号，伽利略系统可以实时监测车辆和货物的位置，帮助物流企业掌握运输过程中的动态信息。

2. 路径规划

基于卫星定位数据，伽利略系统可以提供准确的地图信息，帮助物流企业优化运输路径，降低运输成本，减少运输时间。

3. 货物追踪

通过伽利略系统，物流企业可以实时追踪货物的位置和运输状态，为客户提供准确的货物信息。

4. 紧急救援

在遇到紧急情况时，物流企业可以利用伽利略系统快速定位并找到货物，及时采取

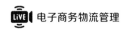
救援措施。

5. 智能物流

结合物联网技术和大数据分析，伽利略系统可以帮助物流企业实现智能化管理和运营，提高物流效率，降低成本。

四、北斗卫星导航系统

（一）BDS 简介

中国的北斗卫星导航系统（Beidou Navigation Satellite System，BDS）简称北斗系统，是中国自行研制的全球卫星导航系统，是继美国 GPS、俄罗斯 GLONASS 之后第三个成熟的卫星导航系统。

北斗卫星导航系统由空间段、地面段和用户段三部分组成，可在全球范围内全天候、全天时为各类用户提供高精度、高可靠的定位、导航、授时服务，并且具备短报文通信能力，定位精度为分米、厘米级别。随着全球组网的成功，北斗卫星导航系统未来的国际应用空间将会不断扩展。

（二）BDS 的功能

北斗系统具有以下四大功能：

（1）短报文通信。

（2）区域导航。

（3）精密授时。

（4）定位。

（三）BDS 在物流领域中的应用

北斗系统在物流领域中的应用主要包括以下几个方面。

1. 道路交通管理

卫星导航有利于减缓交通阻塞，提升道路交通管理水平。通过在车辆上安装卫星导航接收机和数据发射机，车辆的位置信息在几秒钟内就能自动转发到中心站。这些位置信息可用于道路交通管理。

2. 铁路智能交通

卫星导航能够促进铁路运输的升级与转型。通过安装卫星导航终端设备，可极大地缩短列车行驶间隔时间，降低运输成本，有效提高运输效率。北斗卫星导航系统提供的高可靠、高精度的定位、测速、授时服务，可以促进铁路交通的现代化，实现传统调度向智能交通管理的转型。

3. 海运和水运定位与导航

海运和水运是全世界应用最广泛的运输方式之一，也是卫星导航最早应用的领域之一。北斗卫星导航系统可以在任何天气条件下，为水上航行船舶提供导航定位和安全保障。同时，北斗卫星导航系统特有的短报文通信功能将支持各种新型服务的开发。

4. 航空运输安全保障

当飞机在机场跑道着陆时，最基本的要求是确保飞机相互间的安全距离。利用卫星导航精确定位与测速的优势，可实时确定飞机的瞬时位置，有效控制飞机之间的安全距离，甚至在大雾天气情况下，可以实现自动盲降，极大地提高飞行安全水平和机场运营效率。通过将北斗卫星导航系统与其他系统有效结合，可以为航空运输提供更多的安全保障。

练习题

1. 简答题

（1）简述物流技术的含义及分类。

（2）简述物流技术的作用。

（3）简述北斗卫星导航系统在物流领域中的应用。

2. 实训练习

请学生以小组为单位完成以下实训任务。

【任务内容】

网上订餐——互联网上诞生的便捷的订餐形式，是电子商务应用的全新体现。网上订餐的广泛应用起到了推进电子商务的普及和应用进程的作用。某外卖平台是目前用户进行网络订餐的首选系统平台，然而"送餐慢""送错餐"等现象却屡屡发生，这是因为其外卖管理系统存在以下问题：外卖员与管理端之间的沟通存在缺陷，主要表现为下单后外卖员接单有延迟；餐馆自行配送时追踪订单进度有困难，严重耽误了顾客与配送员的时间，降低了效率，影响了口碑。现在要应用现代物流技术对该外卖平台当前的外卖管理系统进行整合、改进和优化，最大限度地满足顾客多样化的需求，促进该外卖平台的发展。

【实践活动安排】

活动	利用现代物流技术改进某外卖平台的外卖管理系统
活动目标	降低某外卖平台网上订餐的出错率
活动内容	1. 对订单进行区域分类，解决订单追踪困难的问题 2. 及时更新商家接单、外卖员到达商家及顾客收到餐的信息，便于处理催单等的信息 3. 根据订餐的高低峰时段，合理分配外卖员，提高效率 4. 完善客户终端网络系统，方便联系顾客 5. 根据顾客往日订餐情况，智能推测顾客的消费偏好，满足更多顾客多样化的需求
活动考核	1. 考核收集的资料是否准确、丰富 2. 考核新外卖管理系统数据流程图是否合理、完善 3. 考核小组报告内容完整程度 4. 考核小组协作程度，分 A、B、C、D 4 个等级评定

商品入库物流

问题引入

小东和同学开了一家网店，他们决定租用天猫菜鸟仓存放货物，这样，客户下单后可以就近发货，缩短客户等待时间。那么，货物到达天猫菜鸟仓后，仓库应该如何接收、储存呢？整个流程需要哪些单据和操作环节呢？如果遇到问题应如何处理呢？

项目导读

本项目主要介绍商品入库的流程，包括到货入库、质检验收和上架作业三个任务，通过案例导入、知识链接等形式，帮助学生由浅入深地理解并掌握商品入库物流的相关内容。

学习目标

知识目标
- 了解商品入库涉及的单据
- 了解质检验收、货物堆码、上架的方法和要求
- 掌握商品入库的流程

能力目标
- 能够完成商品的入库作业

素养目标
- 培养自信心，对接专业，模拟职场，规范职业行为，培养团队精神、服务意识，适应社会岗位需求
- 树立责任意识，弘扬工匠精神，养成耐心、稳定的职业心态，培养专业精神

▶ 任务一 到货入库

◎ 案例导入

天猫菜鸟仓

天猫菜鸟仓是天猫平台推出的一种新型物流仓储模式,也是天猫商家用来储存商品的一种仓库。菜鸟物流将传统的快递公司(如韵达、中通、圆通)综合在一起形成快递运输联盟,平台售出的商品可以从菜鸟仓发送出去。

使用天猫建立的菜鸟仓,当消费者向卖家下单后,卖家可以安排离消费者最近的城市或者地区发货,这样就可以大大缩短物流的运输距离,从而降低物流成本,同时也节省了商品到达消费者手中的时间,可以为消费者提供更好的物流服务体验。

商家入驻菜鸟仓以后,需要把商品和货物入库到菜鸟仓。首先商家要提前制作入库通知单,商品的型号、数量、规格等相关信息都要填写清楚。送货时,需要提前一日向仓库方提出入库申请,和仓库方约定好到库时间、卸货的月台等相关事宜,约定妥当后,商家就可以按时将商品运送到菜鸟仓了。

当商品入库到菜鸟仓以后,买家在平台店铺拍下商品并付款后,卖家就可以委托菜鸟仓发货。卖家也可以跟菜鸟仓约定,某商品只要买家拍下并付款后,菜鸟仓就可以直接给买家发货。

如果商家所售卖的商品是面向全国销售的,可以在全国范围内的菜鸟仓进行备货;如果商家只是在某一个区域进行销售,那么就只需要在当地的菜鸟仓进行备货。目前,菜鸟仓已经覆盖全国各大中型城市,大大提高了物流的效率。

问题与思考:

1. 仓库到货入库的流程是怎样的?
2. 入库过程中涉及哪些单据?

学习任务单 4-1

学习情景	小东有一批货物计划从工厂发出,2天后将到达东北区天猫菜鸟仓。小东感到好奇,仓库到货入库的流程是怎样的?入库过程中涉及哪些单据呢?对此小东准备展开学习
任务描述	任务1: 每名学生到教学资源包中下载下面的案例进行学习: 1.《让仓库"动"起来》 2.《多仓融合:挖掘潜藏的利润增长点》 任务2: 学生分小组就以下问题进行讨论: 问题1:仓库到货入库的流程是怎样的? 问题2:入库过程中涉及哪些单据? 上述任务建议2学时完成

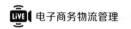
续表

讨论	入库单据核验具体核对哪些内容？ 入库单据异常情况有哪些？如何处理？
任务拓展	设计个人所在小组的淘宝网店货物仓储方案

学习任务考核单 4-1

小组：

组长： 组员：				
序号	任务	分值	总结与归纳	成绩
1	仓库到货入库的流程	30 分		
2	入库过程中涉及的单据	30 分		
3	入库单据审核的内容	20 分		
4	入库单据异常情况及其处理方法	20 分		
合　计				

＊请学生填写完学习任务考核单后上交。

知识链接

商品到达仓库，一般需经过如图 4-1 所示的工作流程，完成入库作业。

仓库要做好接单和单据审核工作，确保到库商品的规格、型号、数量等与采购要求一致，为商品质检入库做好准备。

一、接单

接单是商品入库工作的第一步。接单工作不是简单地接收单据、签字存档。货物到达仓库后，送货司机（送货员）为信息员提供随货箱单（如"送货单"），仓库主管也会提前下发"采购单""入库通知单"等单据。信息员要对货物相关单据进行汇总，以便核对。

小资料

在实际工作中，"送货单""采购单""入库通知单"等单据并没有统一的格式，企业一般根据具体业务环节、业务协助部门的需要和仓库管理的要求自行制定，如图 4-2 至图 4-4 所示。

二、单据审核

信息员对到货相关单据（"送货单""采购单""入库通知单"等）进行核对，以确保采购商品、送货商品、入库商品的品名、品种、规格、型号、数量等信息全部一致，为审核商品提供准确的信息。

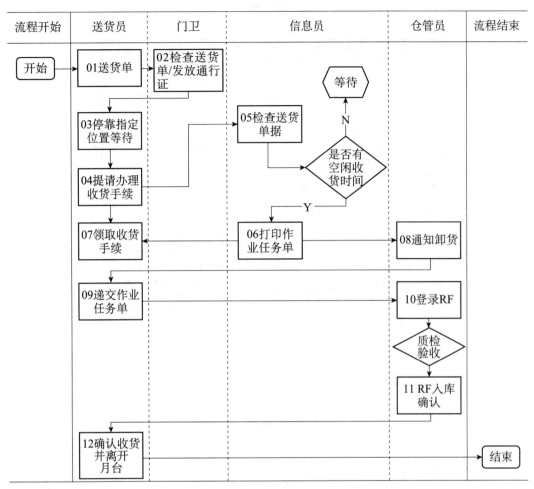

图 4-1 到货入库作业流程

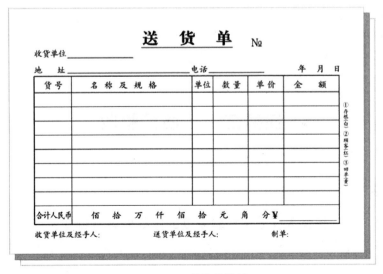

图 4-2 送货单样例

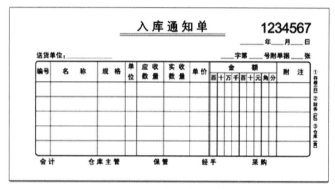

采 购 单 No.0000001

申请部门： 年 月 日

物品名称	规格	单位	申购数量	预计单价	金额	备注
合计金额： 佰 拾 万 仟 佰 拾 元 角 ¥：______						

①存根（白） ②采购（红）

审核： 部门负责人： 请购人：

图 4－3 采购单样例

入库通知单 1234567

____年___月___日

送货单位：__________ ____字第____号附单据____张

编号	名称	规格	单位	应收数量	实收数量	单价	金额									附注
							百	十	万	千	百	十	元	角	分	

①存根（白） ②财务（红） ③仓库（黄）

会计 仓库主管 保管 经手 采购

图 4－4 入库通知单样例

小提示

单据核对过程中，若发现单据中货品品种或数量与实际货品存在差异，应及时确认并更正，具体如下：

（1）单据中货品品种或数量缺少：修改订单，留下记录。

（2）单据中货品品种或数量多余：删除多余信息。

任务二 质检验收

案例导入

粮食入库质量检验制度的主要内容有哪些？

根据《粮食质量监管实施办法（试行）》的规定，粮食入库质量检验制度的内容主要有：

（1）粮食收购和储存企业应当按照国家粮食质量标准对入库的粮食进行质量检验。

中央和地方储备粮承储企业还应对粮食储存品质进行检验。

(2) 粮食收购、储存企业和其他粮食经营者，应当建立粮食质量档案。

(3) 中央和地方储备粮的入库质量应当符合规定的质量等级要求。储备粮承储企业应当建立和完善质量管理制度，加强储备粮的入库检验和质量把关，严格执行日常监测制度，合理安排轮换，确保粮食储存安全、质量良好。

储备粮经营管理企业应当按照有关规定，委托有资质的粮食质量检验机构对储备粮入库质量和储存质量进行定期检查。

资料来源：粮油网。

问题与思考：

仓库在对到库商品进行质量检验前要做哪些准备工作？实物检验有哪些方法？

学习任务单 4-2

学习情景	小东的货物已经到达天猫菜鸟仓的仓库，单据核对无误，即将进入质检验收环节。仓库在对到库商品进行质量检验前要做哪些准备工作？实物检验有哪些方法？验收异常应如何处置？对此，小东和同学展开了深入研究
任务描述	任务1： 每名学生到教学资源包中下载下面的案例进行学习： 1.《"传统仓储"如何过渡到"智慧仓储"？》 2.《京东物流全链路智慧化履约系统》 任务2： 学生分小组就以下问题进行讨论： 问题1：仓库在对到库商品进行质量检验前要做哪些准备工作？ 问题2：实物检验有哪些方法？ 以上任务建议2学时完成
课程思政	2021年我国快递年业务量首次突破千亿件大关，包裹数量占全球一半以上。经过十余年的发展，我国快递业在技术应用上取得快速进步，快递行业正逐步由"汗水物流"向"智慧物流"转变。"快递改变中国，中国改变快递。"快递业对国民经济的推动和支撑作用日益凸显。党的十八大以来，邮政体制改革全面深化，邮政业改革发展取得显著成效，行业面貌发生了巨大变化。快递业"通政、通民、通商"功能进一步强化，服务经济社会发展的基础性作用进一步凸显，已成为中国经济的一匹"黑马"。除了令人自豪的中国快递，中国各个方面的发展进程都在波澜壮阔地推进！以我国快递业的快速发展和创新成就引导学生增强爱国情感，激励学生为祖国的发展贡献自己的力量
任务拓展	调查你所在城市的仓储企业发展情况，了解都有哪些仓储企业，其智能化建设情况如何

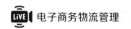
学习任务考核单 4-2

小组：

序号	任务	分值	总结与归纳	成绩
组长： 组员：				
1	仓库对到库商品进行质量检验前的准备	30分		
2	实物检验的方法	30分		
3	验收异常的处理措施	40分		
合　计				

* 请学生填写完学习任务考核单后上交。

知识链接

到库商品需要进行详细的验收，才能办理入库手续。货物入库质检验收是指仓库在商品正式入库前，按照一定的程序和手续，对到库商品进行数量和外观质量的检查，以验证它是否符合订货合同规定的一项工作。质检验收作业流程如图 4-5 所示。通过质检验收不仅可以防止企业遭受经济损失，而且可以起到监督供货单位和承运商的作用。质检验收工作要求准确、及时、严格、经济。如果在验收时发现商品数量缺少、质量异常等问题，要及时填写验收报告，划分清楚责任归属，妥善处理。

一、验收准备

仓库接到送货通知后，应根据物品的性质和批量提前做好验收前的准备工作，大致包括以下内容：

（1）人员准备。安排好负责质量验收的技术人员或用料单位的专业技术人员，以及配合数量验收的装卸与搬运人员。

（2）资料准备。收集并熟悉待验物品的有关文件，例如技术标准、订货合同等。

（3）器具准备。准备好验收用的检验工具，例如衡器、量具等，并校验准确。

（4）货位准备。根据到库物品的性质、特点和数量，确定物品的存放地点和保管方法，还要为可能出现的不合格物品预留存放地点。

（5）设备准备。大批量物品的数量验收，必须有装卸与搬运机械的配合，应做好设备的申请调用，并准备堆码、苫垫材料。对于一些危险品的验收，还要准备相应的防护用品。

（6）特殊需求。对进口物品或存货单位指定需要进行质量检验的，应通知有关检验部门会同验收。

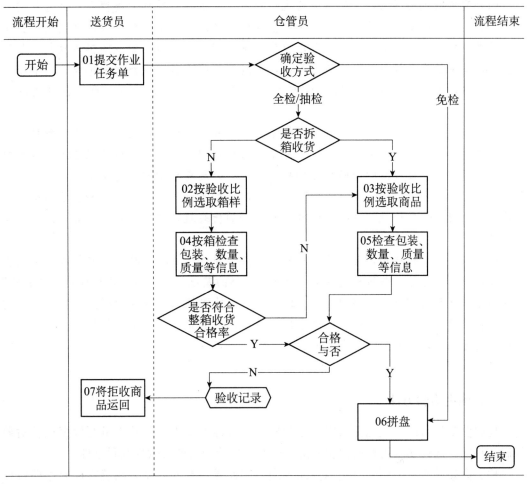

图 4-5 质检验收作业流程

二、确定抽样方法

对商品进行检验时，首先需要确定如何抽取样品。商品抽样也称取样、采样、拣样，是指从被检验的商品中按照一定的方法采集样品的过程。抽样检验是指按照事先规定的抽样方案，从被检商品中抽取少量样品，组成样本，再对样品逐一进行测试，将测试结果与标准或合同进行比较，最后由样本质量状况统计推断受检商品整体质量合格与否。

小资料

抽样方法

从整批商品中抽取样品，对于准确评定整批商品的平均质量十分重要。所以要正确选择抽样方法，控制抽样误差，以获取较为准确的检验结果。常见的抽样方法有以下几种：

（1）简单随机抽样法，又称单纯随机抽样法。它是指对整批同类商品不经过任何分组、划类、排序，直接按照随机原则从中抽取检验样品。简单随机抽样通常适用于批量不大的商品检验，通常是将一批中各单位商品进行编号，通过抽签或随机表抽样。从理论上讲，简单随机抽样最符合随机的原则，可避免检验人员主观意识的影响，是最基本的抽样方法，是其他复杂的随机抽样方法的基础。但当批量较大时，则无法使用这种方法。

（2）分层随机抽样法，又称分组随机抽样法、分类随机抽样法。它是指将整批同类商品按主要标志分成若干个组，然后从每组中随机抽取若干样品，最后将各组抽取的样品放在一起作为整批商品的检验样品的抽样方法。分层随机抽样法适用于批量较大的商品检验，尤其是当批中商品质量可能波动较大时，如不同设备、不同时间、不同生产者生产的商品组成的被检批。它抽取的样本有很好的代表性，是使用最多、最广的一种抽样方法。

（3）系统随机抽样法，又称等距随机抽样法、规律性随机抽样法。它是指先将整批同类商品按顺序编号，并随机决定某一个数为抽样的基准号码，然后按已确定的"距离"机械地抽取样品的方法。如按 2、12、22…的顺序抽取样品。这种抽样方法抽样分布均匀，比简单随机抽样更为精确，适用于较小批量商品的抽样，但当被检批商品质量问题呈周期性变化时，则易产生较大偏差。

三、确定检验方法

检验鉴定的目的，是确保入库商品的质量符合标准要求。检验人员要根据检验对象的属性特征，选择切实可行的检验方法，以确保检验结果的有效性和科学性。

检验商品品质所采用的方法因商品种类不同而异，有的商品采用感官检验法即可评价质量（如茶叶）；有的商品既需要采用感官检验法，也需要采用理化检验法（如搪瓷）；有的商品需以理化检验的结论作为评价商品质量的依据（如钢材）。要使商品检验的结果准确无误，符合商品质量的实际，经得起复验，就要不断总结经验，提高检验的技术，采用先进的检验方法和检测仪器，并随着科技发展，使理论检验方法向着快速、准确、少损（或无损）和自动化方向发展。

四、实物检验

实物检验是指根据入库单和相关技术资料对商品实物进行数量和质量检验。一般情况下，在合同没有约定检验事项时，仓库仅对商品的品种、规格、数量、外包装状况，以及无须开箱、拆捆就可以直观可见可辨的外观质量情况进行检验。但是在进行分拣、配装作业的仓库里，通常还需要检验商品的品质和状态。

（一）包装检验

商品包装的完整程度及干湿状况与内装商品的质量有着直接的关系。对商品的外包装进行检验，通常是在初验时进行的，首先查看包装有无被撬、开缝、污染、破损、水渍等不良情况；其次要检查包装是否符合有关标准要求，包括选用的材料、规格、制作工艺标志、打包方式等；再次还要对包装材料的干湿度进行检查，以免由于过干或过潮而对货物造成影响。当需要开箱拆包检验时，应有两人以上在场同时操作，以明确责任。

（二）数量检验

数量检验是保证货物数量准确所不可缺少的重要步骤，它是指在初验的基础上、质量验收之前，做进一步的货物数量验收，即所谓的细数验收。按货物性质和包装情况，数量检验可以采取以下三种方法：计件法、检斤验收法、检尺求积法。凡是经过数量检验的商品，都要有相应的验收记录，如磅码单、丈量单、点验单等。

 **小资料**

数量检验方法

（1）计件法。计件法适用于按件数供货或以件数为计量单位的商品。一般情况下，计件商品应逐一点清。固定包装物的小件商品，如果外包装完好，打开包装不利于以后保管，在通常情况下，国内货物可采用抽验法，按一定比例开箱点件验收，可抽验内包装5%～15%的商品，贵重商品应酌情提高检验比例或全部检验；进口货物则按合同或惯例办理。

（2）检斤验收法。检斤验收法是对以重量为计量单位的商品进行检验的一种方法，具体是指对商品进行打捆、编号、过磅，并填制码单的验收方法，适合非定量包装的、无码单的商品。金属材料、某些化工产品多半是检斤验收。按理论换算重量供应的商品，如金属材料中的板材、型材等，要先通过检尺，然后按规定的换算方法换算成重量验收。对于进口商品，原则上应全部检斤，但如果订货合同规定按理论换算重量交货，则按合同规定办理。

（3）检尺求积法。检尺求积法是指对以体积为计量单位的商品，如木材、竹材、沙石等采取先测量尺寸、后求体积的验收方法。

（三）质量检验

质量检验是指检查商品质量指标是否符合规定。仓储部门应按照有关质量标准，检查入库商品的质量是否符合要求。仓库管理人员对到库商品进行质量检验是根据仓储合同约定来实施的。合同没有约定的，按照商品的特性和惯例来实施。质量检验包括外观质量检验、尺寸精度检验、机械物理性能检验和化学成分检验四种形式。仓库一般只做外观质量检验和尺寸精度检验，后两种检验如果有必要，则由仓库技术管理职能机构取样，委托专门的检验机构检验。

 **小资料**

仓库常用的质量检验方法

（1）外观质量检验。外观质量检验的内容包括检验外观质量缺陷、外观质量受损情况及受潮、霉变和锈蚀情况等。外观质量检验常用的方法有：感官检验法（视觉、触觉、听觉、味觉、嗅觉检验）、测试仪器检验法（货物性质测定）、运行检验法（检查操作功能）。

（2）尺寸精度检验。进行尺寸精度检验的货物，主要是金属材料中的型材、部分机电产品和少数建筑材料。不同型材的尺寸精度检验各有特点：椭圆形材料主要检验直径和圆度；管材主要检验厚度和内径；板材主要检验厚度和均匀度等。对部分机电产品尺寸精度的检验，一般由专门的质检部门或厂方负责。尺寸精度检验是一项技术性强、费时费力的工作，全部检验工作量大，并且有些产品质量的特征只有通过破坏性的检验才能测到，所以一般采用抽验的方式进行。

商品质量的检验应该与商品数量的检验同时进行。对于不需要进一步检验质量的商品，仓库管理人员在完成上述检验并判定商品合格后，就可以为商品办理入库手续了。而对于那些需要进一步对内在质量进行检验的商品，仓库管理人员应该通知质量检验部门，进一步对商品进行质量检验。待检验合格后才能办理商品的入库手续。

五、验收结果的处理

（一）合格货物的处理

验收合格的货物，应在外包装上贴"合格"标签，以示区别，仓库业务人员可根据货物标签办理合格品入库手续，并在每日工作结束时，对处理的货物数量进行汇总记录。

（二）验收异常的处理

验收中发现问题的货物，要单独存放、等待处理，防止混杂、丢失、损坏。

1. 数量差异的处理

数量差异在允许范围内的，仓库可按应收数入账；若超过规定范围，应查对核实，做好验收记录，并交主管部门，由主管部门与供应商交涉处理。到库商品品种或数量少于计划数量的，按实际到货数量验收。到库商品品种或数量多于计划数量的，应拒收。

2. 质量问题的处理

到货规格、品质、包装不符合要求的，应先将合格品验收，再将不合格品置于不合格品隔离区域，做相应的标记，并进行查对，核实后将不合格情况向供应商说明，办理退换货。对于错发货物，应将货物放置在待处理区域，做相应的标记，并通知相关业务部门或货主，办理退货。

3. 证件不齐的处理

证件不齐应及时向供应商索取，到库商品应作为待检验商品堆放在待验区，待证件到齐后再进行验收；证件未到齐之前，不能验收入库，更不能发料。如"入库验收单"（见图4-6）或其他证件已到，但在规定的时间内商品未到库的，应及时向主管部门反映，以便查询处理。验收后未在单据上签字确认的，应及时补签。

异常处理结果要出具书面材料，在相关单据（如送货单等）上做出详细说明，并由送货人员签字确认，作为事后处理的依据。所有检验工作结束之后，检验人员填写入库验收单，为合格品办理入库登记做准备。

入 库 验 收 单

年 月 日　　　　　　　　　　　　编号：

入 库 名 称		数量	
验 收 部 门		验收人员	
验收记录		结果	
入库记录	入 库 单 位	入 库 部 门	
	主管　　经办	主管　　入库人	

图 4-6　入库验收单样例

素养提升

有一种自豪叫中国快递！有一种骄傲叫全世界都在羡慕中国！

2021年全年，我国快递业务量达1083亿件，首次突破千亿件大关，标志着我国邮政快递业发展又迈上了一个新的台阶。

《福布斯》杂志网站早在2014年刊登的一篇文章中，就曾将快递服务与微支付、电子商务等行业一起列为中国领先世界其他国家的8大创新行业之一。文章还评价道："总体来说，中国快递服务灵活、快速以及非常便宜，以至于很多上海的朋友在市内向好友寄送刚刚烘焙的饼干。"

近年来，我国快递业在分拣、配送等诸多环节的"黑科技"不断涌现，使快递业更为快速、智能化。几百个智能分拣机器人在仓库里穿梭，有条不紊地托着包裹快速运行，并准确将包裹"倒"进指定分拣口。

与此同时，有些快递公司还给快递员配上"魔戒"，快递员戴上这款戒指，动动手指就可以完成扫描；有些公司开始推行快递自提柜刷脸取件，取件人只需站到柜子前，相应快递箱就能自动打开；有些公司在大学里推出快递无人车……

快递业的快速发展，使其对国民经济的推动和支撑作用日益凸显。党的十八大以来，邮政体制改革全面深化，邮政业改革发展取得显著成效，行业面貌发生了巨大变化。快递业"通政、通民、通商"功能进一步强化，服务经济社会发展的基础性作用进一步凸显，已成为中国经济的一匹"黑马"。

同学们，你们为自己是中国人而感到自豪吗？愿意为中国的发展贡献力量吗？

▶ 任务三　　上架作业

案例导入

条码读码器的活用案例

到库的商品在经过质检验收后，将被移送到临时保管处，随后再存放到指定的

"货架"上。这一连串的工序就被称为"上架"。上架过程中的关键，是避免断货及库存过多，实施妥善的在库管理。上架必须准确，避免在拣选、出库等后段工序中引发错误。

如果没有将商品存放在正确的位置，可能会在库存位置的确认上耗费大量的时间、精力，甚至可能会将错误的商品发出。合理配置是避免此类问题的重要手段，必须确保能够一目了然地掌握商品与货架的位置关系。这就是物流中的"储位管理"。利用条码读码器，能够减少上架中的错误，帮助实现作业高效化，有效削减成本、减少工时。

1. 利用条码读码器与系统提高作业效率

在仓库和物流中心，保管地点的确定性与保管效率的提升正在成为亟待解决的问题。能够将商品逐件存放到空置货架上的自由储位方式，是解决这一问题的理想方式，可一旦在库管理中出现问题，可能就会降低作业效率。要兼顾保管效率与作业效率，就必须进行条码读码器与系统的联动。导入条码读码器，关联商品信息与货架信息后，只需用条码读码器扫描条码，就能向操作人员指示上架地点，还能同时进行上架检查，帮助实现作业的高速化、精准化。

2. 在收货作业中赋码，就能提高上架作业的效率

对于收货时未自带条码的商品，通过在质检验收工序中对商品赋码，能够让管理变得更加容易，有助于实现上架作业的高效化。条码读码器能够简单地与系统实现联动，同时进行收货检查、库存反映、条码标签发行，使从商品临时存放到上架的一系列作业实现大幅度的速度提升。在上架的同时，将相同的条码粘贴到外盒或储物架上，还能轻松进行上架检查（数据核对）。应用条码读码器的上架作业流程如图4-7所示。

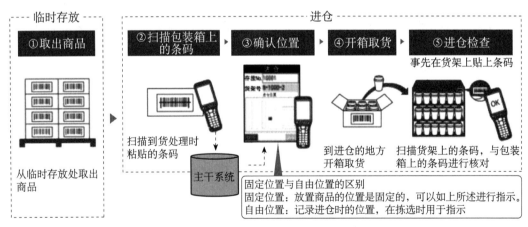

图4-7 应用条码读码器的上架作业流程

问题与思考：

1. 仓储中上架作业的流程是怎样的？

2. 仓储管理员应如何分配货位？

学习任务单 4-3

学习情景	小东的货物已经顺利通过质检验收，可以入库上架了。那么，仓储中上架作业的流程是怎样的？仓储管理员应如何分配货位？对此小东十分好奇，准备进行深入的研究
任务描述	任务1： 每名学生到教学资源包中下载下面的案例进行学习： 1.《双十一电商备货难　物流仓库"一仓难求"》 2.《智能化、无人化趋势下，如何打造智能仓储体系？》 任务2： 学生分小组就以下问题进行讨论： 问题1：仓储中上架作业的流程是怎样的？ 问题2：仓储管理员应如何分配货位？ 以上任务建议2学时完成
讨论	1. 暂时没有货位或只需要整箱存储的货物，仓库应如何存放？ 2. 货物堆码的方法有哪些？
任务拓展	利用业余时间，以小组为单位和当地仓储企业协商仓储合作事宜

学习任务考核单 4-3

小组：

组长： 组员：				
序号	任务	分值	总结与归纳	成绩
1	上架作业的流程	30分		
2	货位分配方式	30分		
3	货物堆码的方法	20分		
4	入库货物档案的内容	20分		
合　计				

＊请学生填写完学习任务考核单后上交。

◎ 知识链接

货物验收完毕后，仓管员为入库货物办理入库登记的相关手续，包括填制入库单、货位分配、货物上架、建立档案等。上架作业流程如图4-8所示。

一、填制入库单

仓管员根据入库验收单填制入库单（如图4-9所示）。不同企业的入库单格式不尽相同，但一般都包括货物名称、规格、入库数量、实收数量等内容。

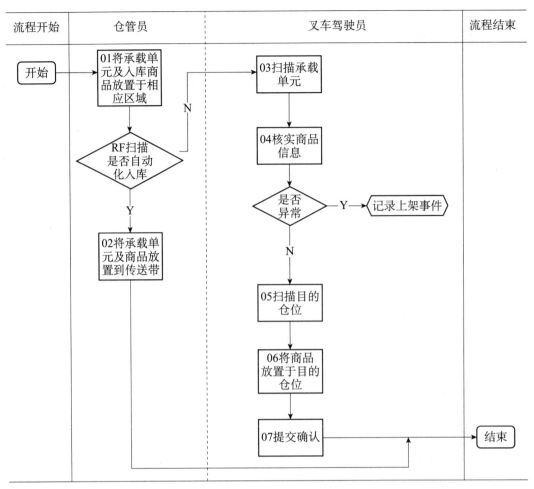

图 4-8 上架作业流程

入库单

No. 0000001

部门：　　　　　　　　　订单号：　　　　　　　　日期： 20　年　月　日

序号	物料编号	货物名称	规格	单位	入库数量	实收数量	备注
1							
2							
3							
4							
5							
6							
7							
8							
9							
10							

核准：　　　　　　审核：　　　　　　　仓库：　　　　　　　入库人：

图 4-9 入库单样例

二、货位分配

货位分配是指在储存空间、储存设备、储存策略、储位编码等一系列前期工作准备就绪之后，采用一定的方法把货品分配到最佳的货位上。

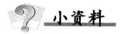 小资料

货位分配的方式

货位分配有人工分配、计算机辅助分配和计算机全自动分配等三种方式。

（1）人工分配。人工分配货位凭借的是管理者的知识和经验，其效率会因人而异。人工分配货位方法的优点是比计算机等设备投入费用少。其缺点是分配效率低，出错率高，需要大量人力。

（2）计算机辅助分配。这种货位分配方法是利用图形监控系统，收集货位信息并显示货位的使用情况，提供给货位分配者实时查询，为货位分配提供参考，最终还是由人工下达货位分配指示。

（3）计算机全自动分配。这是利用图形监控储位管理系统和各种现代化信息技术与设备（条码扫描器、无线通信设备、网络技术、计算机系统等），收集货位有关信息，通过计算机进行分析后直接完成货位分配工作，整个作业过程不需要人工。

三、货物堆码

对于暂时没有货位或只需要整箱存储的货物，仓库一般采用堆码存放。合理的堆码，能使货物不变形、不变质，保证货物质量的完好及储存安全。货物堆码要根据商品的外形、重量、数量、性能和特点等，结合仓库地坪负荷、储存时间，将商品分别堆成各种垛型。堆码可以使用托盘，也可以不使用托盘。

 小资料

货物堆码的方法

1. 垛堆法

有包装的货物和裸装的计件货物一般采取垛堆法。具体方式有：重叠式、压缝式、纵横交错式、通风式、栽柱式、俯仰相间式等。货物堆垛方式的选择主要取决于货物本身的性质、形状、体积、包装等。一般情况下多平放（卧放），使重心降低，最大接触面向下，这样易于堆码，货垛也更加稳定牢固。

（1）重叠式：又称置叠式，即货物逐件、逐层向上整齐地码放。这种方式稳定性较差，易倒垛，一般适合袋装、箱装、平板式的货物。

（2）压缝式：即上一层货物跨压在下一层两件货物之间。如果每层货物都不改变方向，则形成梯形形状。如果每层都改变方向，则类似于纵横交错式。

（3）纵横交错式：每层货物都改变方向向上堆放。采用这种方式码货稳定性较好，但操作不便，一般适合管材、桶装、长箱装货物。

（4）通风式：每两件相邻的货物之间都留有空隙，以便通风防潮、散湿散热。这种方式一般适合箱装、桶装以及裸装货物。

（5）栽柱式：码放货物前在货垛两侧栽上木桩或钢棒，形成 U 形货架，然后将货物平放在桩柱之间，码几层后用铁丝将相对两边的桩柱拴连，再往上摆放货物。这种方式一般适合棒材、管材等长条形货物。

（6）俯仰相间式：对上下两面有大小差别或凹凸的货物，如槽钢、钢轨、箩筐等，将货物仰放一层，再反过来俯放一层，俯仰相间相扣。采用这种方式码货，货垛较为稳定，但操作不便。

2. 成组堆码法

成组堆码法即采用货板、托盘、网格等成组工具使货物的堆存单元扩大，一般以密集、稳固、多装为原则，同类货物组合单元应高低一致。这种方法可以提高仓容利用率，实现货物的安全搬运和堆存，适合半机械化和机械化作业，有利于提高劳动效率，减少货损货差。

3. 货架法

货架法即直接使用通用或专用的货架进行货物堆码。这种方法适用于存放不宜堆高、需要特殊保管的小件、高值、包装脆弱或易损的货物，如小百货、小五金、医药品等。

4. 散堆法

散堆法是一种将无包装的散货直接堆成货港的货物存放方式。它特别适用于适合露天存放的没有包装的大宗货物，如煤炭、矿石、散粮等。这种堆码方式操作简便，便于采用现代化的大型机械设备，能够节约包装成本，提高仓容利用率。

 小提示

货物堆放的五距

货物堆码要做到货堆之间，货堆与墙、柱之间保持一定距离，留有适宜的通道，以便对商品进行搬运、检查和养护。仓库要把商品保管好，"五距"很重要。五距是指顶距、灯距、墙距、柱距和堆距。

（1）顶距，指货堆的顶面与仓库屋顶平面之间的距离。一般的平顶楼房，顶距为 50 厘米以上；"人"字形屋顶，货堆顶面以不超过横梁为准。

（2）灯距，指仓库内固定的照明灯与商品之间的距离。灯距不应小于 50 厘米以防止照明灯过于接近商品而发生火灾（灯光产生热量）。

（3）墙距，指墙壁与货堆之间的距离。墙距又分外墙距与内墙距。一般外墙距在 50 厘米以上，内墙距在 30 厘米以上，以便通风散潮和防火，一旦发生火灾，可供消防人员出入。

（4）柱距，指货堆与屋柱的距离一般为 10～20 厘米。柱距的作用是防止屋柱散发的潮气使商品受潮，并保护柱脚，以免损坏建筑物。

（5）堆距，指货堆与货堆之间的距离，通常为 100 厘米。堆距的作用是使货堆与货堆间隔清楚，防止混淆，也便于通风检查，一旦发生火灾，还便于抢救和疏散物资。

四、货物上架

货物上架是进货入库作业流程的最后一个环节，是指将要上架的货物搬运到存储区域，按照一定的上架原则，采取合适的方法将货品存放至指定货位。

对于整箱入库的货品，可将货物在托盘上组托后上架；对于独立包装的零散货物（如按支、瓶等单位销售的货物），为了出入库及配货方便，需要对整箱货物进行拆箱，然后放入独立的货位。

五、建立货卡

货物明细卡又称货卡，它详细列出了该垛货物的品名、型号、规格、数量、单位及进出动态和积存数。货物入库堆码完毕，应立即建立货卡，一垛一卡。同时，要在仓库实物保管明细账上登记货物的入库、出库、结存等详细情况，并要经常核对，保证账、卡、货相符。

货卡的管理通常有两种方式：一种是由专人负责，集中管理；另一种是将货卡直接挂在货物下方的货架支架上或是货垛正面的明显位置，便于随时与实物核对，准确地掌握货物的结存数。

六、登账

货物入库，仓库应建立实物保管明细账，用来登记货物入库、出库、结存的详细情况。

七、建立档案

仓库建档工作是指将货物入库作业全过程的有关资料、证件进行整理、核对，建成资料档案，便于查阅和管理。具体来说，就是将入库通知单、送货单、入库验收单、入库单等相应单证，各种技术资料与保管期间的操作记录以及发货单等原件或复印件存入档案，做到一物一档。

练习题

1. 简答题

（1）简述商品到货入库作业的流程。

（2）到货入库要核对哪些单据？

（3）质检验收的方法有哪些？

（4）质检验收异常应如何处理？

（5）货物堆码有哪些方法？

（6）简述货物堆放的"五距"。

2. 实训练习

请学生以小组为单位完成以下实训任务。

【任务内容】

以邮乐仓储软件系统为例，模拟进行创建入库单、收货、上架操作。具体参照步骤如下。

第一步：创建入库单（如图 4-10 所示）

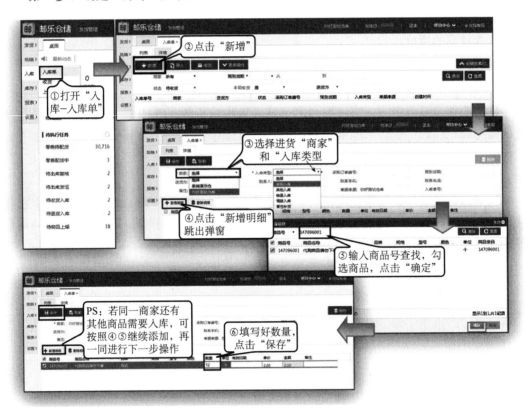

图 4-10 创建入库单操作步骤

第二步：收货确认（如图 4 - 11 所示）

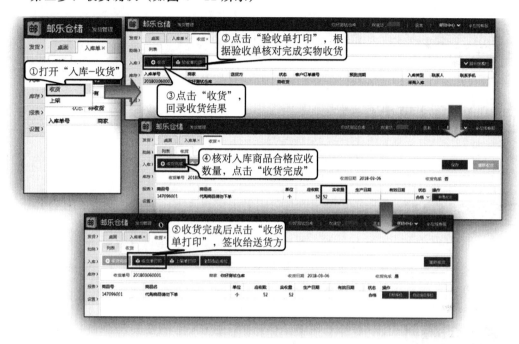

图 4 - 11 收货确认操作步骤

第三步：上架确认（如图 4 - 12 所示）

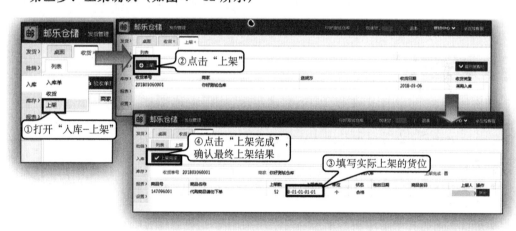

图 4 - 12 上架确认操作步骤

【实践活动安排】

活动	利用软件系统完成创建入库、收货、上架操作
活动目标	熟练使用一种软件完成入库操作
活动内容	模拟利用一种软件系统进行创建入库、收货、上架操作
活动考核	1. 每个小组上交一份作业记录截图 2. 考核每个小组操作的正确性，分 A、B、C、D 共 4 个等级评定

商品流通加工

问题引入

超市中有琳琅满目的商品，这些商品可以通过各种销售渠道流通到消费者手中。那么，商品是怎么到达消费者手中的呢？商品从厂家到消费者手中经过了哪些物流环节？流通加工在其中起到什么样的作用呢？

项目导读

本项目包括认知流通加工、认知流通加工的合理化以及认知流通加工作业三个任务，通过案例导入、知识链接等形式，帮助学生由浅入深地理解并掌握商品流通加工的相关内容。

学习目标

知识目标
- 了解流通加工的概念和作用，理解流通加工的类型和特点
- 掌握流通加工的合理化和流通加工作业

能力目标
- 能够进行某一种商品的流通加工作业

素养目标
- 培养严谨的科学精神和态度
- 培养团队意识和团队合作能力

▶ 任务一　　认知流通加工

◎ 案例导入

上海联华生鲜食品加工配送中心

上海联华生鲜食品加工配送中心是联华超市股份有限公司的下属公司,主营生鲜食品的加工、配送和贸易,拥有资产总额近3亿元,是具有国内一流水平的现代化生鲜加工配送企业。联华生鲜食品加工配送中心总投资6 000万元,建筑面积35 000平方米,年生产能力20 000吨,其中肉制品15 000吨,生鲜盆菜、调理半成品3 000吨,西式熟食制品2 000吨,产品结构分为15大类约1 200种生鲜食品;在生产加工的同时配送中心还从事水果、冷冻品以及南北货的配送业务。联华生鲜食品加工配送中心的配送范围覆盖联华标超、快客便利、世纪联华、华联吉买盛等两千余家门店,为企业的快速发展奠定基础。

问题与思考:

1. 什么是流通加工? 流通加工有哪些作用?
2. 流通加工有哪些类型?

学习任务单 5-1

学习情景	小东以前从未了解过流通加工环节,只是邮寄过包裹。但是想要做好电子商务,必须熟悉物流的各个环节,而流通加工又是物流过程中至关重要的一环。因此,小东和同学们对流通加工环节展开了研究与学习
任务描述	学生分小组就以下问题进行讨论: 问题1:什么是流通加工? 问题2:流通加工具有哪些作用? 问题3:流通加工有哪些类型? 问题4:相较于生产加工,流通加工有什么特点? 上述任务建议2学时完成
小调查	1. 你是否了解电子商务产品的流通加工活动? □了解　□不了解 2. 你是否知道流通加工的功能? □是　　□否
任务拓展	了解上海联华生鲜食品加工配送中心的业务情况

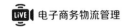

学习任务考核单 5-1

小组：

序号	任务	分值	总结与归纳	成绩
组长： 组员：				
1	流通加工的概念	20分		
2	流通加工的作用	20分		
3	流通加工的类型	30分		
4	流通加工的特点	30分		
合　计				

＊请学生填写完学习任务考核单后上交。

知识链接

流通加工是现代物流的基本功能之一，是物流生产活动的重要组成部分。流通加工是连接生产与消费的重要桥梁和纽带，在产品流通过程中发挥着极其重要的作用。

流通加工的出现与现代生产方式有关，它不仅是大工业的产物，也是网络经济时代服务社会的产物；流通加工的出现还与人们对流通的作用的观念转变有关，效益观念的产生是促使流通加工形式得以发展的一个重要原因。

一、流通加工的概念

根据中华人民共和国国家标准《物流术语》（GB/T 18354－2021）的规定，流通加工是根据顾客的需要，在流通过程中对产品实施包装、分割、计量、分拣、刷标志、拴标签、组装、组配等简单作业活动的总称。

 小资料

中华人民共和国国家标准《物流术语》（GB/T 18354－2021）

2021 年 8 月 20 日，国家市场监督管理总局、国家标准化管理委员会发布《中华人民共和国国家标准公告》2021 年第 11 号，其中中华人民共和国国家标准《物流术语》（GB/T 18354－2021）已获批准发布，标准于 2021 年 12 月 1 日正式实施。

国家标准《物流术语》由全国物流标准化技术委员会（以下简称"全国物标委"）归口上报及执行，主管部门为国家标准化管理委员会。

我国 1978 年从国外引进物流概念，2001 年国家标准《物流术语》（GB/T 18354－2001）发布，该标准是我国制定的第一个物流类国家标准。由于物流术语标准属于物流

领域最基础的标准，所以许多后续的国内相关标准都纷纷引用该标准，国内高校也利用该标准进行物流学科专业建设，并以此标准为基础进行相关课程及人才培养方案的开发。因此，该标准对国内物流产业发展起到了极大的促进作用。2006 年，对该标准进行了修订，发布了第二版《物流术语》（GB/T 18354-2006）（以下简称"2006 版术语标准"）。

2006 版术语标准的修订准备工作开始于 2017 年 7 月 10 日，受全国物标委委托，北京物资学院何明珂教授提交了《物流术语》修订建议书和修订草案。2017 年全国物标委组织全体委员投票，得到 2/3 以上委员同意后，向国家标准化管理委员会提交正式申请，经国家标准化管理委员会批准于 2019 年 3 月列入了国家标准修订计划中。

二、流通加工的作用

流通加工的作用主要体现在以下几个方面。

（一）提高原材料的利用率

通过流通加工环节，可对生产厂家直接运来的简单规格产品按使用部门的要求集中下料。

（二）完善产品功能，增加产品价值

在流通过程中进行一些改变产品某些功能的简单加工，可以完善产品功能、增加产品价值，从而提高产品销售的经济效益。

（三）提高加工效率及设备利用率

采用效率高、技术先进、加工量大的专门机具和设备，建立集中加工点，可以提高加工效率及设备利用率。

（四）进行初级加工，方便用户

一些用量小或临时产生需要的单位，由于缺乏初级加工的能力，依靠流通加工可省去进行初级加工的投资、设备及人力，从而方便了用户。

（五）充分发挥各种运输手段的最高效率

流通加工环节将实物的流通分成两个阶段。一般来说，流通加工环节设置在消费地，因此从生产厂商到流通加工点的第一阶段输送距离长，而从流通加工点到消费环节的第二阶段输送距离短。第一阶段是在数量有限的生产厂商与流通加工点之间进行定点、直达、大批量的远距离输送，因此可以采用船舶、火车等大批量输送手段；第二阶段则是利用汽车和其他小型车辆来输送经过流通加工后的多规格、小批量、多用户的产品。这样可以充分发挥各种运输手段的最高效率，加快输送速度，节省运力运费。

（六）提高生产效益和流通效益

通过流通加工，生产企业可以进行标准化、整包装生产，这样做可以适应大生产的特点，提高生产效益，节省包装费用和运输费用，降低成本；同时，对流通企业来说，可以促进销售，增加销售收入，提高流通效益。

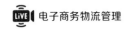

（七）提高物流效率和服务质量

通过多样化的流通加工，可以使商品满足用户的个性化、多样化需求，使物流功能得以完善和提高。

三、流通加工的类型

在物流过程中，根据流通加工目的和作用的不同，可将流通加工分为以下五种类型。

（一）以保存产品为主要目的的流通加工

这种加工形式的目的是使产品的使用价值得到妥善的保护，以延长产品在生产与消费、使用时间之间的间隔。例如，使肉、禽、蛋、水产品保鲜保质的冷冻加工、防腐加工等；棉、麻、丝、毛织品的防霉、防虫加工等；金属材料的防锈蚀加工；木材的防腐、防干裂加工；水泥的防潮、防湿加工；煤炭的防高温自燃加工等。

（二）为适应多样化需要的流通加工

这种加工形式的目的是通过对标准产品进行改制加工，使产品品种、规格、质量多样化，这样既保证了高效率的社会化大生产，又满足了用户多样化的需要。例如，对钢材卷板的舒展、剪切加工；木材改制成枕木、方材、板材的加工；平板玻璃按需要规格的开片加工等。

（三）为提高原材料利用率的流通加工

通过流通领域的集中加工来代替分散在各使用部门的分别加工，可以提高原材料的利用率。集中加工形式可以减少原材料的消耗，提高加工质量。例如，钢材的集中下料，可以充分进行合理规划、搭配套裁，减少边角废料，从而达到提高原材料利用率、减少浪费的目的。

（四）为提高物流效率、降低物流损耗的流通加工

改变一些产品本身的形态，可更方便流通操作。例如，自行车在消费地区的装配加工，可避免整车运输过程的低效率；造纸用木材磨成木屑的流通加工，可大大提高运输工具的装载效率；集中煅烧熟料、分散磨制水泥的流通加工，可有效地防止水泥的运输损失，减少包装费用，也可以提高运输效率；石油气的液化加工，使很难输送的气态物转化为更容易运输的液态物，也可提高运输效率。

（五）为促进产品销售的流通加工

通过对一些产品进行流通加工，可以从若干方面起到促进产品销售的目的。例如，对过大包装或散装产品进行分装加工，使其变成适合一次性销售的小包装；将原有以保护产品为主的运输包装改换成销售包装；将蔬菜、肉类进行清洗、包装等。

四、流通加工的特点

流通加工在加工方法、加工组织、生产管理方面与生产加工并无显著区别，但在加工对象、加工程度、加工主体、加工目的等方面差别较大。相对于生产加工而言，流通加工的主要特点如下。

（一）加工对象的属性不同

生产加工贯穿于整个生产过程，其加工对象，除了原材料以外，还有半成品和成品（为了满足个别消费者需要而加工的产成品）。那些处于生产过程中的半成品是尚未进入流通领域的劳动产品，故不具有商品属性。由此不难看出，生产加工的对象不完全是商品，但流通加工的对象（不管是成品还是半成品）均为通过交换而获得的劳动产品，具有商品的属性，亦即完全性的商品。

（二）加工的复杂程度和深度不同

生产加工较流通加工不但作业范围广，而且加工的技术、程序也很复杂，加工的深度很高，并且常常形成系列化的操作。而一般性的流通加工多为简单的初级加工活动，其复杂程度和加工的深度都远远不及生产加工。在一般情况下，流通加工常常是作为生产加工的外延或补充形式而存在和开展的。从这个意义上说，流通加工绝对不是对生产加工的否定和取代，而是生产加工的延伸。

（三）加工的主体不同

生产加工的组织者是生产者，流通加工的主体是从事流通活动的经营者。在我国，从事流通加工活动的单位一般是流通企业、商业企业、电子商务的个体商户，而生产加工是由生产企业组织完成的。

（四）加工的目的不完全一致

在商品经济条件下，无论是生产加工还是流通加工，其目的都是方便生产和满足市场需要，但除此之外，开展流通加工的目的还包括发展和完善流通自身。从流通加工的特点中可以看出：延伸到流通领域内的加工即流通加工，它实际上是一种辅助性的生产作业，其结果只是部分地改变了加工对象的物理形态和化学性质。虽然流通加工的深度和范围有限，但它在流通即再生产运动中所起的作用同样是很大的。

▶ 任务二　　认知流通加工的合理化

◎ 案例导入

八部门关于加强快递绿色包装标准化工作的指导意见（"重点任务"部分）

（一）升级快递绿色包装标准体系。对现行快递包装标准进行梳理评估，清理一批与行业发展和管理要求不符、内容互不衔接的标准。加强快递绿色包装标准化顶层设计，发布快递绿色包装标准清单，明确强制性标准与推荐性标准的主要内容和规范主体，建立覆盖产品、评价、管理、安全各类别，以及研发、设计、生产、使用、回收处理各环节的标准体系框架。对于涉及快递包装材料环保性、安全性等技术要求，支持制定强制性国家标准；对于跨部门、跨行业的包装规格等通用类、接口类事项，支持制定推荐性国家标准。对于没有推荐性国家标准、在单一领域适用的快递绿色包装产品，鼓励制定行业标准。鼓励社会团体、企业制定要求更严、水平更高的团体标准、企业标准。

（二）加快研制快递包装绿色化标准。研制快递包装产品绿色设计标准，在设计开发阶段，系统考虑快递包装全生命周期对资源环境造成的影响，推进快递包装源头治理；注重包装设计与信息技术的结合，推动环境感应和追溯技术纳入现有快递包装产品标准。支持原始创新，加速推进可降解、高性能快递包装材料的自主研发进程，在研发快递包装关键材料的同时，同步制定相关技术标准。鼓励应用创新，支持设计一批新型、简约和可重复可循环使用的快递包装产品，并同步制定相关产品标准。研制快递绿色包装检测和产品评价标准。充分发挥团体标准制定周期短、适应能力强、贴近市场需求等优势，对探索性、创新性包装材料和产品，鼓励先行制定团体标准，积极推动标准应用，待成熟后转化为国家标准或国际标准。

（三）完善快递包装减量化标准。考虑快递运输安全要求，完善适应实体渠道和电商渠道销售的商品包装规范。参照《限制商品过度包装通则》（GB/T 31268）国家标准，研制快递业限制过度包装标准，对包装结构、材质、耗材等进行引导和约束，避免过度包装。修订《快递服务》（GB/T 27917）国家标准，推广自动化分拣、传输、装卸等设备，提高快递作业自动化程度，降低包装破损风险，减少二次包装。研制快递包装基本规范，制定生鲜、农特产品等快递业务包装操作规范，杜绝随意包装，提高包装安全性、规范性。

（四）抓紧制定快递包装回收支撑标准。制定逆向快递服务规范，制修订智能快件箱、快递末端综合服务站等末端设施标准规范，加入快递包装回收功能及要求，引导快递企业建立企业级回收体系。制定统一开放的数据信息、质量等级、管理规范等标准，支撑社会化快递包装循环共用平台建设。研制快递业包装废弃物污染控制规范，降低快递包装废弃物对环境的影响。

（五）促进快递包装产业上下游标准衔接。修订《硬质直方体运输包装尺寸系列》（GB/T 4892）国家标准，统筹考虑适应实体渠道和电商渠道销售的商品包装及快递包装需求，确立三者协调的模数标准。研制产品生产、销售、寄递各环节间的交付包装标准，鼓励应用原发包装和集装单元包装。推广 1 200mm×1 000mm 标准托盘规格尺寸，研究推广成套化、系列化的快递包装产品，推动电子商务经营者、快递企业使用符合《快递封装用品》（GB/T 16606）系列国家标准要求的包装产品，促进快递包装一体化运作。

（六）提高快递绿色包装标准约束性。严格按照强制性国家标准制修订有关规定，围绕快递包装材料无害化，制定强制性国家标准。鼓励相关部门在制定法律政策时引用快递绿色包装标准，提高标准约束力。加强部门协作，将快递绿色包装标准实施情况纳入快递、电商等行业监管，以及全国"无废城市"试点评估。

（七）推动快递绿色包装标准有效实施。依托相关部门、行业协会、标准化技术委员会，开展快递绿色包装标准实施效果评估。利用世界标准日、绿色邮政宣传周、全国低碳日等，面向快递企业、快递包装生产企业、电子商务经营者和广大消费者，开展形式多样的标准实施宣贯活动。依据《国务院办公厅关于建立统一的绿色产品标准、认证、标识体系的意见》（国办发〔2016〕86 号）相关要求和快递绿色包装相关标准，按照

"公平、公正、公开、自愿"的原则开展快递包装绿色产品认证。鼓励电子商务经营者、快递企业采购符合绿色标准的快递包装产品。健全快递包装生产者责任延伸制，推动快递包装生产企业、电子商务经营者、快递企业实施产品和服务标准自我声明公开和监督制度。

（八）提升快递绿色包装标准国际化水平。加强国际交流合作，学习借鉴国外绿色包装先进理念和成熟做法。在跨境电子商务中推广中国快递绿色包装标准，对于进境快递，鼓励快递企业按照中国标准进行封装；对于出境快递，支持向国际用户分享中国标准。系统分析国际国外快递包装标准化发展现状，总结提炼我国快递包装成功经验和做法，积极参与包装、环境管理等领域的国际标准化活动，推动制定相关国际标准，分享中国经验。

资料来源：市场监管总局 发展改革委 科技部 工业和信息化部 生态环境部 住房城乡建设部 商务部 邮政局关于加强快递绿色包装标准化工作的指导意见（国市监标技〔2020〕126 号）。

问题与思考：

如何才能实现流通加工过程中物流包装的合理化？

学习任务单 5-2

学习情景	小东通过学习知道了流通加工是物流活动中的一个重要环节，然后小东和同学就流通加工合理化的措施和不合理的情形展开了学习
任务描述	任务 1： 学生上网查询并阅读以下法律法规，了解流通加工合理化的相关规定： 1.《中华人民共和国民法典》 2.《中华人民共和国产品质量法》 3.《中华人民共和国食品安全法》 4.《市场监管总局 发展改革委 科技部 工业和信息化部 生态环境部 住房城乡建设部 商务部 邮政局关于加强快递绿色包装标准化工作的指导意见》（国市监标技〔2020〕126 号） 任务 2： 学生分小组就以下问题进行讨论： 问题 1：流通加工合理化的措施有哪些？ 问题 2：流通加工不合理的情形有哪些？ 问题 3：电子商务物流的流通加工作业管理包括哪些内容？ 问题 4：流通加工环节可以采用的管理指标有哪些？ 以上任务建议 2 学时完成
小调查	1. 购物时你是否会注意到商品外包装的样式？ □是 □否 2. 当两款牛奶的价格、口味、质量相似时，你是否会因为包装的独特性而做出选择？ □是 □否
任务拓展	任选一家大型物流企业，了解其快递包装的标准

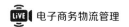

学习任务考核单 5-2

小组：

组长：				
组员：				
序号	任务	分值	总结与归纳	成绩
1	流通加工合理化的定义	20分		
2	流通加工合理化的措施	20分		
3	流通加工不合理的情形	20分		
4	电子商务物流的流通加工作业管理	20分		
5	流通加工中心的布局	20分		
合　计				

* 请学生填写完学习任务考核单后上交。

◎ 知识链接

一、流通加工合理化的定义

流通加工合理化是指实现流通加工的最优配置，不仅做到避免各种不合理的流通加工，使流通加工有存在的价值，而且综合考虑流通加工与配送、运输、商流等的有机结合，使选择最优化，以实现最佳的流通加工效益。

二、流通加工合理化的措施

实现流通加工合理化，主要应考虑以下几个方面。

（一）加工和配送相结合

加工和配送相结合就是将流通加工点设置在配送点中，一方面按配送的需要进行加工；另一方面加工又是配送业务流程中分货、拣货或配货作业的一环，加工后的产品直接投入配货作业。这就无须额外设置一个加工的中间环节，使流通加工有别于独立的生产加工，与中转流通巧妙地结合在一起。同时，由于在配送之前对商品进行了加工，因而可使配送服务水平大大提高。这是当前流通加工合理化的重要形式之一，在煤炭、水泥等产品的流通中被广泛使用并已表现出较大的优势。

（二）加工和配套相结合

在对配套要求较高的产品流通中，配套的主体来自各个生产单位，但完全配套有时无法全部依靠现有的生产单位。进行适当的流通加工，可以有效地促成配套，充分发挥流通加工作为连接生产与消费的桥梁和纽带的作用。

（三）加工和合理运输相结合

流通加工能有效地衔接干线与支线运输，促进两种运输形式的合理化。利用流通加工，在支线运输转干线运输或干线运输转支线运输等本来就必须停顿的物流环节，可不进行一般的干线转支线或支线转干线，而是按照干线或支线运输的合理要求进行适当加工，加工完成后再进行中转作业，从而大大提高运输效率及运输转载水平。

（四）加工和商流相结合

通过流通加工有效地促进销售，提高商流的合理化程度，也是流通加工合理化的考虑方向之一。流通加工与配送相结合，提高了配送水平，促进了销售，也是流通加工与合理商流相结合的一个成功例证。此外，通过简单地改变包装、设计不同的包装规格，以及通过组装加工，排除用户使用前进行组装、调试的麻烦或困难，都可以有效促进商流。

（五）加工和节约相结合

节约能源、节约设备、节约人力、节约耗费是流通加工合理化的重要考虑因素，也是目前我国流通加工合理化的一种比较普遍的形式。

对于流通加工合理化的最终判断，应看其能否实现社会效益和企业本身的效益，而且能否取得最优效益。对流通加工企业而言，与一般生产企业一个重要的不同之处是，流通加工企业更应把社会效益放在首位。如果片面追求企业的微观效益，不适当地进行加工，甚至与生产企业争利，不仅有违流通加工的初衷，而且其本身也不属于流通加工的范畴了。

三、流通加工不合理的情形

流通加工是流通领域中对生产的辅助性加工，它实际上是生产本身或生产工艺在流通领域的延续，但是不合理的流通加工往往会破坏甚至是抵消流通加工的经济效益。流通加工不合理的情形主要有以下几种。

（一）流通加工地点设置不合理

流通加工地点设置即流通加工布局状况，是决定整个流通加工环节能否有效的重要因素。一般而言，衔接单品种大批量生产与多样化需求的流通加工，加工地设置在需求地区，才能实现大批量的干线运输与多品种末端配送的物流优势。假如将流通加工地设置在生产地区，其不合理之处在于：第一，多样化需求的产品具有多品种、小批量的特点，由生产地向需求地的长距离运输易出现不合理的情况；第二，在生产地增加了一个加工环节，也就增加了近距离运输、装卸、储存等一系列物流活动。所以，在这种情况下，不如由原生产单位在需求地分销时完成流通加工环节。

一般而言，为方便物流，流通加工地点应设在产出地，即设置在进入社会物流之前。假如将其设置在进入社会物流之后，即设置在消费地，则不但不能解决物流问题，而且又在流通中增加了一个中转环节，因而也是不合理的。

即使流通加工设置在生产地还是需求地的选择是正确的，也会面临流通加工在小地域范围内的正确选址问题，假如处理不善，仍然会出现不合理情形，主要表现为交通不便，流通加工与生产企业或用户之间距离较远，流通加工点的投资过高（如受选址的地价影响），加工点四周的社会环境条件不良等。

（二）流通加工方式选择不当

流通加工方式包括流通加工对象、流通加工工艺、流通加工技术、流通加工程度等。

选择流通加工方式实际上就是确定流通加工与生产加工的合理分工。若是分工不合理，本来应由生产加工完成的，却错误地由流通加工完成，本来应由流通加工完成的，却错误地由生产加工完成，都会造成不合理。

流通加工不是对生产加工的代替，而是一种补充和完善。所以，一般而言，工艺复杂、技术装备要求较高，或者加工可以由生产过程延续或轻易解决的都不宜再设置流通加工环节，尤其不宜与生产过程争夺技术要求较高、效益较高的最终生产环节，更不宜利用一个时期市场的压迫力使生产加工变成初级加工或前期加工，而流通企业完成装配或最终形成产品的加工。假如流通加工方式选择不当，就会造成与生产夺利的恶果。

（三）流通加工作用不大，形成多余环节

有的流通加工过于简单，或对生产及消费作用都不大，有的甚至盲目地进行流通加工，不仅不能解决品种、规格、质量、包装等问题，反而增加了环节，这也是流通加工不合理的一种情形。

（四）流通加工成本过高，效益不好

流通加工之所以能够有生命力，一个重要原因是有较高的产出投入比，因而起着有效的补充完善的作用。假如流通加工成本过高，则不能实现以较低投入实现更高使用价值的目的，除了一些必需的、服从政策要求即使亏损也应进行的加工外，都应看成是不合理的。

四、电子商务物流的流通加工作业管理

（一）流通加工的生产管理

流通加工的生产管理内容和项目很多，如劳动力、设备、动力、物资等方面的管理。例如套裁型流通加工，其最具特殊性的生产管理是出材率的管理，这种流通加工形式的优势就在于利用率高、出材率高，因而效益也高。为了提高出材率，需加强消耗定额的制定和管理，采取科学手段进行套裁的规划和计算。

（二）流通加工的质量管理

对流通加工的质量管理而言，重要的是对加工产品的质量控制。由于流通加工的产品一般是国家质量标准中没有的品种规格，因此对这种产品进行质量控制的依据主要是用户的要求。各用户对加工产品的要求不尽相同，对质量要求的宽严程度也不一样，流通加工企业必须能够进行灵活的柔性生产，才能满足不同用户的质量要求。

（三）流通加工的技术经济指标

衡量流通加工的可行性，对流通加工环节进行有效的管理，可以采用以下两类管理指标。

1. 流通加工建设项目可行性指标

流通加工的投资特点是投资额较低、投资时间短、投资回收快、投资收益大。因此投资可行性研究可用投资时间的长短、投资回收期的快慢等指标进行分析。

2. 流通加工日常管理指标

流通加工日常管理指标主要有以下两个：

（1）增值率：反映流通加工后单位产品的增值程度。其计算公式如下：

$$增值率 = \frac{产品加工后价值 - 产品加工前价值}{产品加工前价值} \times 100\%$$

（2）品种规格增加额及增加率。其计算公式如下：

$$品种规格增加额 = 加工后品种规格数量 - 加工前品种规格数量$$

$$品种规格增加率 = \frac{品种规格增加额}{加工前品种规格} \times 100\%$$

五、流通加工中心的布局

（1）设置在靠近生产地区，以实现物流为主要目的的流通加工中心：这种流通加工中心的货物能顺利、低成本地进入运输、储存等物流环节，如肉类、鱼类等冷冻食品加工中心，木材的制浆加工中心等。

（2）设置在靠近消费地区，以实现销售、强化服务为主要目的的流通加工中心：经这里加工过的货物能适应用户的具体要求，有利于销售，如平板玻璃的开片套裁加工中心等。

 **小资料**

某云仓快递包装的标准

1. 装箱标准

（1）包裹重量：≤30千克；

（2）纸箱体积：长＋宽＋高≤150厘米，最长边≤70厘米。

超过以上要求的，拆分为两个单独的包装。

2. 装袋标准

（1）装袋商品的数量：商品总量50g以下（包含50g）不得超过10包，51～300g不得超过3包，301～500g不得超过2包。商品重量超过1kg的选用纸箱。

（2）冷冻冷藏品（备注：冬季马苏里拉奶酪500g以下的除外），易碎、易破商品，面粉类商品，易变形商品不得直接使用快递袋包装。如玻璃（小瓶装除外）、陶瓷制品、方便面、饼干、充气型面粉、膨化食品（如袋装薯片）、外包装是袋子的金属类工具。

3. 封箱标准

一道胶带平直粘贴，无明显歪斜、褶皱、气泡，纸箱接缝两侧胶带封牢、宽度基本一致。

7号以上大号箱"十"字形（二手的无型号大号箱"丰"字形），7号及7号以下小号箱"一"字形（商品超过3kg时可打"十"字），纸板两头封口缠绕。

4. 纸箱选择

包装箱大小共有11个规格，纸箱标准规格如下：

纸箱1号：规格 530×290×370mm

纸箱2号：规格 530×230×290mm

纸箱3号：规格 430×210×270mm

纸箱 4 号：规格 350×190×230mm

纸箱 5 号：规格 290×170×190mm

纸箱 6 号：规格 260×150×180mm

纸箱 7 号：规格 230×130×160mm

纸箱 8 号：规格 210×110×140mm

纸箱 9 号：规格 195×105×135mm

纸箱 10 号：规格 175×95×115mm

纸箱 11 号：规格 145×85×105mm

▶ 任务三　　认知流通加工作业

◎ 案例导入

罐头流通加工流程

罐头加工的主要工艺流程是：原料选择→预处理→装罐→排气→密封→杀菌、冷却→保温检验→包装。

原料选择：果蔬原料应当具有良好的营养价值、感官品质、新鲜度，无病虫害，无机械伤，还要求供应期长、可食部分比例高，这些都是利用果蔬原料加工一般食品的通用要求。对加工罐头食品而言，不同品种的原料应当具有良好的罐头加工适应性。对加工罐头所用的畜禽原料来说，不同原料的化学组成不同，加工适应性也不同，不同产品对同一种类原料的要求也不同，但所有的畜禽原料都必须是来自非疫区、健康状况良好、宰前宰后经过兽医检验合格的原料。

预处理：果蔬原料装罐前的预处理工艺包括原料的分选、洗涤、去皮、修整、热烫与漂洗等。畜禽原料预处理主要包括解冻，肉的分割、剔骨和整理、预煮、油炸。水产原料的预处理则主要是解冻，清洗，去鳞、鳍、头、尾、内脏、壳等，原料的腌渍，脱水。

装罐：装罐方法分为人工装罐和机械装罐两种。人工装罐多用于肉禽类、水产、果蔬等块状原料。因原料差异较大，装罐时需进行挑选，合理搭配，并按要求进行排列装罐。机械装罐一般用于颗粒状、糜状、流体或半流体等原料的装罐，如午餐肉、各种果酱、果汁等。该法具有装罐速度快、均匀、卫生的特点。

排气：排气有助于防止需氧菌和酵母菌的生长繁殖，有利于食品色、香、味及营养成分的保存。排气方法主要有热力排气、真空排气和喷蒸汽排气。

密封：不同容器，要采用不同的方法进行密封。对于金属罐，要用封口机对罐身的翻边和罐盖的圆边进行卷封，使罐身和罐盖相互卷合形成紧密重叠的二重卷边。卷封式玻璃瓶采用卷边密封法密封，它依靠封罐机的压头、托底板、滚轮的作用完成操作。旋转式玻璃瓶上有三到六条螺纹线，瓶盖上有相应数量的盖爪，密封时将盖爪和螺纹线始端对准、拧紧即可。

杀菌、冷却：罐头杀菌的方法有很多，如加热杀菌、火焰杀菌、辐射杀菌和高压杀菌等，应用最多的是加热杀菌。小型罐头用巴氏杀菌法杀菌时，可直接用常压冷却。但直径在 102mm 以上的罐头采用 116℃以上的温度杀菌时，以及直径＜102mm 的罐头采用 121℃以上的温度杀菌时，则需要用反压冷却的方法来冷却。

保温检验：在 20℃的保温室中储存一周，检验合格后贴标装箱。当密封杀菌合格时也可不进行保温。

包装：存放 7 天。合格的产品贴上标签以备出售。

问题与思考：

案例中所说的罐头流通加工过程涉及几个环节？

学习任务单 5-3

学习情景	小东已经学习了流通加工的基本知识，他对流通加工的过程非常感兴趣，于是，他准备对流通加工过程的相关知识和技能展开学习
任务描述	打印教学资源包中的快递单据或直接下载，练习填写，并上传 以上任务建议 2 学时完成
讨论	活鱼、木材、面包、手机，这四种产品的流通加工方式有什么不同？
任务拓展	熟练掌握一种农副产品流通加工的操作方法

学习任务考核单 5-3

小组：

组长：
组员：

序号	任务	分值	总结与归纳	成绩
1	流通加工的流程	20 分		
2	不同类型产品的流通加工作业	80 分		
合 计				

＊请学生填写完学习任务考核单后上交。

◎ 知识链接

流通加工是物流功能中的辅助性或延伸性功能，它可以方便客户，提高物流服务水平，提高物流对象的附加价值，提高物流行业的经济效益。仅从技术角度看，流通加工技术与生产技术、包装技术等是紧密结合的。

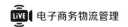

一、流通加工的流程

一般而言，流通加工作业的流程如下：

（1）订单处理人员按照客户订单上对要加工货品的要求生成流通加工单，每张单据上注明订单号，以及要加工货品的数量、规格、加工要求、加工时限等。

（2）主管接到要进行流通加工的通知，并领取流通加工单，根据加工内容安排加工流程。

（3）安排人员提取要加工的货品，提取时双方要签字确认；同时，安排作业人员准备好作业设备。

（4）按要求对货品进行流通加工。

（5）验收人员验收完工货品质量，并核对数量，如果不合格，则要返回车间重新加工。

（6）将完工货品交到下一环节，双方签字确认。

二、不同类型产品的流通加工作业

（一）生鲜食品的流通加工

1. 冷冻加工

它是指为解决鲜肉和鲜鱼、虾等水产品保鲜及搬运装卸问题而采取的低温冻结方式的加工，这种方式也可用于某些流体商品、药品等。

2. 分选加工

农副产品的规格、质量差异较大，为获得一定规格的产品，采取人工或机械分选的方式进行加工称为分选加工。它广泛用于果类、瓜类、谷物、棉毛原料等的加工。

3. 精制加工

它是指对农、牧、副、渔等产品在产地或销售地设置加工点，去除无用部分，甚至可以进行切分、洗净、分装等加工。这种加工不但大大方便了购买者，而且可以对加工的淘汰物进行综合利用。

4. 分装加工

许多生鲜食品零售起点较小，但为保证高效输送，出厂包装却较大，还有一些是采用集装运输方式运达销售地区。因此为便于销售，需要在销售地区按所要求的零售起点进行新的包装，即大包装改小、散装改小包装、运输包装改销售包装，这种加工方式称为分装加工。

（二）木材的流通加工

1. 磨制木屑、压缩运输

这是一种为了实现木材流通的加工。木材是容重轻的货物，在运输时占有相当大的容积，往往使车、船装满但不能满载，同时装车、捆扎也比较困难。例如，从林区外送的原木中有相当一部分是造纸木材，美国的做法是在林木生产地就将原木磨成木屑，再采取压缩方法，使之成为容重较重、容易装运的形状，然后运至靠近消费地的造纸厂，取得了较好的效果。根据美国的经验，采用这种方法比直接运送原木要节约一半费用。

2. 集中原木下料

它是指在流通加工点将原木裁成各种规格的锯材，同时将碎木、碎屑集中加工成各种规格的材料，甚至还可以进行打眼、凿孔等初级加工。过去用户直接使用原木，不但加工复杂、加工场地大、加工设备多，更严重的问题是材料浪费多，木材平均利用率不到50%。实行集中下料后，按用户要求供应规格材料，可以使原木利用率提高到95%，出材率提高到72%左右。木材加工已从原来锯成板、方材为主的加工，发展为如今的加工生产宝丽板、密度板等深加工形式。

(三) 平板玻璃的流通加工

"集中套裁，开片供应"是平板玻璃的重要流通加工方式。这种方式是在城镇中设立若干个玻璃套裁中心，负责按用户提供的图样，统一套裁开片，为用户供应成品，用户可以直接安装使用。在此基础上可以逐步形成从工厂到套裁中心的稳定的、高效率的、大规模的平板玻璃"干线输送"，以及从套裁中心到用户的小批量、多用户的"二次输送"的现代化模式。采用专用设备进行集中套裁，可以使平板玻璃的利用率由不套裁时的62%～65%提高到90%以上，并且使废玻璃易于集中处理；同时还可以促进平板玻璃包装方式的改革，节约包装材料，防止流通中的大量破损。

(四) 煤炭及其他燃料的流通加工

1. 除矸加工

这是一种以提高煤炭纯度为目的的加工形式。一般煤炭中混入的矸石有一定的发热量，混入一些矸石是允许的，也是比较经济的。但是有时则不允许煤炭中混入矸石，比如在运力十分紧张的地区，要求充分利用运力，多运"纯物质"，少运矸石。在这种情况下，可以在流通加工中进行除矸加工来排除矸石。

2. 为管道输送煤浆进行的煤炭加工

煤炭的运输主要采用容器载运方法，运输中损失和浪费较大，又容易发生火灾。采用管道运输，是近年来兴起的一种先进技术。在流通的起始环节将煤炭磨成细粉，其本身便有了一定的流动性，再用水调和成浆状，则具备了较强的流动性，可以像其他液体一样进行管道输送。这种方式不和现有运输系统争夺运力，输送连续、稳定而且快速，是一种经济的运输方法。

3. 配煤加工

在使用地区设置集中加工点，将各种煤及其他一些发热物质按不同配方进行掺配加工，生产出各种不同发热量的燃料，称作配煤加工。这种加工方式可以按需要发热量生产和供应燃料，防止热能浪费和"大材小用"的情况，也可以防止发热量过小，不能满足使用要求的情况出现，在经济上及技术上都有价值。目前，借助于计算机，运用数字模型技术，对煤炭进行合理、科学的配方，有助于进一步提高配煤加工水平。

4. 天然气、石油气的液化加工

由于气体输送、保存都比较困难，天然气及石油气往往只能就地使用。如果当地资源充足，使用不完，往往就地燃烧掉，造成浪费和污染。天然气和石油气的输送可以采

用管道运输，但因投资大、输送距离长，管道运输也受到制约。而将产地的天然气和石油气压缩到临界压力，使之由气体变成液体，就可以用容器装运，使用时机动性也较强，这是目前采用较多的方法。

（五）水泥的流通加工

在需要长途调入水泥的地区，变调入成品水泥为调入熟料这种半成品，在该地区的流通加工据点（粉碎工厂）粉碎，并根据当地资源和需要的情况掺入混合材料及添加剂，制成不同品种及标号的水泥，供应给当地用户，这是水泥流通加工的重要形式之一。

（六）机械产品及零配件的流通加工

1. 组装加工

多年以来，自行车及机电设备储运都有较大困难，主要原因是其不易进行整体包装。如进行保护包装，包装成本过大，并且运输装载困难，装载效率低，流通损失严重。但是这些货物有一个共同特点，即装配较简单，装配技术要求不高。为解决储运问题，降低储运费用，对这类产品一般采用半成品（部件）高容量包装出厂，然后在消费地拆箱组装的方式，组装之后随机进行销售。

2. 石棉橡胶板的开张成型加工

石棉橡胶板是机械装备、热力装备、化工装备中经常使用的一种密封材料，单张厚度 8mm 左右，单张尺寸有的达 $4m^2$，不但难于运输，而且在储运过程中极易发生折角等损失。尤其是用户单张购买时，更是容易发生这种损失。此外，许多用户所需的垫圈，规格比较单一，不可能安排不同尺寸垫圈的套裁，利用率也很低。采用石棉橡胶板开张成型加工，可以安排套裁，提高利用率，减少边角预料损失，降低成本。这种流通加工套裁的地点，一般设在使用地区，由供应商组织。

（七）钢板剪板及下料加工

热轧钢板等板材最大交货长度可达 7～12m，有的成卷交货，对于使用量不大的企业和多数中小型企业来讲，单独设置剪板、下料的设备会带来设备闲置时间过长、人员浪费大、不易采用先进方法的问题。钢板剪板及下料加工可以有效地解决上述弊端。以往钢材加工基本局限于卷板展平、气割剪切、线性拉直、钢筋剪断等，如今的剪板加工已从切割方式转化为横剪、纵剪的流通加工生产线，加工精度已从过去的 10mm 左右发展到今天的 ±0.2mm 以内。

（八）混凝土搅拌供应加工

混凝土供应的习惯做法是将粉状水泥供应给用户，由用户在建筑工地现制现拌混凝土。而将粉状水泥输送到使用地区的流通加工据点（集中搅拌混凝土工厂或生混凝土工厂），在那里搅拌成生混凝土，然后供给各个工地或小构件使用，这是水泥流通加工的另一种重要方式。它优于直接供应或购买水泥在工地现制混凝土的经济效果，因此受到许多国家的重视。商品混凝土除采用搅拌站集中加工方式外，还与混凝土专用搅拌车相结合，形成了新的流通加工形式。

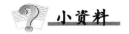 **小资料**

详解｜国标、行标、地标、团标、企标的区别

按照《中华人民共和国标准化法》（以下简称《标准化法》）的定义，标准是指农业、工业、服务业以及社会事业等领域需要统一的技术要求。标准包括国家标准、行业标准、地方标准和团体标准、企业标准。国家标准分为强制性标准、推荐性标准，行业标准、地方标准是推荐性标准。强制性标准必须执行。

一、国家标准（国标）

国家标准是指由国家机构通过并公开发布的标准。

中华人民共和国国家标准是指对我国经济技术发展有重大意义，必须在全国范围内统一的标准。对需要在全国范围内统一的技术要求，应当制定国家标准。我国国家标准由国务院标准化行政主管部门编制计划和组织草拟，并统一审批、编号和发布。国家标准在全国范围内适用，其他各级标准不得与国家标准相抵触。国家标准一经发布，与其重复的行业标准、地方标准相应废止，国家标准是标准体系中的主体。

二、行业标准（行标）

行业标准是指没有推荐性国家标准、需要在全国某个行业范围内统一的技术要求。

行业标准是对国家标准的补充，是在全国某一行业内统一的标准。行业标准在相应的国家标准实施后，应自行废止。过去，行业标准也有强制性标准与推荐性标准之分，在2018年1月1日生效的最新版《标准化法》中已不再做区分，行业标准统一为推荐性标准。

三、地方标准（地标）

地方标准是指在国家的某个地区通过并公开发布的标准。

没有国家标准和行业标准而又需要满足地方自然条件、风俗习惯等特殊技术要求，可以制定地方标准。地方标准由省、自治区、直辖市人民政府标准化行政主管部门编制计划和组织草拟，统一审批、编号和发布，并报国务院标准化行政主管部门和国务院有关行政主管部门备案。地方标准在本行政区域内适用。在相应的国家标准或行业标准实施后，地方标准应自行废止。

四、团体标准（团标）

团体标准是由团体按照团体确立的标准制定程序自主制定发布，由社会自愿采用的标准。

社会团体可在没有国家标准、行业标准和地方标准的情况下，制定团体标准，快速响应创新和市场对标准的需求，填补现有标准空白。团体标准编号由团体标准代号（T）、社会团体代号、团体标准顺序号和年代号依次组成。团体标准编号中的社会团体代号应合法且唯一，不应与现有标准代号相重复，且不应与全国团体标准信息平台上已有的社会团体代号相重复。

五、企业标准（企标）

企业标准是对企业范围内需要协调、统一的技术要求、管理要求和工作要求所制定的标准。

国家支持在重要行业、战略性新兴产业、关键共性技术等领域利用自主创新技术制定团体标准、企业标准。企业标准的要求不得低于相应的国家标准或行业标准的要求。企业标准由企业制定，由企业法人代表或法人代表授权的主管领导批准、发布。

企业标准应在发布后 30 日内向政府备案。

有国标和行标时优先选用国标和行标，没有国标和行标时宜制定企业标准。但在有国标和行标时制定的企业标准必须高于国标和行标，指标低于国标和行标的企标为无效标准。可以这样认为：国标、行标、企标允许同时存在，但前提条件是制定标准时，企标应优于（高于）行标，行标又优于（高于）国标。

📀 练习题 ❚❚

1. 简答题

（1）在物流活动中，流通加工具有哪些作用？

（2）流通加工有哪些类型？

（3）流通加工有哪几种不合理形式？

（4）流通加工的合理化措施有哪些？

2. 实训练习

请学生以小组为单位完成以下实训任务。

【任务内容】

某配送中心接到了来自饮料灌装厂的订单，要求该配送中心按用户要求加工后进行配送。

【实践活动安排】

活动	流通加工实训
活动目标	熟悉农副产品流通加工过程
活动内容	包装、单位化、标签贴附、备货、商品检验
活动组织	1. 按市场标准将农副产品分类、包装、单位化 2. 称重、价格贴附、标签贴附 3. 按要求备货，并进行质量检验
活动考核	1. 每个小组上交一份作业记录 2. 考核每个小组操作的准确性，分 A、B、C、D 4 个等级评定 3. 考核价格、标签贴附的合理性，分 A、B、C、D 4 个等级评定

项目六

订单处理

问题引入

小东和同学开的网店有了订单，这让他们很高兴，但买家询问自己买的东西什么时候能到货，又让他们很为难。怎么发货啊？小东他们对怎么处理买家的订单感到茫然。想要做好电子商务，既要有好的货源供应渠道，又要有快捷的物流配送，还要对买家需求进行有效处理。对此，他们开始进行学习。

项目导读

本项目主要包括认知订单处理的基本内容、处理电商订单两个任务，通过案例导入、知识链接等形式，帮助学生由浅入深地理解并掌握订单处理的相关内容。

学习目标

知识目标
- 了解订单处理的基本内容
- 掌握订单处理的流程

能力目标
- 能够利用相关软件进行订单处理

素养目标
- 培养合理利用与支配各类资源的能力，包括合理分配时间的能力、处理人际关系的能力以及获取信息并利用信息的能力
- 培养良好的职业道德和职业素养

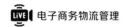

▶ 任务一   认知订单处理的基本内容

◎ 案例导入

一流三网：海尔物流创新模式

海尔物流管理的"一流三网"充分体现了现代物流的特征："一流"是以订单信息流为中心；"三网"分别是全球供应链资源网络、全球用户资源网络和计算机信息网络，"三网"同步运动，为订单信息流的增值提供支持。

海尔物流"一流三网"的同步模式可以实现四个目标：

一是为订单而采购，消灭库存。海尔从根本上消除了呆滞物资、消灭了库存。海尔国际物流中心货区面积7 200平方米，但它的吞吐量却相当于30万平方米的普通平面仓库，海尔物流中心只有10个叉车司机，而一般仓库完成这样的工作量至少需要上百人。

二是双赢，赢得全球供应链网络。海尔通过整合内部资源、优化外部资源使供应商由原来的2 336家优化至978家，国际化供应商的比例却上升了20%，建立了强大的全球供应链网络，通用电气公司、爱默生、巴斯夫等世界500强企业都成为海尔的供应商，有力地保障了海尔产品的质量和交货期。不仅如此，更有一批国际化大公司以其高科技和新技术参与到海尔产品的前端设计中，目前可以参与产品开发的供应商比例已高达32.5%。

三是三个JIT，实现同步流程。在物流技术和计算机信息管理的支持下，海尔物流通过三个JIT，即JIT采购、JIT配送和JIT分拨物流来实现同步流程。目前通过海尔的BBP采购平台，所有的供应商均在网上接受订单，并在网上查询计划与库存，及时补货；货物入库后，物流部门可根据次日的生产计划利用ERP信息系统进行配料，同时根据看板管理4小时送料到工位；生产部门按照B2B、B2C订单的需求完成订单生产以后，将满足用户个性化需求的定制产品通过海尔全球配送网络送达用户手中。目前海尔在中心城市可实现8小时配送到位，区域内24小时配送到位，全国4天以内到位。

四是计算机网络应用，实现新经济速度。在企业外部，海尔CRM（客户关系管理）和BBP电子商务平台的应用架起了与全球用户资源网络、全球供应链资源网络沟通的桥梁，实现了与用户的零距离。目前，海尔100%的采购订单由网上下达，使采购周期由原来的平均10天降低到3天；网上支付的比例也逐渐提高。在企业内部，计算机自动控制的各种先进物流设备不但降低了人工成本、提高了劳动效率，还直接提升了物流过程的精细化水平，实现了质量零缺陷的目标。计算机管理系统搭建了海尔集团内部的信息高速公路，能将电子商务平台上获得的信息迅速转化为企业内部信息，以信息代替库存，达到零营运资本的目的。

问题与思考：

1. 为什么海尔物流管理的"一流三网"以订单信息流为中心？

2. 归纳海尔"一流三网"的同步模式是如何实现企业目标的？

学习任务单 6-1

学习情景	小东和同学的网店有买家下了订单，但是，他们还不知道怎么处理订单，对此，小东和同学准备展开研究与学习
任务描述	任务 1： 每名学生浏览以下十个网站，分析各网站提交订单方式的不同： (1) 阿里巴巴 (2) 美团点评 (3) 京东 (4) 拼多多 (5) 小米 (6) 希音（SHEIN） (7) 快手 (8) 滴滴 (9) 京东健康 (10) 贝壳找房 任务 2： 学生分小组就以下问题进行讨论： 问题 1：什么是电商订单？电商订单有什么作用？电商订单可分为哪些类型？ 问题 2：什么是电商订单处理？电商订单处理涉及哪些人员？电商订单处理的原则有哪些？ 问题 3：电商订单处理涉及的单据有哪些？ 上述任务建议 2 学时完成
小调查	日常购物中你下达的订单与实际到货的比例是多少？ □≥90% □80%～89% □60%～79% □<60%
任务拓展	各组模拟电子商务平台客服人员跟踪客户订单

学习任务考核单 6-1

小组：

组长： 组员：				
序号	任务	分值	总结与归纳	成绩
1	电商订单的内涵、作用、类型	30 分		

续表

序号	任务	分值	总结与归纳	成绩
2	电商订单处理的内涵、涉及的人员、原则	40分		
3	电商订单处理涉及的单据	30分		
合　计				

＊请学生填写完学习任务考核单后上交。

知识链接

一、电商订单概述

（一）电商订单的内涵

电商订单是指在电子商务活动中，买家与卖家达成的关于产品或服务的要约（合同、单据）。从一般意义上讲，订单是一份来自顾客的请求。

（二）电商订单的作用

电商订单的本质是双赢约定，并要求有效履行，它是连接电子商务活动的纽带，有助于提高工作效率、减少人工投入。电子商务过程实际上就是一个"下订单—接订单—订单生产—订单发货—订单物流—订单结算"的过程。

（三）电商订单的类型

（1）未确认未付款订单（买家拍下商品但未付款）；

（2）已确认已付款订单（买家拍下商品且已付款）；

（3）已发货订单（卖家根据订单将货物交给物流公司）；

（4）退款中订单（买家拍下商品后申请退款，未确认）；

（5）退款成功订单（买家申请退款且已退款）；

（6）未处理已确认已付款订单（订单等待审核）；

（7）已处理已确认已付款订单（订单审核完毕且已打印）；

（8）已处理已发货订单（已进行实物打包发货处理）。

二、电商订单处理概述

（一）电商订单处理的内涵

电商订单处理是指对订单承载的买家需求进行有效处理，它涉及对所有相关单据的处理活动，主要包括订单准备、订单传输、订单录入、订单履行、订单报告。

（二）电商订单处理涉及的人员

电商订单处理涉及的人员主要包括：店长、客服、制单员、审单员、财务人员、采购员、库管员、配货员、校验员、打包员、称重员等。电商订单处理需要进行流程化操作，要求各类人员密切配合。

（三）电商订单处理的原则

（1）先收到的订单先处理；

（2）先处理简单订单，再处理复杂订单；

（3）优先处理发货时间最早的订单；

（4）优先处理相同商品的订单；

（5）优先处理相同物流的订单；

（6）时间控制的及时性（催款、发货、退货、结算、发票等）；

（7）订单信息的准确性。

 **小资料**

2021年度胡润中国百强电商

2022年2月14日，我国"一带一路"TOP10影响力社会智库网经社电子商务研究中心发布《2021年度中国电子商务"百强榜"》。榜单由33家电商上市公司和67家电商"独角兽"公司共100家公司组成。榜单显示，100家上榜公司总值（市值＋估值）达8.12万亿元。

榜单所指电商为"泛电商"，网经社将"泛电商"定义为以互联网为依托的所有实物、服务和虚拟商品的在线交易行为和业态，主要包括以大宗商品和工业品为主的产业电商，以消费品为主的零售电商，以在线外卖、在线旅游、在线租房、交通出行等为代表的生活服务电商及在线教育、跨境电商等业态，榜单不包含金融科技和物流科技公司。

在数字化浪潮下，各行业均向数字化升级。从2021年电商"百强榜"开始，网经社电子商务研究中心将之前的产业电商升级为数字产业，零售电商升级为数字零售，生活服务电商升级为数字生活，跨境电商升级为数字贸易，在线教育升级为数字教育、互联网大健康升级为数字健康。

注：

（1）百强榜上榜公司为电商平台类和服务商类以及纯互联网品牌，并且主营业务或注册地主要在中国；

（2）上市公司市值计算截止时间为北京时间2021年12月31日15:00；

（3）"独角兽"公司估值计算截止日期为2021年12月31日；

（4）汇率按照2021年12月31日计算：1美元＝6.375 7元，1港元＝0.817 65元；

（5）"独角兽"公司估值数据相同的按照顺序排列。

类型分布：2021年电商"百强榜"中上市公司33家，"独角兽"公司67家。

领域分布：数字生活36家、数字零售32家、数字产业15家、数字贸易8家、数字教育5家、数字健康4家。

市值分布：32家数字零售公司总值达46 073.06亿元，36家数字生活公司总值达24 488.25亿元，8家数字贸易公司总值达4 509.6亿元，15家数字产业公司总值达2 913.5亿元，5家数字教育公司总值达2 204亿元，4家数字健康公司总值达1 040亿元。

城市分布：北京38家、上海21家、杭州11家、深圳8家、南京5家、广州3家、香港3家、长沙2家、成都2家，剩下的佛山、泉州、苏州、武汉、郑州等均为1家。

榜单前十：排名前十的公司中，仅有希音（SHEIN）一家是"独角兽"，其余均为上市公司，分别为：阿里巴巴 21 257.54 亿元、美团点评 11 283.57 亿元、京东 6 978.14 亿元、拼多多 4 750.41 亿元、小米集团 3 861.76 亿元、希音 3 000 亿元、快手 2 479.11 亿元、滴滴 1 608.33 亿元、京东健康 1 605.05 亿元、贝壳找房 1 532.21 亿元。

资料来源：腾讯网。

(四) 电商订单处理涉及的单据

电商订单处理涉及的主要单据包括：

(1) 付款单；

(2) 出库申请单；

(3) 出库单；

(4) 发货单。

电商订单处理涉及的附属单据包括：

(1) 退款单；

(2) 补款单；

(3) 退货单；

(4) 补发单；

(5) 换货单等。

▶ 任务二　　处理电商订单

案例导入

国家邮政局晒出"双 11"快递成绩单

国家邮政局监测数据显示，2022 年 11 月 1 日至 11 日，全国邮政、快递企业共处理快件 47.76 亿件，同比增长超过两成。其中，11 月 11 日当天共处理快件 6.96 亿件，稳中有升，再创历史新高。

由于 2022 年电商平台促销模式和节奏发生变化，促销高峰从往年的"单峰"（11 月 11 日）变成了"双峰"（11 月 1 日和 11 月 11 日），导致 2022 年整个促销期快递业务量形成了一定程度的分流，"双 11"当日业务量增速并不明显，但 1—11 日的业务量增长仍超过两成。

2022 年快递业务旺季期间，末端收派任务艰巨，特别是投递压力突出。邮政快递业不断加强与电商平台信息对接，共同落实"错峰发货、均衡推进"核心机制。国家邮政局引导寄递企业与末端服务站企业、智能快件箱企业做好衔接，缓解人员不足造成的压力，并强调投箱入站前要征得用户同意。要求企业学习借鉴成熟的共同配送经验，通过整合资源，降低旺季成本，提高生产效率，在旺季期间支持末端开展共同配送业务。

自 11 月 6 日起，我国多地出现雨雪天气，部分地区出现积雪，导致快件时效可能受到影响。为此，国家邮政局发出快递业务旺季服务消费提示，请广大用户注意了解本地区快递公司有关服务提醒。高峰期间，广大快递员工作负荷重、投递压力大，加之天气寒冷，快递员室外作业辛苦，吁请广大用户对快递员给予更多包容和理解。

问题与思考：

"双 11"全国快递单量稳中有升，不断突破历史新高，物流企业采取了哪些措施来提升订单处理的效率？

学习任务单 6-2

学习情景	小东通过学习知道了订单处理对于电子商务至关重要，那么在电子商务中，订单处理应该按照什么流程展开呢？对此，小东和同学展开了学习
任务描述	任务1： 学生上网访问以下网站，查询各个电商企业的年销售额： （1）阿里巴巴 （2）美团点评 （3）京东 （4）拼多多 （5）小米 （6）希音（SHEIN） （7）快手 （8）滴滴 （9）京东健康 （10）贝壳找房 任务2： 学生分小组就以下问题进行讨论： 问题1：订单处理的流程是怎样的？ 问题2：在电商订单处理软件"用友"中，"电商订单中心"（U8）进行订单处理的流程是怎样的？ 以上任务建议2学时完成
小调查	你对网购订单的处理速度、及时性（　　）。 □非常满意 □比较满意 □一般满意 □比较不满意 □非常不满意 如有不满，请说明原因（或举例、建议）
课程思政	国家邮政局深入实施职业技能培训"246"工程，用好职称评审破格政策、"绿色通道"或"直通车"，积极推进行业职业技能等级认定，提升从业人员专业技能，保障企业服务质量。在课堂教学过程中引导学生不断学习专业知识，提升专业技能，使自己成长为专业素质过硬的物流人才
任务拓展	参观一家电商企业，了解其电商订单处理流程

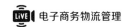

学习任务考核单 6-2

小组：

| 组长： |
| 组员： |

序号	任务	分值	总结与归纳	成绩
1	日常订单处理流程	30 分		
2	售后订单处理流程	30 分		
3	电商订单处理软件操作	40 分		
合　计				

＊请学生填写完学习任务考核单后上交。

◎ 知识链接

一、电商订单处理流程

（一）日常订单处理流程

日常订单处理流程如图 6-1 所示。

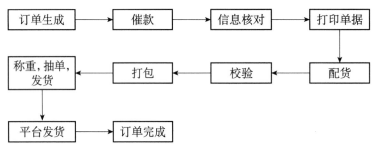

图 6-1　日常订单处理流程

第一步，未付款订单的催款。催款方式：短信、电话、微信、电子邮件、QQ 等。催款频率：每天两次。

第二步，已付款订单的信息核对。先核对正常订单，然后核对异常订单，保证订单信息和物流分派准确无误。处理频率：每半小时处理一次。

第三步，打印相关单据。包括付款单、出库申请单、出库单、快递单、发货单、退款单、补款单、退货单、补发单、换货单等。注意：出库单和快递单必须同时打印；当天打印的单据当天必须发出。

第四步，配货。根据相关单据分拣配货。其操作流程与仓储管理流程相同。注意：当天的单据必须当天完成配货；配货依据是出库单和快递单，缺一不可。

第五步，校验。对配货进行数量、质量、商品信息与订单信息的核对，扫码出库。注意：出库商品品种、数量等必须与订单完全匹配；当天所有配货必须当天全部完成校验。

第六步，打包。对已出库的商品进行打包、封装、粘贴快递单等。注意：合理使用填充物；商品与附件封装无误；包装结实；快递单粘贴无误。

第七步，称重，抽单，发货。对封装完毕的快递包裹进行称重，记录相关数据，抽出快递底单，送往平台发货。

第八步，平台发货。平台操作发货，进行运单号反馈。

（二）售后订单处理流程

1. 订单为未发货状态

在这种情况下，主要有两种处理流程：

（1）退款。由于买家原因或卖家未及时发货，买家发起退款申请。处理过程：及时进行订单取消处理，对退款单进行审核，交财务进行退款处理。如果是部分退款，则要先进行订单拆分，然后再退款。

（2）修改信息。由于买家原因，需要卖家修改商品信息和收货信息。处理过程：修改、审核。

2. 订单为已发货状态

在这种情况下，主要有四种处理流程：

（1）退款退货。商品已经发出，但买家因为对商品不满意等原因发起退款退货申请。处理过程：买家提出退款退货申请，卖家审核，买家寄回商品，卖家进行验收退款。

（2）补发。如果包裹已经显示签收了，但实际上买家没有收到商品，可以先联系卖家客服说明情况，让客服去找快递公司核实，如果发生了丢件等情况可以让卖家安排补发。处理过程：买家提出申请，卖家审核通过后补发，买家验收。

（3）换货。由于商品存在质量问题、与实际描述不符、尺寸不合适或发错货等，买家申请换货。处理过程：买家提出换货申请，卖家审核，买家寄回商品，卖家收到商品后重新邮寄，买家验收。

（4）修改信息。主要分为三种情况：一是修改收货人地址。买家下单后要求修改地址是最常见的情况之一。如果订单还未发货，可以直接联系卖家修改地址；如果已经发货，需联系快递公司进行修改。二是修改收货人姓名。在订单未发货的情况下，可以通过在线客服或者拨打客服电话，联系卖家修改收货人姓名；如果已经发货，需联系快递公司进行修改。三是修改联系电话。在订单未发货的情况下，可以直接联系卖家进行修改；如果订单已经发出，需联系卖家及快递公司进行修改。

二、电商订单处理软件操作（以"用友"为例）

在"用友"中，"电商订单中心"（U8）的应用角色包括：营销（电商主管）、订单、仓储、财务、客服、网站编辑与维护。其基本应用框架如图 6-2 所示。

其电商订单处理操作流程如下。

（一）订单下载与确认

订单支持自动、手工下载，下载时自动匹配商品、默认快递、业务类型、发货仓库等，下载后的订单可自动或手工进行确认。如图 6-3 至图 6-5 所示。

基础设置	订单管理	发货处理	财务处理	报表
·店铺管理 ·接口设置 ·商品管理 ·店铺商品 ·快递公司 ·面神策略	·订单下载 ·订单确认 ·订单审核 ·订单生效	·订单发货 ·订单出库 ·发货打印 ·快递打印 ·退换货	·对账单管理 ·电商对账 ·收款核销 ·订单财审 ·订单开票	·收款分析 ·数据交换 分析报表

图6-2　"电商订单中心"基本应用框架

图6-3　店铺选择

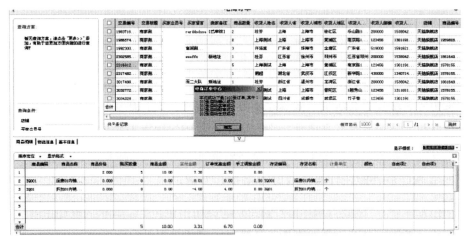

图6-4　订单下载

销售订单号、发货单号在电商订单执行后，系统自动填写。若买家留言中包含"发票"字样或发票抬头不为空，则下载时自动将"是否开票"置为"是"，发票号在进行财务开票时写入。如图6-6所示。

图 6-5 订单生成

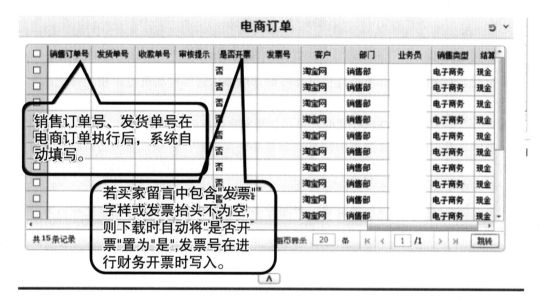

图 6-6 单号和发票号填写

(二) 订单修改

有订单编辑权限的操作员在"待审核"页面中可修改订单的商品名称、价格、金额、收货人信息、快递公司、快递单号等信息，审核后且未上传的订单只可以修改快递公司、快递单号信息。如图 6-7 所示。

支持增行、删行和修改操作。删行时要保证至少有一条表体记录。可在界面上方的订单列表中修改，也可在下方各卡片中修改。先用鼠标左键双击待修改栏目，然后即可进行修改。

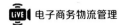

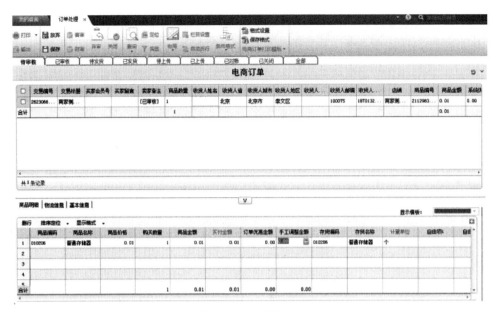

图6-7 订单修改

(三) 订单审核

若设置了免审策略且订单符合免审条件，订单确认后可自动进行审核，否则由人工进行客审与财审。

客审：需要客服人员特殊处理的订单，如买家有留言等。如图6-8所示。客审时要求订单表体非折扣且非应税劳务的商品的数量必须大于零；各存货启用的自由项填写完整；若"销售管理"—"销售选项"中未勾选"允许非批次存货超可用量发货"，订单客审时按"仓库＋存货＋自由项"检查商品的可用量。如图6-9所示。

财审：需要财务特殊审核的订单，例如价格、折扣等。财审需在客审完成后才能进行。如图6-10所示。

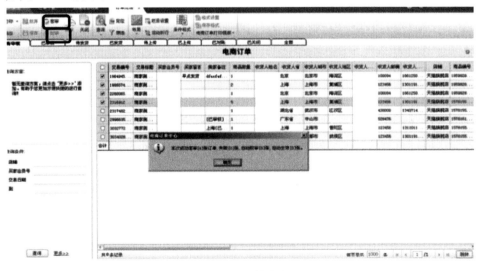

图6-8 订单客审

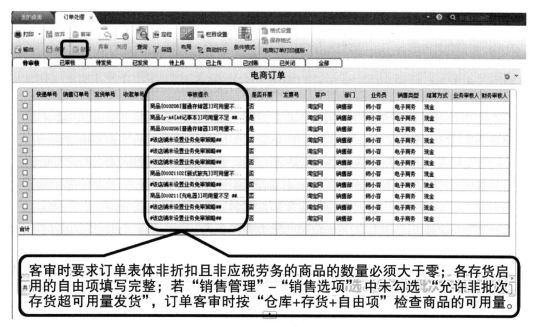

客审时要求订单表体非折扣且非应税劳务的商品的数量必须大于零；各存货启用的自由项填写完整；若"销售管理"–"销售选项"中未勾选"允许非批次存货超可用量发货"，订单客审时按"仓库+存货+自由项"检查商品的可用量。

图6-9 客审提示

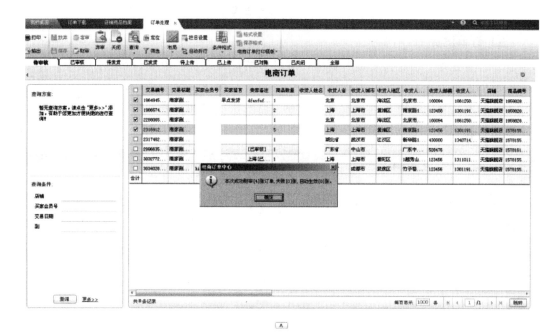

图6-10 订单财审

（四）订单生效

在"订单处理"—"已审核"页面进行订单生效操作，生效操作成功后，将自动生成销售模块的销售订单。如图6-11所示。

审核完成后的订单可手动进行生效操作，也可通过"选项"设置审核后的电商订单自动生效。已生效未进行后续处理（如发货）的订单，可在"订单处理"—"待发货"

页面进行失效处理。

图6-11　订单生效

（五）订单发货

在"订单处理"—"待发货"页面，对已审核且未发货的电商订单组织发货，生成销售发货单。可根据发货合并规则选择多张订单合并生成一张发货单，所生成的发货单为已审核的发货单，不可弃审，发货后可在"已发货"页面取消发货。发货后在电商订单上记录相应的发货单号。如图6-12至图6-14所示。

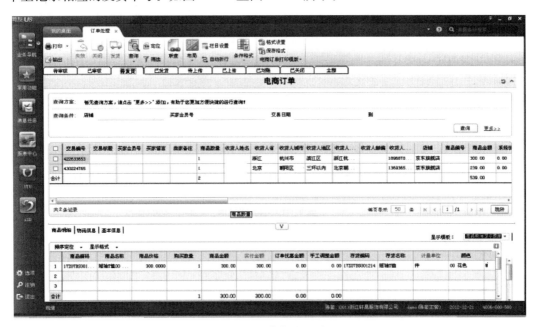

图6-12　待发货订单

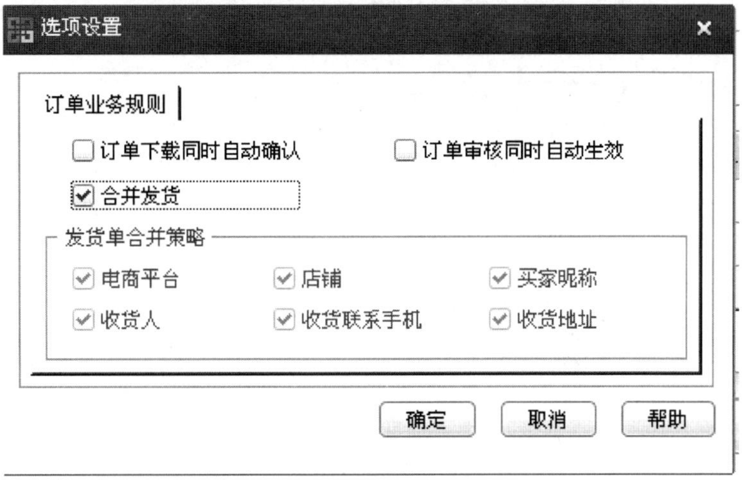

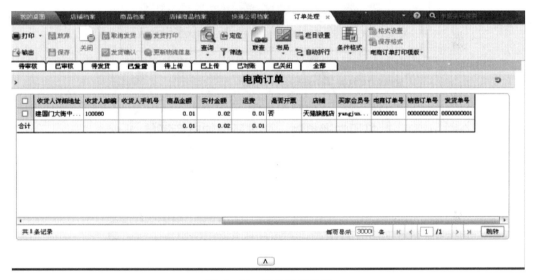

图 6-13 合并发货

图 6-14 记录发货单号

(六)发货打印

未进行后续处理的发货（如出库、拣货等），可取消订单的发货，并联动删除发货单。合并发货的订单，取消发货时将一起取消发货。如图 6-15 所示。

打印快递单时，要求所选的电商订单中快递公司非空，若为多张电商订单，快递公司必须相同。如图 6-16 所示。

(七)订单上传

订单发货后在"已发货"页面进行"发货确认"后，自动根据接口设置更新电商平台上电商订单的物流信息。如图 6-17 所示。

发货确认（见图 6-18）且成功更新电商平台物流信息后，电商订单转到"已上传"页面。未成功更新电商平台物流信息的电商订单则转到"待上传"页面，可在此取消发货确认。

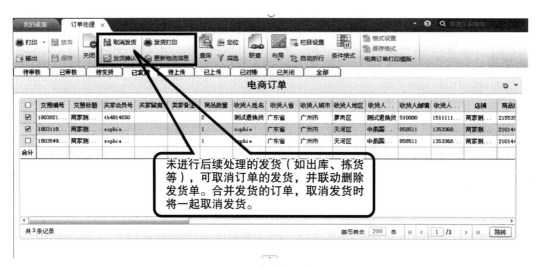

图 6 – 15　未发货订单处理

图 6 – 16　快递单打印

图 6 – 17　更新物流信息

图 6 - 18　发货确认

平台发货的店铺和只有虚拟物品的订单不需要上传。在订单发货后，自动进行发货确认，订单状态转为"已上传"。

（八）订单关闭

订单下载并确认后，在待审核、已审核、待发货、已发货、待上传、已上传、已对账状态下都可以手动关闭。如图 6 - 19 所示。

图 6 - 19　订单关闭

已发货上传，并进行财务对账生成收款单的电商订单，可手动进行关闭操作，视为业务已执行完毕。

已发货上传，但因为金额不平无法进行财务对账的电商订单，可手动进行关闭操作，避免对账时订单过多。

（九）订单列表

在订单列表中可以查看电商平台中所有下载订单的基本信息。如图 6 - 20 所示。

注意，设置条件格式时，订单状态要按以下形式输入：待确认（Unconfirm）、待审核（Unapprove）、已审核（Approved）、待发货（Effective）、已发货（Shipped）、发货确认（Ship Confirm）。

图 6 - 20　订单列表

(十) 订单财务处理

订单财务处理的流程如图 6 - 21 所示。

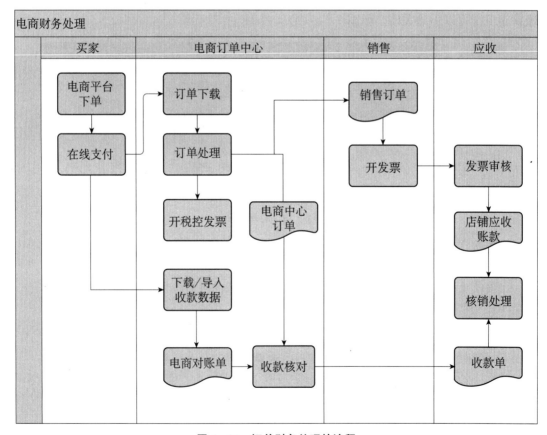

图 6 - 21　订单财务处理的流程

（1）根据客户要求，财务人员开具税控发票；

（2）将支付宝提供的收款数据直接下载下来或将其提供的数据文件导入系统，生成对账单；

（3）将订单数据与收款数据进行核对，系统自动生成收款单；

（4）在应收系统，将收款单与之前确认的店铺应收账款进行核销。

◎ 素养提升

微视频《互联网体检》

微视频《互联网体检》，节选自 2021 年 10 月《一年一度喜剧大赛》的一个小品。小品开局，主人公来到一家体检公司体检，需要通过刷脸的方式验证身份。刷脸后，护士不但立刻给出身高、体重等个人信息，甚至还差点报出他的银行卡密码。面对质疑，护士回答道：大数据时代，没有秘密。接着，主人公想要正式开始体检，需要看完长达 360 秒的广告；如果想跳过广告，则需要购买会员。不过，就算是购买了会员，还要忍受突然出现的弹窗广告。点击关闭的鼠标稍微偏了一点，就能"炸"出一片新广告，密密麻麻地铺满"屏幕"。然后，在主人公花钱、花时间解决了这一大堆问题后，终于进入了正式体检环节——抽血。不过针刚扎上，医生却停了，并表示需要下载 App 才能体验全部服务。可下好了 App 后，医生又开始用 0.0002 毫升/秒的速度抽血，总共要 2 小时 38 分钟 46 秒才能抽完血。此时，虽然主人公的脸已经气到模糊了，可还是忍痛购买了加速包，瞬间完成了抽血……

讨论：

（1）学习电子商务背后的互联网精神，理解新时代背景下我国电子商务发展的理念和制度文化。

提示：开放、平等、协作、共享。

（2）通过反向案例的对比分析，理解电子商务的本质特征。

提示：连接开放、用户体验、数字赋能、价值再造。

（3）通过案例探讨电子商务中可能存在的新问题、新现象以及解决问题的新方法。

🖪 练习题 ‖

1. 简答题

（1）什么是电商订单？

（2）电商订单有哪些类型？

（3）简述电商订单处理的原则。

（4）电商订单处理涉及的单据有哪些？

2. 实训练习

请学生以小组为单位完成以下实训任务。

【任务内容】

通过电商订单软件进行操作，对店铺内的虚拟订单进行下载确认、修改、审核、发货操作。

【实践活动安排】

活动	电子商务订单处理
活动目标	了解电子商务环境下订单的处理流程
活动内容	参与实训的学生以分组的形式，在教师的指导下，分工协作完成订单的处理工作，然后进行小组讨论归纳，形成最终的实训报告
活动考核	1. 每个小组上交一份实训报告 2. 考核各小组的操作是否准确 3. 考核小组协作程度，分 A、B、C、D 4 个等级评定

项目七

商品拣选

问题引入

小东和同学的网店已经接收到一部分订单了，他们很期待，接下来商品将以最快的速度被拣选、打包出库。小东他们以前从未接触过商品拣选，只是在快递信息中看到商品被拣选出库。那么，大批量的订单是如何在仓库内进行拣货的呢？货物拣选的方式有哪些？小东他们的货物会以哪种方式被拣选出库呢？

项目导读

本项目主要包括认知商品拣选、商品拣选作业两个任务，通过案例导入、知识链接等形式，帮助学生由浅入深地理解并掌握商品拣选的相关内容。

学习目标

知识目标
- 掌握商品拣选作业的流程
- 掌握商品拣选技术
- 掌握商品拣选方法
- 掌握商品拣选策略

能力目标
- 能够选择适当的商品拣选方法
- 能够选择适当的商品拣选策略

素养目标
- 树立责任意识、服务意识、安全意识及环保意识
- 培养商品拣选作业的全局观念
- 培养认真负责的工作态度和精益求精的工匠精神

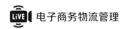

▶ 任务一　　认知商品拣选

◎ 案例导入

九曳供应链应用智能化语音拣选 助力仓储效能提升

AI 与 5G 应用的发展，使"解放双眼双手"成为各行业一线操作员工的福音，让他们能置身于更加高效、技术化的任务角色中，提升个人工作价值与企业整体运营效率。而 2019 年成立的九曳供应链"智慧仓储实验室"正是如此。立足于"智慧冷链"事业发展，九曳研发了能助力仓储效能提升的智能设备与技术解决方案，并在上海生鲜云仓率先应用了智能化的语音拣货。

针对冷链行业仓库恶劣的低温作业环境，以及双手不解放、作业时间长、错误率高等痛点问题，语音拣货相对于其他拣货方式，有以下优点。

1. 解放双眼双手，提高作业率和准确率

语音拣货系统打破了过去依靠仓管员的传统拣配操作流程和管理模式。操作员只需佩戴语音耳机，进行"人机对话"，听取任务指令并反馈工作进度。语音拣货系统简单易操作，可以直接解放双眼双手，提高作业效率，准确率达 99.99%，极大地精简了人手，降低了运营成本。

2. 优化路径，缩短冷库内作业时间

语音拣货后台系统根据仓库实际布局，可自动生成最短拣货路径，降低作业劳动强度及用脑强度，缩短冷库作业时间。此外，语音拣货系统还可根据实际需求，自主配置作业流程，并灵活实现波次拣货、边拣边播、统拣再播等多种作业方式。

3. 无须额外培训，"降本增效"明显

相比以往对新员工多则数周少则数日的拣货培训，语音拣货采用人机自然对话方式，操作过程非常流畅，培训时间可减少到两个小时。同时，测试结果表明，依照现有作业流程，语音方案较 RF/PDA（手持终端）方案效率提升 30% 以上，理论推算可节省约 38% 的拣货人力。

4. 实现作业可视化，提升精细化管理水平

语音拣货系统能通过作业看板、作业直播等提升管理透明度，保证出货的及时性、准确性和高效性；还可以对作业数据进行深度挖掘，自动生成针对仓、货、人以及设备的分析预测，提升仓库精细化管理水平，让管理决策"有据可依"。

除了语音拣货，九曳供应链还应用了智能外呼机器人。基于智能语音、自然语言处理，九曳智能外呼机器人可提供批量自动外呼服务，并能灵活配置对话流程、话术，机器人会根据用户回复进行智能对话，识别和记录通话信息，进而实现客户服务智慧化，提升供应链的整体效率。

问题与思考：

1. 什么是商品拣选？商品拣选属于物流作业的哪个环节？

2. 商品拣选的流程是怎样的？商品拣选常用的设备有哪些？

学习任务单 7-1

学习情景	想要做好电子商务，商品拣选很关键，对此，小东和同学展开了研究与学习
任务描述	学生分小组就以下问题进行讨论： 问题1：什么是商品拣选？ 问题2：商品拣选过程中如何进行信息传递？ 问题3：商品拣选的内容有哪些？ 上述任务建议4学时完成
课程思政	学习"素养提升"内容《"暴力分拣"不该成快递通病，任何时候都不能差了服务》，树立尊重消费者利益的意识，促进快递行业高质量发展
小调查	你知道有哪些企业进行自动化商品拣选作业吗？ □仓储企业　□运输企业　□配送企业　□货代企业　□包装企业　□其他
任务拓展	选择一家物流企业，为其设计商品拣选方案

学习任务考核单 7-1

小组：

组长：
组员：

序号	任务	分值	总结与归纳	成绩
1	商品拣选的概念	20分		
2	商品拣选作业的流程	20分		
3	商品拣选的信息传递方式	30分		
4	商品拣选设备	30分		
合　计				

* 请学生填写完学习任务考核单后上交。

◎ 知识链接

一、商品拣选的概念

　　商品拣选，又称拣货，是指依据顾客的订货要求或配送中心的送货计划，尽可能迅速、准确地将商品从其储位或其他区域拣取出来，并按一定的方式进行分类、集中，等待配装送货的作业。

　　在配送中心搬运成本中，商品拣选的搬运成本约占90%。在劳动密集型的配送中心，与商品拣选作业直接相关的人力占50%；商品拣选作业时间一般占整个配送中心作业时间的30%～40%。因此，可以说商品拣选作业是整个配送中心作业系统的核心。合理规划与管理商品拣选作业，对配送中心作业效率的提高具有决定性的影响。

二、商品拣选作业的流程

商品拣选作业的流程主要包括以下四个环节。

（一）拣货信息的形成

拣货作业开始前，指示拣货作业的单据或信息必须先行处理完成。虽然一些配送中心直接利用顾客订单或公司交货单作为拣货指示，但此类传票容易在拣货过程中受到污损而产生错误，所以多数拣货方式仍需将原始传票转换成拣货单或电子信号，使拣货员或自动拣取设备能够进行更有效的拣货作业。这种转换目前仍是拣货作业中的一大瓶颈。因此，利用电子订货系统（EOS）、便携式订购终端（POT）直接将订货资讯通过计算机快速及时地转换成拣货单或电子信号是现代配送中心必须解决的问题。

（二）行走与搬运

拣货时，拣货作业人员或机器必须直接接触并拿取货物，这样就形成了拣货过程中的行走与货物的搬运。这一过程有两种完成方式，如表7-1所示。

表7-1　两种行走与搬运方式的比较

类型	方法	特点
人—物的方式	拣取者以步行或搭乘拣货车辆的方式到达货物储存位置	货物静止，移动方为拣取者（包括拣货人员、自动拣货机及拣货机器人）
物—人的方式	拣取者在固定位置作业，无须寻找货物的储存位置，主要移动方是货物	货物处于动态，拣取者静止（如轻负载自动仓储、旋转自动仓储等）

（三）拣货信息的确认

无论是人工还是机械拣取货物，都必须首先确认被拣货物的品名、规格、数量等内容是否与拣货信息传递的指示一致。这种确认既可以通过人工目视读取信息来进行，也可以利用无线传输终端机读取条码，由电脑进行对比。后一种方式可以大幅度降低拣货的错误率。拣货信息被确认后，拣取的过程可以由人工或自动化设备完成。

（四）分类与集中

配送中心在收到多个客户的订单后，可以进行批量拣取，然后再根据不同的客户或送货路线分类、集中，有些需要进行流通加工的商品还需根据加工方法进行分类，加工完毕再按一定方式分类出货。多品种分货的过程较复杂，难度也大，容易发生错误，必须在统筹安排形成规模效应的基础上提高作业的精确度。分类完成后，经过查对、包装便可以出货了。

综上所述，拣货作业消耗的时间主要包括四大部分：

（1）订单或送货单经过信息处理过程，形成拣货指示的时间；

（2）行走与搬运货物的时间；

（3）准确找到货物的储位并确认所拣货物及数量的时间；

（4）拣取完毕，将货物分类集中的时间。

提高拣货作业效率主要就是缩短以上四个作业时间。此外，防止发生拣货错误、提高储存管理账物相符率及顾客满意度、降低拣货作业成本也是拣货作业管理的目标。

三、商品拣选的意义

在仓库内部所涵盖的作业范围里，拣货作业是十分重要的一环，它不但消耗大量的人力物力，而且所涉及的作业技术含量也是最高的。拣货信息来源于客户的订单，拣货作业的目的在于正确且迅速地挑选出客户所订购的商品。

拣货作业分为两部分内容：信息处理和选货作业。在传统的拣货系统中，一般使用书面文件来记录货物数据，拣货时根据书面的提货通知单查找记录的货物数据，进行人工搜索，然后完成货物的提取。在这样的拣货系统中，制作书面文件、查找书面文件、人工搬运等浪费了大量的人力物力，严重影响了物流的作业效率。随着竞争的加剧，人们对物流的作业效率要求越来越高，这样的拣货系统已经远远不能满足现代化物流管理的需要。建立一个先进的货物拣选系统，结合有效的吞吐量，不但可以节省大量的成本，而且可以大大提高工作效率，显著降低工人的劳动强度，提高客户的满意率。高自动化的货物拣选系统完全改变了根据书面文件完成货物分拣的传统方法，可以快速完成货物提取、补充货物等工作。

 **小资料**

拣货作业的原则

拣货作业除了少数应用自动化设备的环节外，大多是靠人工劳力的密集作业，因此在设计拣货作业系统时，使用工业工程方法相当普遍。人们在长期的实践中总结出了货物拣选的基本原则，可以在设计拣货作业系统时加以应用：

不要等待——零闲置时间。

不要拿取——零搬运（多利用输送带、无人搬运车）。

不要走动——动线的缩短。

不要思考——零推断业务（不依靠娴熟工人）。

不要查找——储位管理。

不要书写——免纸张。

不要检查——利用条码由电脑检查。

四、商品拣选的信息传递方式

为提高拣货效率，就必须缩短拣货时间及行走距离，降低拣错率。拣货作业时能否快速地找到需拣取货品的位置，拣货信息传递方式的选择格外重要。

（一）拣货信息传递方式

拣货作业首先需要将需拣取货物的信息有效地传递给作业人员，拣货作业的信息传递主要有以下几种方式。

1. 订单传票

直接以客户订单或配送中心送货单作为拣货作业指示凭据。这种方法只适合订购数量较小和批量较小的情况。由于订单在作业时容易受到污损，因此比较容易导致作业错误。

2. 拣货单

将客户订单输入电脑系统，进行拣货信息的生成，并打印出拣货单。拣货单的优化主要取决于信息系统相应的支持功能。

3. 拣货标签

拣货标签可以取代拣货单，由打印机打印出包含所需拣取商品的名称、位置、价格等信息的拣货标签，标签数量等于拣取量，在拣取的同时将标签贴于货品上，以此作为确认数量的方式。将标签贴于货品上的同时，货品与信息立即同步一致，所以拣货的数量不会发生错误。在标签上不仅能够打印出货品名称及料架位置，而且也能一起打印出条码，利用扫描器读取货品上的条码，即使货品相同而供应商不同也能有所区分，还能对该货品进行追踪调查。

4. 电子标签显示器

电子标签形式最初为在货品料架上安装灯泡，用以显示取货位置，而后发展为将通过网络连接的电子标签（表示器、应答装置）安装在货架或料架上，用灯亮情况指示商品位置，显示器上显示的数字即为拣取商品的数量。

采用这种方式，操作人员无须阅读拣货单据，不会发生读错情况，也不需要寻找货位，节省了寻找时间；无须核对商品，也不会取错商品，提高了拣货作业的精确度；同时，作业人员无须手拿单据，大大提高了作业效率。

5. 无线通信（RF）

通过在堆高机等装置上安装无线通信设备，把应当从哪个储位拣选何种商品及其数量等信息实时通知拣选作业者。这种方式适用于大批量的拣选作业。

6. 自动拣货系统

拣货工作由自动机械负责，将电子信息输入拣货设备后自动完成拣货作业，无须人工介入，其分拣一小时的工作量相当于人工分拣系统连续运行 100 小时以上的工作量。这是目前拣货设备研究的一个发展方向。

7. 电脑帮助拣选车

通过在拣选车等装置上安装电脑帮助终端机，向拣选作业者传递拣选作业指令。这种方式适用于多品种、小批量、体积小、价值高的货品拣选。电脑帮助拣选车如图 7-1 所示。

8. 语音拣货指示

语音拣货不是通过纸张或计算机显示屏进行可视通信，而是通过耳机与麦克风的语音指示进行通信，有助于减轻操作人员的劳动强度，确保高效的拣选顺序。

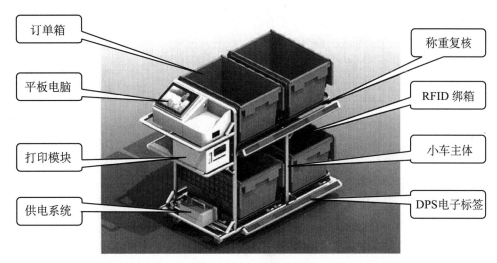

图 7-1　电脑帮助拣选车

（二）拣货单的格式

在设计拣货单时，应对货架编号、货号、货物数量、品名合理安排顺序，以免拣货时产生混淆。应避免出现以下问题：

（1）一位多货：数种货品放在同一储位，按货架编号指示拣取的精确性会受到影响。

（2）一号多货：外包装相同，但颜色、花样不同的商品使用相同的商品编码，则无法利用货号来拣取货品。因此，在建立货品编号时，应预留货品码数，以区分颜色、花样等。

（3）单据数字混淆：拣货单的上下行或相邻列容易混淆，易发生看错数量而拣取错误的情况，应考虑利用电脑帮助拣货设备进行区分或是以编号明确区分，以减少失误。

五、商品拣选设备

受多品种、小批量物流不断增长的影响，配送中心经营的商品种类年年增加，零星要货占商品订货单的 70%，而这部分商品的销售额不超过 30%。特别是拆零的工作量增幅很大，像食品拆零拣选的作业量要占据整个工作量的 80%。因此，配送中心对拣选作业的机械化投入了很大的人力、物力和财力。目前常用的商品拣选设备有高层货架拣选叉车系统、拣选重力式货架系统、电子标签拣选系统等。

（一）高层货架拣选叉车系统

商品入库时使用旋转侧移叉式叉车将整托盘商品放入货架，拣货时则用拣选叉车。拣选叉车的货叉上设置载人和载货平台，拣选人员在平台上操纵叉车，到达预定的货格位置后进行人工拣货，把商品搬到平台的托盘上。这种拣选系统的特点是投资少，货架走道宽度小（仅 1.7m，而一般货架走道宽 2.5m 以上）。高层货架拣选叉车系统如图 7-2 所示。

（二）拣选重力式货架系统

这是一种应用较为普遍的货架拣选设施，适用于以纸箱为单位和开箱拆零的人工拣

图 7 - 2　高层货架拣选叉车系统

选。它是轻型的重力货架，高度为 1.8～2.3m，可存放纸箱 6～10 只，几个单位可按需要的长度连接起来。货架以带坡度（约 4°）的滚轮轨道作为货箱的支撑架，货箱两侧有导向条，作为箱间的分隔。拣选人员在货架前面拣货，开箱拆零。当第一箱商品取完后，拿走空箱，后面一个箱子自动向前移动补充。拣选重力式货架系统如图 7 - 3 所示。

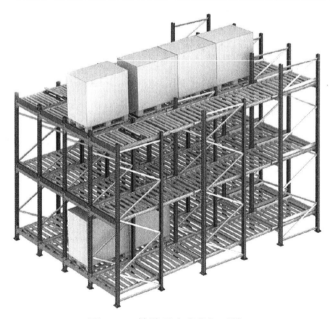

图 7 - 3　拣选重力式货架系统

这种拣选设备的优点是：

（1）先进先出，保证商品质量。

（2）节省仓间面积，减轻拣选人员来回步行之劳。例如，一个储存 1 200 箱商品的仓间，使用一般货架，面积为 78m²，拣选人员步行距离为 43m；使用拣选重力式货架系统，面积为 72.6m²，步行距离为 11m，分别为前者的 93％和 26％。

（3）拣选商品面集约化，拣选便利、省时、省力，能减少差错。

（4）货架前面拣选，后面补充，存取分开，可同时作业，互不干扰。

（5）可在货架一侧设置一条出货输送带，便于实行分段拣选的流水作业，以提高拣选的工作效率。

（三）电子标签拣选系统

在现代化配送中心里，这类拣选货架已与计算机系统配套使用，组成计算机数字显示拣选装置，它也被称为"拣选指挥系统"。在重力货架的每一货格上安装电子数字显示器，将客户订货单输入计算机后，货位指示灯和数字显示器马上指示所需商品在货架的具体位置和数量，操作人员只要按指令取货即可。可多人同时作业，实现"无单拣选"，结算、抄单和库存管理均由计算机系统来完成。电子标签拣选系统如图7-4所示。

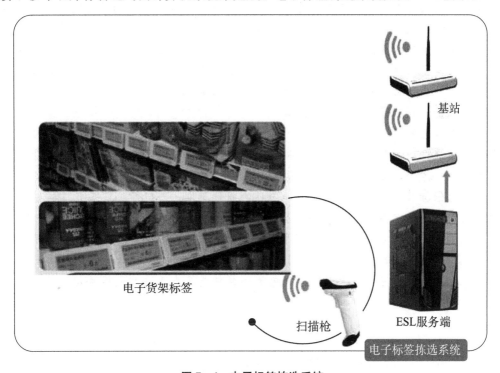

图7-4　电子标签拣选系统

◎ 素养提升

"暴力分拣"不该成快递通病，任何时候都不能差了服务

2021年12月，吉林长春一快递站点工作人员暴力分拣的视频在网上流传。涉事站点工作人员曾回应称，不差钱就啥也不差，建议客户发其他品牌快递。目前，主管部门已经对该站点及相关工作人员进行相应处罚。

快递业竞争走向差异化是市场的选择

当事快递员的狡辩包含两层含义：第一层是一分价钱一分货，便宜就不保证质量；第二层是暴力分拣不是他的问题而是行业通病。但是这两个理由显然都站不住脚。

诚然，如今快递行业的竞争已走向白热化，为赢得市场不少企业走上了差异化的道路，比如顺丰快递就是用提价来换服务。未来的快递行业必然会根据消费者的需求不断分化，不同品牌明确自己的定位，有的高端品牌服务到位、速度快、送货上门；有的快递速度相对慢些，服务不太周到，但靠价格低也能赢得顾客。这都是市场的选择，各自有各自的生存空间。

不得抛扔快递应是分拣工作的底线

视频所曝光的暴力分拣行为，已经不仅仅是涉事快递站点工作人员有没有用心、负不负责的问题，而是明显违反了交通运输部的相关规定。本着以儆效尤的目的，仅仅靠快递公司"自罚三杯式"的对承包区负责人的约谈、处罚显然是不够的，更需要主管部门采取适当举措，维护相关规定的严肃性。

不得抛扔快递应该是分拣工作的底线。《快递市场管理办法》明确规定，企业分拣作业时，应当按照快件（邮件）的种类、时限分别处理、分区作业、规范操作，并及时录入处理信息，上传网络，不得野蛮分拣，严禁抛扔、踩踏或者以其他方式造成快件（邮件）损毁。国家法规对快递分拣是有明确要求的，这与价格高低是两码事，就像再便宜的食品也要符合食品安全法规一样，绝不能因为价格低就可以乱来。

尊重消费者利益是企业的立足之本

想有效治理暴力分拣这一快递行业的顽疾，必须强化对暴力分拣的规制力度，大幅增加其违法代价和成本。一方面，相关监管部门要强化对暴力分拣行为的常态化、日常化监管；另一方面，在处置暴力分拣引发的消费纠纷方面，要进一步明确以消费者实际损失作为赔偿标准，不妨进一步引进惩罚性的赔偿标准——针对那些恶意实施暴力分拣而造成的消费者严重损失，给予消费者实际损失数倍的惩罚性赔偿。

中国有庞大的消费群体和市场，对一个快递站点来说，似乎不差一两个因为不满意服务而选择其他品牌的用户。然而，消费者的眼睛是雪亮的。如此一而再，再而三地拿消费者权益当儿戏，对待消费者像对待包裹一样任意丢来丢去，最后丢掉的必将是市场和未来。

▶ 任务二　　商品拣选作业

案例导入

先进拣选技术背后的拣选策略与应用

提到订单拣选技术，大家通常会想到 RF 拣选、语音拣选、电子标签拣选、各种自动存取设备以及各种货到人拣选站台等，这些都是拣选的外在表现形式。对于一个物流配送中心来说，通常会同时存在多种拣选技术和多种拣选模式，所有这些拣选技术和拣选模式加起来就组成了一整套拣选系统。

"人效"与"机效"相辅相成

拣选技术是伴随科学技术的发展而发展的，拣选技术由最初通过人携带载具去货位寻找货物、进行分类处理的"人到货"技术，到利用各种自动化设备将货物送到人面前拣选的"货到人"技术，已发展为整个拣选过程完全通过自动化方式实现的全自动拣选技术。拣选技术组合多种多样，发展至今产生了丰富多样的拣选技术和拣选模式，如图7-5所示。

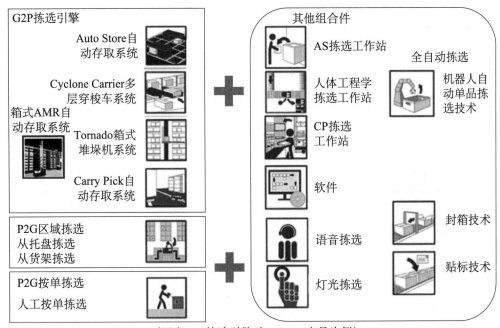

（图中G2P拣选引擎以Swisslog产品为例）

图7-5 拣选技术和拣选模式

拣选引擎加持"货到人"技术发展

瑞仕格（Swisslog）作为世界领先的老牌物流解决方案提供商，陪伴整个物流行业不断成长，也不断贡献优秀的物流解决方案。下面以瑞仕格产品为例，对市场上的主流拆零拣选技术做简要说明。

1. Cyclone Carrier 多层穿梭车系统＋G2P（Goods to Person）Workstation 货到人拣选系统

该系统以 Cyclone Carrier 多层穿梭车系统作为拣选引擎，配以箱式输送线系统链接G2P 货到人拣选工作站组成，可实现一对一或者一对多的拣选模式，适用于产品出入库频次高、订单行较多、小时动碰SKU数（每小时活跃的 SKU 数量，或每小时会拣选到的 SKU 数量）较多、订单数量多的拆零拣选场景。

2. Auto Store＋AS Workstation 拣选系统

该系统以 Auto Store 机器人系统作为拣选引擎，配以多种形式的拣选工作站组成。Auto Store 系统是一个高密度储存、高效率、高度标准化、高灵活度的自动存取系统，可灵活适应各种建筑形状，适用于产品出库频次ABC特性明显、订单行较多、单行小批量、订单数较多的拆零拣选场景。

3. Carry Pick（AMR）＋Workstation 货到人拣选系统

该系统由 AMR＋料架组成拣选引擎，配以相应的拣选工作站组成。料架上可同时放置多个 SKU，AMR 负责料架的存取与搬运，拣选工作站可实现多对一、多对多的拣选模式，适用于各种出库频次特性的产品、单行小批量、订单数量较少的拣选场景。

4. 拣选引擎＋ItemPiQ 全自动机器人拣选系统

该系统以 Auto Store 或者 Cyclone Carrier 多层穿梭车系统作为拣选引擎，结合机器人全自动单品拣选工作站系统组成，可实现一对一或一对多的拣选模式，单个拣选站效率约可达 1 000 件/时，适用于产品表面可吸取、重量不超 1.5kg、尺寸在 20mm×25mm×10mm～650mm×400mm×400mm、产品出库频次 ABC 特性非常明显、订单行适中、单行小批量、订单数适中的拆零拣选场景。

问题与思考：

1. 案例中提到了几种拣选模式？
2. 你认为电商企业在选择拣选模式的时候需要考虑哪些因素？

学习任务单 7-2

学习情景	小东已经学习了商品拣选的基本知识，可是小东想，不同的商品适用的拣选方式也不一样，那怎样才能选择适合自己商品的拣选方式呢？对此，小东和同学一起进行了调研，通过学习其他做得比较好的商品拣选方案，小东和同学设计出了自己商品的拣选方案
任务描述	学生分小组就以下问题进行讨论： 问题 1：常用的商品拣选技术有哪些？ 问题 2：电子商务企业如何选择商品拣选方法？ 问题 3：制定本小组网店货物拣选方案 以上任务建议 4 学时完成
讨论	你知道如何优化拣货过程吗？
任务拓展	利用业余时间，以小组为单位调查研究当地仓储公司的拣货系统

学习任务考核单 7-2

小组：

组长： 组员：				
序号	任务	分值	总结与归纳	成绩
1	商品拣选技术	30 分		
2	商品拣选方法	30 分		
3	商品拣选策略	40 分		
合　计				

＊请学生填写完学习任务考核单后上交。

知识链接

物流配送中心常用的拣选模式和拣选技术共同组成了一整套拣选系统，同时，其背后也离不开拣选策略的支撑。拣选策略直接关系到整个拣选系统是否能发挥出最高效能。

一、商品拣选技术

常用的商品拣选技术有传票拣选、拣货单拣选、拣选标签拣选、电子标签辅助拣选、RF辅助拣选、IC卡拣货、自动拣选、语音拣选等。

（一）传票拣选

传票拣选是最原始的拣选方式，直接利用客户的订单或配送中心送货单作为拣货指示凭据，依据客户的订货单据拣选。拣选人员一面看着订货单的品名，一面寻找货品，需要来回走动才可拣足一张订单。

这种方法适用于订单订购品种比较少、批量较小的情况。在拣货过程中，传票易受到污损，可能导致作业过程发生错误，而且订单上未标明货物储放位置，依靠拣选人员的记忆拣货，影响拣货效率。

（二）拣货单拣选

拣货单拣选是小型企业常用的拣选方式。配送中心将原始客户订单输入电脑后进行拣选信息处理，打印拣货单，拣货单的品名按照货位编号重新编号，让拣选人员只需来回一趟就能够拣足一张订单；拣货单上印有货位编号，拣选人员按其编号寻找货品，即使是不识货品的新手也能拣选。

拣货单一般根据货位的拣货顺序先后打印，拣选人员根据拣货单的顺序拣货，拣货时先将货品放入搬运器具，同时在拣货单上做记号，然后再执行下一货位的拣货。

一般而言，拣货单是根据拣货的作业区和拣货单位分别打印的。例如，整盘拣货、整箱拣货、拆箱拣货或单品拣货等的拣货单分别打印、分别拣货，然后再运至暂存区集货等待出货。这是一种经济的拣货方式，可使拣货精准度大大提高，但必须配合合理的货位才能发挥其效益。

（三）拣选标签拣选

在这种拣货方式中，由拣选标签取代了拣货单，拣选标签的数量与分拣量相等，在分拣的同时将标签贴在物品上以便确认数量。将标签贴在物品上时，物品与信息即建立了一种对应关系，所以拣选的数量不会产生错误。其原理为接单之后经过计算机处理，依据货位的拣货顺序打印拣货标签，订购几箱（件）货品则标签就打印几张，标签张数与订购数一样，拣货人员根据拣货标签上的顺序拣货。拣货时将货品贴好标签之后放入拣货容器，当标签贴完即代表该项货品已经拣选完成。

此种拣货技术多应用在整箱拣货及单品拣货上，整箱拣货的标签除了单品拣货标签上的内容外，还包括客户地址及配送路线，因此可以直接作为出货标签使用，必要时也可以增加条码的打印，以提高作业效率。单品拣货完成之后大部分都必须装入纸箱或塑料箱内，因此必须增加出货标签、客户地址及配送路线的资料，在出货标签上打印出来。

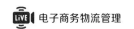

而单品拣货标签则可以省略这部分内容。

（四）电子标签辅助拣选

电子标签辅助拣选是一种计算机辅助的无纸化拣货技术，目前应用广泛。其原理是在每一个货位上安装数字显示器，利用计算机的控制将订单信息传输到数字显示器内，拣选人员根据数字显示器所显示的数字拣货，拣货完成后按确认按钮完成拣货工作，也叫作电子标签拣货。

在这种拣货方式中，电子标签取代拣货单，在货架上显示拣选信息，以减少寻找货品的时间，分拣的动作仍由人力完成，电子标签是很好的人（拣选人员）机（计算机）界面，由计算机负责烦琐的拣选顺序的规划和记忆，拣选人员只需依照计算机指示执行拣选作业即可。电子标签有一个小灯，灯亮代表该货位的货品是待拣货品，电子标签中间有多个字元的液晶，可显示拣选数量。由此，拣选人员在货架通道行走，看到灯亮的电子标签就停下来，并按显示数字来拣取该货品所需的数量，电子标签设备主要包括电子标签货架、信息传送器、计算机辅助拣选台车、条码、无线通信设备等。

电子标签根据其功能可以分为传统型电子标签和智能型电子标签。传统型电子标签只能显示拣选数量，而智能型电子标签可以显示价格、标签编号、货位编号、拣选数量、台车车号与台车格位等拣选信息。智能型电子标签是在传统型电子标签的基础上发展起来的，其功能也更加完善。

电子标签辅助拣选的主要功能特点包括：

（1）一个电子标签，可对应一个货位或多个货位；
（2）指示一个拣选人员进行单一订单拣选；
（3）指示一个拣选人员进行多张订单拣选；
（4）指示多个拣选人员进行单一订单拣选；
（5）指示多个拣选人员进行多张订单拣选；
（6）指示拣选路径；
（7）立即更正拣选错误。

（五）RF 辅助拣选

RF 辅助拣选也是一种计算机辅助的拣货方式，其原理是利用手持终端、条码扫描器及 RF 无线电控制装置组合，将订单资料由计算机主机传输到手持终端，拣选人员根据手持终端所指示的货位，扫描货位上的条码，如果与计算机中的拣货资料不一致，手持终端就会发出警告声，直至找到正确的货品货位为止；如果与计算机中的拣货资料一致，就会显示拣货数量，拣货人员根据所显示的拣货数量拣货，拣货完成后按确认按钮完成拣货工作；拣货信息通过 RF 传回计算机主机的同时，在库存数据中扣除。它是一种无纸化的拣货系统，也是一种及时的处理系统。

此种拣货方式大多应用于按单拣选和批量拣选中，因成本低且作业弹性大，尤其适用于货品种类很多的场合，故常被应用在多品种、少批量订单的拣选上，与拣货台车搭配使用最为常见。

（六）IC 卡拣选

IC 卡拣选也是一种计算机辅助的拣货方式，其原理是利用计算机及条码扫描器的组合，将货单资料由计算机主机复制到 IC 卡上，拣货人员将 IC 卡插入计算机，根据计算机所指示的货位，刷取货位上的条码，如果与计算机中的拣货资料不一致，掌上终端就会发出警告声，直至找出正确的货品为止；如果与计算机中的拣货资料一致，就会显示拣货数量，拣货人员根据所显示的拣货数量拣货，拣货完成之后按确认按钮即可完成拣货工作；拣货信息通过 IC 卡传回计算机主机的同时，在库存数据中扣除。

（七）自动拣选

自动拣选即分拣的动作由自动机械负责，将电子信息输入拣选设备后自动完成拣选，作业无须人工介入。

由于采用无人拣货，自动拣选设备成本非常高，因此此种拣货方式常被利用在高价值、出货量大且频繁的货品上。自动拣选效率非常高，拣货错误率非常低，是拣货设备的一个发展方向。

（八）语音拣选

语音拣选技术是一种国际先进的物流应用技术，即任务指令通过 TTS（文字转语音）引擎转化为语音播报给拣选人员，并采用波形对比技术将拣选人员的口头确认转化成实际操作的技术。很多企业通过采用语音技术提高了员工拣选效率，从而降低了最低库存量及整体运营成本，并且大大降低了错误配送率，最终提升了企业形象和客户满意度。

语音拣选的工作步骤如下：

（1）拣选人员听到语音提示，包括一个巷道号和货位号，系统要求他说出货位校验号。

（2）拣选人员会把这个货位校验号读给系统听，当系统确认后，作业系统会告诉拣选人员所要拣取的商品及其数量。

（3）拣选人员从货位上搬下商品，然后进入下一个流程，整个操作过程非常简单，可以大幅提高拣选作业效率和准确率。

二、商品拣选方法

（一）按订单拣货（摘果法）

按订单拣货是指针对每一张订单，拣选人员或拣选工具巡回于各个存储点将客户所订购的商品取出，完成货物配备的方式，是一种比较传统的拣货方式。如图 7-6 所示。

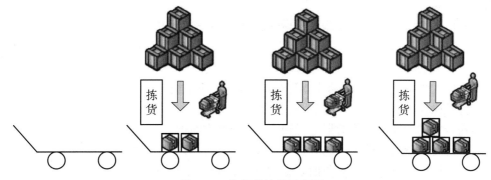

图 7-6　按订单拣货示意图

1. 按订单拣货的优点

（1）作业方法简单。

（2）订单处理前置时间短，针对紧急需求可快速拣选。

（3）导入简洁且弹性大，对机械化、自动化没有严格要求。

（4）作业人员责任明确，派工简洁、公正。

（5）拣货后不必再进行分拣作业，适用于大量、少品种订单的处理。

2. 按订单拣货的缺点

（1）拣货区域大时，搬运系统设计困难。

（2）商品品种多时，拣货行走路径加长，拣货效率降低。

3. 按订单拣货适用的状况

（1）用户不稳定，需求波动较大，不能建立相对稳定的用户分货货位，难以建立稳定的分货线。在这种状况下，宜采用机敏、机动的拣选式工艺，用户少时或用户很多时都可采用这种拣选方式。

（2）用户之间的共同需求不是主要的，而且差异很大，在这种情况下，统计用户共同需求，将共同需求一次取出再分给各用户的方法无法实行。在有共同需求，又有很多特殊需求的情况下，实行其他配货方式容易产生差错，而实行一票一拣方式便利得多。

（3）用户需求的种类太多，增加了统计和共同取货的难度，实行其他方式配货时间太长，采用按订单拣货方式能起到简化作用。

（4）用户配送时间要求不一，有紧急的，也有限定时间的。按订单拣货可有效地调整拣选配货顺序，满足不同的时间需求，尤其对于紧急的即时需求更为有效。因此，即使是以其他工艺路线为主的情况下，也仍旧需要辅以拣选式路线。

（5）一般仓库改造成配送中心，或新建配送中心的初期，按订单拣货可作为一种过渡性的方法。

4. 按订单拣货的装备设置

根据不同配送中心的装备水平及用户要求，以及业务量的大小，配送中心按订单拣货有以下几种形式：

（1）人力拣选。人力拣选可与一般货架协作，也可与重力式货架协作，按单拣货，直到配齐。人力拣选主要适用于拣选量较少、拣选物个体重量轻、拣选物体积不大、拣选路线不太长的商品，如化妆品、文具、礼品、衣物、小工具、小量需求的五金、染料、试剂、书籍等。

（2）机动作业车拣选。拣选人员操作拣选车为一个或几个用户拣选，车辆上分装拣选容器，拣选的货物直接装入容器，在拣选过程中就进行了货物装箱或装托盘的处理。由于利用了机动车，因而可支持较长的拣选路线。

（3）传送带拣选。拣选人员固定在各货位前，不进行巡回拣选，只在四周的几个货位进行拣选操作。在传送带运行过程中，拣选人员按指令将货物取出放在传送带上，或置于传送带上的容器中，传送带运行到终点时便配货完毕。

（4）旋转式货架拣选。拣选人员在固定的拣货位置上，按拣货单操纵旋转货架，待需要的货位回转至拣选人员面前时，则将所需的货物拣出。这种方式介于按订单拣货方式和批量拣货方式之间，但主要是按订单拣货。这种拣货方式适用领域较窄，只适用于旋转货架货格中能放入的货物。由于旋转货架动力消耗大，因此一般只适合仪表零件、电子零件、药材、化妆品等小件物品的拣选。

（二）批量拣货（播种法）

批量拣货是指把多张订单集合成一批，依据商品类别将各类商品数量分别加总后再进行拣货，并按客户的订单做分类处理的一种拣选作业方法。如图 7 - 7 所示。

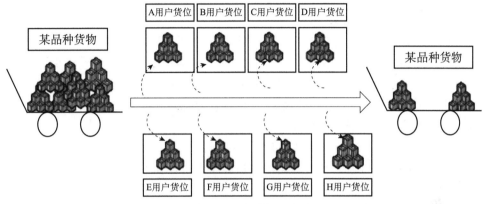

图 7 - 7　批量拣货示意图

1. 批量拣货的优点

（1）可以缩短拣货时行走搬运的距离，增加单位时间的拣货量。

（2）适用于订单数量庞大的系统。

2. 批量拣货的缺点

（1）对订单无法快速反应，必须等订单累积到一定数量时才做一次处理，因此易导致停滞现象。只有依据订单到达的状况做等候时间分析，再计算适当的批量大小，才能将停滞时间减到最少。

（2）批量拣货后还要进行再安排，容易导致拣选错误。

3. 批量拣货的订单分批方法

（1）计算机分批法：订单汇总后，由计算机按预先设计的程序将拣取路线相近的订单集中处理，求得最佳的订单分批，可大大缩短拣货和搬运距离。采用计算机分批法，配送中心通常将一天的订单汇总后，经过计算机处理，在当日下班前产生明日的拣货单。所以，当发生紧急加单时，处理作业较为困难。

优点：分批时已考虑到订单相像性及拣货路径的顺序，使拣货效率进一步提高。

缺点：所需计算机软件技术要求较高，数据处理时间较长。

（2）总量分批法：在拣货作业前，将全部累积订单中的商品按类别分别合计总量，再依据总量进行拣货的方式，适合固定的周期性配送。

优点：一次拣出全部商品，可使平均拣货距离最短。

缺点：必须经过功能较强的分类系统完成分类作业，订单数量不宜过多。

（3）定量分批法：按先进先出（FIFO）的基本原则进行订单分批，当累计订单达到某一预设的固定数量后，开始进行拣货作业。

优点：能够保持稳定的拣货效率，使自动化的拣货、分类设备发挥最大功效。

缺点：订单的商品总量变化不宜太大，否则会增加分类作业的成本。

（4）时间分段法：当订单到达至出货的时间格外紧迫时，可利用分批方式，开启短临时窗，如 5 分钟或 10 分钟，将在此时间内到达的订单作为一个批次处理。该方法比较适合密集、频繁的订单，能够满足紧急插单的要求。

优点：能够增强订单处理的灵活性。

缺点：不适用于日常大批量订单，成本较高。

4. 批量拣货适用的状况

（1）连锁企业内部的配送中心，其用户都是自营的商店，用户稳定且数量较多。

（2）用户的需求具有很强的共性，货物的种类基本相同，需求差异较小。为了协作批次作业，可以要求商店按品类和货架商品群定期向配送中心补货。

（3）用户需要的商品种类有限，易于统计，且分拣时间不至于太长。

（4）用户对配送时间没有严格要求。

（5）配送中心对效率和作业成本有较高的要求。

（6）配送中心专业性强，具有稳定的用户和需求，货物种类有限。

5. 批量拣货的装备设置

（1）人力＋手推车作业：拣选人员将手推车推至一个存货点，将各用户共同需要的某种货物集中取出，利用手推车的机动性可在较大范围内巡回分放。这种方式是人工取放与半机械化搬运相结合，一般采用一般货架、重力式货架、回转货架或其他人工拣选式货架。适合人力分货的一般是小包装或拆零货物，如药品、钟表、仪表零部件、化妆品、小百货等。

（2）机动作业车分货：用台车、平板作业车、堆高机、巷道起重机以单元装载方式一次取出数量较多、体积和重量较大的货物，然后由配货人员驾驶车辆巡回分放。

（3）传送带＋人力分货：传送带一端和货物存储点相接，传送带主体和另一端分别与各用户的集货点相接。传送带运行过程中，由存储点一端集中取出各用户共同需要的货物置于传送带上，各配货人员从传送带上取下该位置用户所需的货物，反复进行直到配货完毕。采用这种方式，传送带的取货端往往使用重力流淌式货架，以削减传送带的安装长度。

（4）分拣机自动拣货：这是一种高技术作业的分货方式，目前高水平的配送中心一般都有自动分拣机。自动分拣机在一端集中取出用户共同需要的货物，随着传送带的运行，按计算机预先设定的指令，通过自动装置将货物送入用户集货终点货位。

（三）其他拣货方法

1. 复合拣货

复合拣货是按订单拣货及批量拣货的组合，可以依据订单上的货物品种和数量计算哪些适合按订单拣货，哪些适合批量拣货。

2. 分类式拣货

分类式拣货是指一次处理多张订单，并且在拣取各种商品的同时，将商品依据客户订单分开放置的方式。如一次拣取五六张订单时，每次拣货用台车或笼车带上这几家客户的篮子，边拣取边按客户不同区分摆放。这样可以减少拣货后再分类的麻烦，提高拣货效率，适用于每张订单拣货量不大的情况。

3. 接力拣货

这种方法是指在确定拣选人员各自负责的商品品种或货架的责任范围后，各个拣选人员只拣选拣货单中自己负责的部分，然后以接力方式交给下一位拣选人员。采用这种分工合作的方式，主要优点是可以缩短整体的拣货动线，缩短人员及设备移动的距离，提高拣货效率。但单据的格式必须明确标识范围。

三、商品拣选策略

商品拣选策略是影响拣货作业效率的关键因素，为了应对不同的订单需求形态衍生出了不同的拣货策略。常用的拣选策略主要有以下几种。

（一）分区策略

分区是指将拣货作业场地做区域划分。根据分区原则的不同，分区策略可以分为四种，具体如表 7-2 所示。

表 7-2 分区策略

分区策略	说明
按货品特性分区	根据货物原有的性质，将需要特别储存搬运或分离储运的货品进行分割，以保证储存期间货品的品质良好
按拣货单位分区	如箱装拣货区、单件拣货区、具有特殊性的冷冻品拣货区等。其目的在于使库存单位与拣货单位分类统一，以方便分拣与搬运单元化，使分解作业单纯化
按拣货方式分区	按拣货方式分区的原则通常是采用 ABC 分类法，即按各品类的出货量大小及拣取次数的多少，做 A、B、C 群组划分。再根据各群组的特征，决定合适的拣货设备及拣货方式。这种拣货策略可将作业区单纯化、一致化，以减少不必要的重复行走所耗费的时间
按工作分区	在相同的拣货方式下，将拣货作业场地细分成不同的分区，由一个或一组固定的拣选人员负责拣取区域内的货物。这种策略的优点在于能减少拣选人员所需记忆的存货位置，缩短移动距离，减少拣货时间，同时也可配合订单分割策略，运用多组拣选人员在更短时间内共同完成订单的拣取。但这种策略需要注意工作平衡的问题

（二）订单分割策略

当订单上的商品种类较多或者拣选系统要求及时快速处理时，为了能在短时间内完成拣货处理，可利用订单分割策略将订单分割成若干个子订单，交由不同的拣选区域同时进行拣选作业。将订单按拣选区域进行分解的过程，称作订单分割。

订单分割策略一般是与分区策略配合使用的。对于采用分区策略的配送中心来说，其订单处理过程的第一步就是要按区域进行订单分割，各个拣选区根据分割后的子订单进行分拣作业，各拣选区的子订单拣选完成后，再进行订单的汇总。

（三）订单分批策略

订单分批是指为了提高拣货作业效率，把多张订单集合成一批进行批次提取作业。订单分批方式主要有四种，详见前面"批量拣货的订单分批方法"，此处不再赘述。

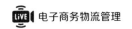

（四）分类策略

若采用订单分批策略，拣选结束后还必须将集中批量拣选出的商品分至各订单或用户项下，因此需要与之相配合的分类策略。分类策略大致可分为以下两种。

1. 拣取式分类

在拣取的同时将货物按订单分类，这种分类方式常与定量分批法或计算机分批法相结合，因此需使用计算机辅助台车作为拣选设备，以加快拣货速度。这种方式较适合少量、多样的货物，且由于拣选台车不可能太大，所以每批次的客户订单量不宜过大。

2. 拣取后集中分类

分批按总量拣取后，再进行集中分类。实际的做法一般有两种：一种是以人工作业为主，将货物搬运到空地上进行分发，要求每批次订单量及货物数量不宜过大，不得超过人员负荷；另一种是利用分类输送系统进行集中分类。当订单分割较细、分批品种较多时，通常采用后一种方式完成集中分类工作。

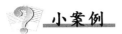 **小案例**

商品拣选策略应用案例

一配送中心主要经营 B2B 和 B2C 的服装配送业务，其中 B2B 业务覆盖全国各地数千家门店，SKU 近 4 000 个，日订单行数超 12 万行，日发货件数超 60 万件，拆零比例 70%；B2C 业务覆盖全国各地终端客户，日订单近 10 万单，拆零比例 100%，SKU 近 9 000 个。

1. 如何确定拣选单位和储存单位

根据 IQ-PCB 分析（品项发货单位-托盘、整箱、单品分析），B2B 业务 30% 为整箱拣选发货，70% 为拆零拣选发货，无整托发货，B2C 业务 100% 为拆零拣选发货，可知整个配送中心拣货单位为整箱和单品两种。而且从 B2B＋B2C 业务总量来看，拆零拣选发货占 80%，整箱发货占 20%。

从以上数据来看，如果单纯以托盘为保管单位，其出入库效率要求将非常高，会超出系统运行能力；如果以托盘为一级储存、箱为二级储存，又会增加托/箱的转换作业，增加系统的复杂性和造价，对比分析后采用箱为保管单位。也可参考行业前辈总结的经验快速做出选择，具体如表 7-3 所示。

表 7-3 拣选单位、储存单位、入库单位的确定

拣选单位	储存单位	入库单位
P	P	P
P、C	P、C	P
P、C、B	P、C、B	P
C	P、C	P、C
C、B	P、C、B	P、C
B	C、B	C、B

注：P——托盘，C——整箱，B——单品。

2. 分区与订单分割

B2B 业务由于有 30% 整箱发货，70% 拆零发货，且单个订单发货量大，因此拣选时可以分为整箱拣选区和拆零拣选区单独作业。B2C 业务单件订单占比约达 60%，这部分可以考虑批量拣选，可采取直接从箱式库自动批量拣选的方式作业，再直接按单品单件订单分类打包。B2C 业务约 40% 为多品订单，且平均每个订单的订单行不超过 3.3 个，经过 IK 分析，重复订购频率适中，因此可采用批量拣选＋按单播种的方式，此时批量拣选订单可根据播种墙的任务总量进行拣选，再配合电子标签播种墙方式进行分类。B2C 订单拣选分区及订单分割逻辑示意图如图 7-8 所示。

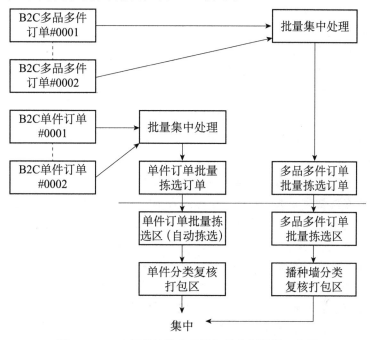

图 7-8 B2C 订单拣选分区及订单分割逻辑示意图

3. 订单分批（波次）

B2B 业务为门店业务，且配送是通过少数几家承运商完成的，各承运商负责不同的区域配送，同一个地区的季节性差异小，订单品项较趋同，因此可根据承运商的覆盖地区进行订单分批，以减少拣选的动碰频次。同时根据系统的能力情况，均衡作业量进行波次时间长度的设定。

B2C 业务为终端客户业务，客户分散在全国各地，且发货的时效性要求高，宜按照时窗分批，可结合过往订单量及作业效率确定波次时间长度。

4. 分类策略

B2B、B2C 业务都是通过承运商或快递公司发货，其在物流公司会有二次分拣作业，因此该配送中心在订单（或子订单）打包好后，统一按照物流承运商或快递公司进行分类即可。

万变不离其宗，拣选技术、拣选方法、拣选策略在不断发展进步，但是技术与方法都来源于实践。只有适合的才是最好的。拣选技术、方法和策略的选择依托于企业的业务渠道、发展方向和物流的运营流程，化繁为简、提高效率、满足发展是其背后最重要的逻辑基础。

资料来源：黄志江. 先进拣选技术背后的拣选策略与应用.（2021 - 11 - 17）[2023 - 12 - 01]. https：//www.shesye.ent/1283.html.

📀 练习题 ▍▍

1. 简答题

（1）简述商品拣选的概念。

（2）简述商品拣选的流程。

（3）简述商品拣选的意义。

（4）简述商品拣选的方法。

（5）商品拣选过程中可以运用哪些策略？

（6）如何使商品拣选更加合理化？

2. 实训练习

请同学们以小组为单位完成以下实训任务。

【任务内容】

某物流中心平均每天要满足 2 000 个客户的需求，完成 1 500 件商品的分拣配送量。物流中心成品的存储量为 5 000 大箱。分拣工人 70 人左右，分两班作业。每天上午接受零售商的订单，进行信息处理，下午 2 点开始分拣作业，然后按照配送线路装车，第二天一早配送到户。

（1）库存量：标准库存量 5 000 大箱（约 25 000 件），以托盘承载，20 件/托盘。

（2）商品（纸巾）种类：约 140 种，每天配送商品种类 100 多种。

（3）订单处理量：2 000 个用户/天，日配送量 1 500 件。

经过多年的努力，该物流中心开发出了能够迅速处理多品种、少批量出货，提供高质量服务的三个拣货系统。

1. 托盘出库自动拣货系统

从自动仓库出库的货物，经由可同时处理两个托盘货物的复合式转栈台，输送至卸栈工作站。然后由作业人员拣取出所需的货物箱数放在输送带上。这时，卸栈工作站旁边的显示器会显示以下信息：（1）应拣取的箱数；（2）目前已完成的箱数；（3）起初存在的箱数；（4）拣取完后应剩的箱数。

2. 货箱自动拣货系统

以储存货箱的重力式货架为中心，加上一台自动补充货箱的补货车，以及两台自动拣取货箱的装置构成。货物的补充、拣取完全实现自动化，即由电脑指令通知自动仓库叫出需求货箱至卸栈工作站，经由输送机输送给补货车自动补货，货物补充至重力式货架上，再根据需要拣货。

3. 单件拣货系统

单件拣货系统也是以储存货箱的重力式货架为主的，但此重力式货架较小，每一货格均配备有自动显示装置。该系统采用人工拣取的作业方式，拣取后的物品自动地流过内侧的输送机，投入停在适当位置的容器内，等待出货。

通过三个系统的协力配合，该物流中心提高了工作效率，降低了出错率，提高了客户服务水平，使得自身的配送业务更加成功。

【实践活动安排】

活动	识别物流拣货系统
活动目标	熟悉国内企业的物流拣货系统
活动内容	1. 了解该物流中心的拣货系统有哪些 2. 分析案例中的拣货系统给物流中心带来了哪些好处
活动考核	1. 每个小组上交一份实训报告 2. 考核每个小组的实训报告，分 A、B、C、D 4 个等级评定

商品包装

📋 问题引入 ▌▌

小东和同学开的网店生意越来越红火，这让他们很高兴，同时也意识到将单个产品做成系列产品的价值以及可能性。但是除了商品销售之外，还有一个很重要的问题摆在他们面前——新产品的包装设计。除了保证美观、刺激消费的功能外，在设计新包装的时候，还有哪些方面值得注意？

📋 项目导读 ▌▌

本项目包括现代商品包装、电子商务业态下的包装技术应用与发展两个任务，通过案例导入、知识链接等形式，帮助学生由浅入深地理解并掌握商品包装的相关内容。

📋 学习目标 ▌▌

知识目标

- 掌握商品包装的定义、作用
- 掌握缓冲包装技术
- 掌握防潮包装技术
- 掌握无菌包装技术

能力目标

- 能够为商品选择适当的包装材料
- 能够为商品选用合适的包装技术进行包装

素养目标

- 树立责任意识、服务意识、安全意识及环保意识
- 培养包装作业中节约资源、保护环境的观念

▶ 任务一　　现代商品包装

◎ 案例导入

雀巢的环保包装之路，透露了哪些秘密？

作为全球最大的食品与饮料制造商，雀巢因为使用大量的塑料包装而饱受诟病，近年来，该公司不断推出新的环保包装解决方案，以担负起与其品牌相匹配的社会责任。

自 2019 年确立三大支柱方案以来，雀巢持续在解决塑料污染问题上起到引领作用。

支柱 1：开发新包装

将塑料包装转变为各种形式的纸质包装，例如，备受欢迎的彩色涂层巧克力糖果 Smarties Sharing Block 在英国已开始采用可循环再生纸质包装。

嘉宝和 Piltti 婴儿辅食首次创新性地使用单一材料袋装包装，这是专为提高可循环再生价值而设计的。

Nespresso 浓遇咖啡推出了由 80% 再生铝制成的全新胶囊产品，这是向循环利用迈出的重要一步。

支柱 2：塑造"无废未来"

2020 年 8 月，雀巢菲律宾成功实现"塑料中和"。这意味着雀巢在菲律宾回收再生了其销售的产品所使用的等量塑料包装，有效防止了塑料废弃物进一步流入垃圾填埋场和海洋。

通过参与"STOP 项目"，雀巢在印度尼西亚创建了可持续废弃物管理系统，助力减少海洋塑料污染。

雀巢在澳大利亚开启了回收、分拣和再生塑料软包装的试验项目。

雀巢大力推广其宠物产品和速溶咖啡产品包装的重复使用和再填充解决方案，比如在瑞士，雀巢通过与初创公司 MIWA 合作实施此类项目。

雀巢倡导设计和实施经济有效的强制性生产者延伸责任制体系。雀巢已确定在 20 个国家支持可循环再生率的提高和废弃物管理基础设施的建设，这 20 个国家占雀巢塑料消耗总量的 50%。

支柱 3：引领新行为

雀巢正在推广可持续包装教育和培训项目，覆盖超过 29 万名员工，旨在加速行为改变，帮助公司实现可持续包装目标。

雀巢在意大利上线了数字平台，帮助消费者妥善处理包装垃圾。

雀巢咖啡多趣酷思在德国和墨西哥开展了消费者教育活动，推广可循环再生理念。

从塑料到纸张的转变并不容易。雀巢糖果产品技术中心负责人如是说。好在纸张并不是唯一的解决方案，雀巢也在寻找其他替代品，例如可重复使用的塑料。

资料来源：彩盒商界．全球最大食品企业的环保包装之路，透露了哪些秘密？．（2020 - 12 - 11）［2023 - 12 - 01］．https://www.sohu.com/a/437748284_770447.

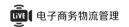

问题与思考：

什么是绿色包装？绿色包装与传统包装的区别主要体现在哪些方面？

学习任务单 8-1

学习情景	小东和同学开始着手进行产品的包装设计，然而摆在他们面前的一个首要问题是：到底是先确定好要设计多少层包装，还是先尽快联系不同材料的厂家进行耗材的订购？小东和同学产生了争执。那么，对于产品的包装，到底应该先解决哪个问题呢？
任务描述	学生分小组就以下问题进行讨论： 问题 1：商品外包装与内包装都会使用什么材料？ 问题 2：网店商品包装与传统商品包装有什么不同？ 以上任务建议 2 学时完成
讨论	徐某民、冯某元在九江市本人安置房内，自行购买原材料、糖果模具生产销售口红形糖果、灯泡糖（1∶1 的高还原日光灯泡造型糖果）、游戏糖饼等多种低俗恶搞、无底线造型糖果，并且在包装标识的印刷中，冒用了江西某食品有限公司、莱州某食品厂和永修县某糖果厂等企业的厂名厂址标识。你如何看待这件事？
任务拓展	请同学们依据自身日常生活经验，总结各类产品的常见包装类型与结构

学习任务考核单 8-1

小组：

组长： 组员：				
序号	任务	分值	总结与归纳	成绩
1	商品包装的定义	20 分		
2	商品包装的分类	20 分		
3	商品包装的基本要求	20 分		
4	商品包装的作用	20 分		
5	包装材料	20 分		
合　计				

＊请学生填写完学习任务考核单后上交。

◎ 知识链接

一、商品包装的定义

在物流系统中，运输、装卸搬运、仓储、配送等环节都与包装紧密相连，它贯穿于物流的整个过程，而且包装的功能与商品使用价值的实现密切相关，可以说，没有完善的包装，就没有现代化的物流。与此同时，现代化的物流发展又对包装提出了更高的要求，促进了包装设备与技术的进步和发展。当前，面对国际物流市场的迅速发展与激烈竞争，加强现代物流产业包装人才培养，强化物流包装作业管理，做好物流包装业务各个组成环节的有机结合与资源调配，提高我国物流包装的管理水平，是国内电商企业以及物流企业发展的重大战略选择之一。

根据国家标准《包装术语　第 1 部分：基础》（GB/T 4122.1—2008）的定义，包装是指为在流通过程中保护产品，方便储运，促进销售，按一定技术方法而采用的容器、材料及辅助物等的总体名称。也指为了达到上述目的而采用容器、材料和辅助物的过程中施加一定方法等的操作活动。

因此，包装的含义，包含两方面意思：一方面是就盛装商品的容器而言，通常称作包装物，如箱、袋、筐、桶、瓶等；另一方面是指包装商品的过程，如装箱、打包等。

商品包装具有从属性和商品性等特性。商品包装是附属于内装商品的特殊商品，具有价值和使用价值；同时又是实现内装商品价值和使用价值的重要手段。

二、商品包装的分类

商品包装种类繁多，具体如表 8-1 所示。

表 8-1　商品包装的常见分类

分类方法	类型	描述
按商业习惯分类	内销包装	是为了适应在国内销售的商品所采用的包装，具有简单、经济、实用的特点
	出口包装	是为了适应商品在国外的销售，针对商品的国际长途运输所采用的包装，在保护性、装饰性、竞争性、适应性上要求更高
	特殊包装	是为工艺品、美术品、文物、精密贵重仪器、军需品等所采用的包装，一般成本较高
按流通领域中的环节分类	小包装	是直接接触商品，与商品同时装配出厂，构成商品组成部分的包装。商品的小包装上多有图案或文字标识，具有保护商品、方便销售、指导消费的作用
	中包装	是商品的内层包装，通常称为商品销售包装，多为具有一定形状的容器等。它具有防止商品受外力挤压、撞击而发生损坏或受外界环境影响而发生受潮、发霉、腐蚀等变质变化的作用
	外包装	是商品最外部的包装，又称运输包装，多是若干个商品集中的包装。商品的外包装上都有明显的标记。外包装具有保护商品在流通中的安全的作用
按包装材料分类		一般以包装材料为分类标志，可分为纸类、塑料类、玻璃类、金属类、木材类、复合材料类、陶瓷类、纺织品类、其他材料类等包装
按防护技术方法分类		一般以包装技法为分类标志，可分为贴体、透明、托盘、开窗、收缩、提袋、易开、喷雾、蒸煮、真空、充气、防潮、防锈、防霉、防虫、无菌、防震、遮光、礼品、集合等包装

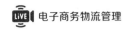

三、商品包装的基本要求

（一）要适应各种流通条件的需要

要确保商品在流通过程中的安全，商品包装应具有一定的强度，坚实、牢固、耐用。对于不同运输方式和运输工具，还应有选择地采用相应的包装容器和技术进行处理。总之，整个包装应适应流通领域中的储存运输条件和强度要求。

（二）要适应商品特性

商品包装必须根据商品的不同特性，分别采用相应的材料与技术，使包装完全符合商品理化性质的要求。

（三）要适应标准化的要求

商品包装必须推行标准化，即对商品包装的容（重）量、材料、结构造型、规格尺寸、印刷标志、名词术语、封装方法等加以统一规定，逐步实现系列化和通用化，以方便包装容器的生产，提高包装生产效率，简化包装容器的规格，节约原材料，降低成本，同时使商品易于识别和计量，有利于保证包装质量和商品安全。

（四）要适量、适度

对销售包装而言，包装容器大小应与内装商品相宜，包装费用应与内装商品相吻合。预留空间过大、包装费用占商品总价值比例过高，都有损消费者利益，导致误导消费者的"过分包装"。

（五）要绿色、环保

商品包装的绿色、环保要求要从两个方面认识：首先，材料、容器、技术本身对商品、对消费者而言应是安全的和卫生的。其次，包装的技法、材料、容器等对环境而言应是安全的和绿色的，在材料选择和制作上，应遵循可持续发展原则，节能、低耗、高功能、防污染，可以持续性回收利用，或废弃之后能安全降解。

四、商品包装的作用

在流通和消费过程中，包装在保护产品、方便产品保管、方便产品装卸搬运、方便产品运输、促进商品销售、传递信息、提高商品价值等方面起着非常重要的作用。

（一）保护产品

保护产品是包装的首要作用。在整个生产流通过程中，产品历经多个环节，在这些环节中，产品要经过多次装卸搬运，还要经受环境的考验，产品的包装对保护产品起到了重要作用。

在物流过程中，产品变化形式有物理、机械、化学、生理生化和生物学等变化。物理变化主要有挥发、溶化、凝结、串味等形式；机械变化主要有破碎、变形、开裂、划伤等；化学变化有氧化、老化、锈蚀等；生理生化变化主要是指有生命的有机体商品（如种子、果实、鲜蛋等）的发芽萌发、抽薹、胚胎发育等；生物学变化主要是指以动、植物为主要原料的商品，受有害生物和微生物的侵蚀而发生的霉变、发酵等。包装可以有效地保护商品的自然属性，使商品在物流过程中具有抵御外界环境条件变化的能力。

（二）方便产品保管

从保管的角度来看，产品的合理包装为保管工作提供了方便条件，便于维护产品原有的使用价值。同时，产品包装上的各种标志，便于仓库保管者识别，给仓库的验收、堆放、发货提供了方便，并且可以减少作业差错和货物的损失。

（三）方便产品装卸搬运

不同的包装对装卸搬运安全性的影响不同，比如包装的重量，如采用人工装卸作业，其包装重量必须限制在人的允许能力范围之内；运用机械进行装卸作业，既能增大包装的重量，又能保证安全装卸。又比如包装的外形尺寸，如采用人工装卸作业，必须适合人工搬运，必要时应考虑安装方便搬动的手扣；运用机械进行装卸作业，包装的外形尺寸可以适当增大，如当采用托盘搬运时，包装外形尺寸的选择余地就相对宽松。产品从生产厂到消费者手中要经受十余次的装卸搬运，有了适当的包装，装卸搬运作业才更加便利。

商品的合理包装还便于各种装卸搬运机械的使用，有利于提高装卸搬运作业效率。另外，包装规格尺寸的标准化也为集合包装提供了条件，能更好地提高装卸搬运效率。

（四）方便产品运输

包装的规格、尺寸、形状、重量等因素与产品运输有着密切的关系。比如，产品的包装尺寸必须与运输工具的容积相吻合，以方便运输，提高运输效率。

合适的缓冲包装可以保证物资在运输过程中不受损伤。各种不同的包装材料因材质和结构不同，其减震和耐冲击的能力也不相同。为防止运输过程中的震动、冲击造成产品的损伤，必须对其采用缓冲包装。

在进行缓冲包装设计时，需特别注意的是，当缓冲包装不足时，产品容易因意料不到的情况而产生破损；反之，当缓冲包装过度时，则会由于包装材料费上升而增加包装费用。因此，缓冲包装的合理化很重要，既要保证产品的安全运输，又要减少相应的包装费用，有效地利用包装资源。

（五）促进商品销售

商品包装的造型、图案、色彩、质量、质地等特征，直接展现在消费者面前，能够引起人们的注意，唤起人们的购买欲望，所以，包装的装潢设计在商品的销售过程中起着极其重要的作用。良好的包装可以成为产品推销的一种重要工具和有力的竞争手段，还能起到广告宣传的效果。

在对产品进行包装时，可利用包装的形体及外部印刷的文字、图案、色彩等结构造型和装潢设计来美化产品，宣传产品的性能，介绍产品的使用方法，提升产品陈列效果，使消费者通过了解包装物来了解内装产品，对所装产品质量产生信任感，从而购买产品。

（六）传递信息

为了提高作业效率，增加商品的透明度，及时跟踪流通过程中的产品，大量的信息技术被应用到包装环节。通过价格低廉的扫描设备和条码可以快速地对商品的一些信息如制造厂、商品名称、商品数量、商品规格、商品生产地、商品目的地等进行控制和跟踪，减少物流中的误差。

（七）提高商品价值

根据价值理论，商品的价值是由凝结在其中的社会必要劳动时间所决定的。包装所用的劳动是社会必要劳动的一部分，它凝结在商品中，增加了商品的价值，并在销售的时候得到补偿。同时，包装物的再利用也为商品降低了成本，增加了价值，如铁皮包装、玻璃、塑料瓶包装，纸箱、木箱包装等，都具有回收再利用的价值，为企业降低了包装费用，为消费者增加了新的价值。

五、包装材料

包装材料是指用于制造包装容器和构成产品包装的材料的总称。包装材料主要有纸和纸板、塑料、金属、玻璃，还包括竹木与野生藤类、天然纤维与化学纤维、复合材料、缓冲材料、纳米材料、阻隔材料、抗静电材料、可降解材料等，也包括包装的辅助材料，如胶黏剂、涂料等。

（一）包装材料的选用原则

1. 对等性原则

在选择包装材料时，首先应区分被包装物的品性，即把它们分为高、中、低三档。对于高档产品，如仪器、仪表等，本身价格较高，为确保安全流通，就应选用性能优良的包装材料。一些出口商品及化妆品，虽不是高档商品，但为了满足消费者的心理需求，往往也需要采用高档包装材料。对于中档产品，除考虑美观外，还要多考虑经济性，包装材料应与其价值对等。对于低档产品，则应注重实惠，着眼于降低包装材料费和包装作业费，方便开箱作业，以经济性为第一考虑原则，可选用低档包装规格和包装材料。

2. 适应性原则

包装材料是用来包装产品的，产品必须经过流通才能到达消费者手中，而各种产品的流通条件并不相同，包装材料的选用应与产品的流通条件相适应。流通条件包括气候、运输方式、流通对象与流通周期等。气候条件是指流通区域的温度、湿度、温差等，包装材料应适应流通区域的气候条件。对于气候条件恶劣的环境，包装材料的选用更需格外注意。运输方式包括人力、汽车、火车、船舶、飞机等，它们对包装材料的性能要求不尽相同，如温湿条件、震动大小条件等，因此包装材料必须适应各种运输方式的不同要求。流通对象是指包装产品的接受者，国家、地区、民族不同，对包装材料的规格、色彩、图案等均有不同要求，必须使之相适应。流通周期是指商品到达消费者手中的预定期限，有的商品保质期很短，如部分食品，有的则较长，如服装等，其包装材料都要相应满足这些要求。

3. 协调性原则

包装材料应与该包装所承担的功能相协调。产品的包装一般分为个包装、中包装和外包装，它们在流通中的作用各不相同。个包装也称小包装，它直接与商品接触，主要是保护商品的质量，多用软包装材料，如塑料薄膜、纸张、铝箔等。中包装是指由单个商品或个包装组成的一个小的整体，它需满足装潢与缓冲双重功能，主要采用纸板、加工纸等半硬性材料，并适合进行印刷和装潢等。外包装也称大包装，是集中包装于一体的容器，主要是保护商品在流通中的安全，便于装卸、运输，其包装材料首先应满足防震功能，并兼顾装潢的需要，多采用瓦楞纸板、木板、胶合板等硬性包装材料。

4. 美学性原则

包装是否符合美学，在很大程度上决定了一个产品的命运。从包装材料的选用上来说，主要是考虑材料的颜色、透明度、挺度、种类等。颜色不同，效果大不一样，当然，所用颜色还要符合销售对象的传统习惯；材料透明度高，使人一目了然，心情舒畅；材料挺度好，给人以美观大方之感，陈列效果好；材料种类不同，其美感差异极大，如用玻璃纸和蜡纸包装糖果，其效果就大不一样。

（二）包装材料的分类

包装材料的选择十分重要，因为它直接关系到包装质量和包装费用，有时也会影响到产品的运输、装卸搬运和保管。按照原材料种类的不同，可将包装材料分为以下几种。

1. 纸质材料

纸质材料主要可分为普通包装纸、专用包装纸、商标包装纸、防油包装纸、防潮包装纸等五种。普通包装纸纸质强韧，可作为一般包装使用，如牛皮纸、鸡皮纸等；专用包装纸根据用途命名，其性质也各不相同，如水果包装纸薄而柔软，感光防护纸颜色黑而不透光；商标包装纸经印刷后做包装用，如糖果包装纸；防油包装纸具有防止油质渗透的性能，如植物羊皮纸、牛油纸；防潮包装纸则具有防潮性能，如柏油纸、铝箔纸等。

纸质材料不但资源丰富、易回收，而且容易降解。纸制品腐化后，既可以回收再生纸张或做植物肥料，又可以减少空气污染，净化环境。采用生态循环评估法（Life Cycle Assessment，LCA），进行量化评估，与塑料、金属、玻璃等三大类包装材料相比，纸质材料是最有前途的绿色包装材料之一。目前，纸箱、纸袋、纸桶、纸浆模塑制品已成为现代包装工业的重要组成部分，广泛用于运输包装和食品包装。

常见的纸质包装材料如表8-2所示。

表8-2 常见的纸质包装材料

种类	性能	用途
白板纸	由多层纸或者纸板的胶合垫片结构制成，具有较高的刚度、表面强度，以及较好的印刷适应性、防潮性	折叠盒、五金类包装、洁具盒、吊牌、衬板等，由于其价格较低，在纸质包装中用途最为广泛
铜版纸	分单面和双面两种。铜版纸主要采用木、棉纤维等高级原料精制而成，纸面涂有一层由白色颜料、黏合剂及各种辅助添加剂组成的涂料，纸面洁白，平滑度高，黏着力大，防水性强	适用于印制礼品盒和出口产品的包装及吊牌。克度低的薄铜版纸适用于盒面纸、瓶贴、罐头贴等
胶版纸	含少量的棉花和木纤维。纸面洁白光滑，但白度、紧密度、光滑度均低于铜版纸	一般用于印刷画册、彩色插图、商标、封面、环衬、高档书籍和本册等
牛皮纸	强度极高，通常呈黄褐色，制作工艺通常对木材纤维原有性能保存相对完好，抗撕裂强度高、动态强度高	适用于五金电器及仪器、棉毛丝绸织品、绒线等的包装，也可制成档案袋、信封等；其凹凸质感一般适用于礼品包装

续表

种类	性能	用途
硫酸纸	质地坚实、抗油脂、抗水渗透能力强，不透气，防水、防潮、防油、防湿强度大	广泛用于手绘、喷绘、静电复印、激光打印、美工印刷、档案记录等
玻璃纸	薄，抗张性能强，透明度高，光泽度高，微透气，对油、细菌、水均有高阻隔性；抗撕裂度、抗剪度较差，抗静电性高	一般可用于药品、食品、香烟、纺织品、化妆品、精密仪器等商品的包装

 小资料

纸质包装的发展

目前，国外食品包装一般都采用纸盒、纸袋、纸筒、纸罐等各类纸质容器。特别是20世纪八九十年代，在食品、仪器仪表业中，纸质容器包装已大量替代了马口铁罐和铝罐包装。在纸质包装容器中，纸袋的使用最广泛，所占的比例也最大。现在国际上纸质包装的发展方向是强调多功能性，如具有防潮、保鲜、保温、杀菌、防腐等各种功能，以更好地保护和保存食品。纸张人均消耗量已成为国际上衡量一个国家经济发展水平和社会文明程度的重要标志。在包装材料的应用中，纸的使用量占首位。

我国纸和纸板的产量逐年增长，包装纸及纸板占全国纸及纸板总产量的50%以上。但与国际市场相比，我国纸质包装的开发和应用还显得滞后，还有待进一步在包装纸张的性能及成本、纸质包装机械及包装技术、纸质包装容器设计等方面加快研究开发的步伐，这涉及造纸、机械、包装等行业的合作发展。纸质包装容器不仅会带来许多商机，也是环境保护的必然趋势。

2. 金属材料

金属包装是指用金属薄板针对不同用途制作的各种不同形式的薄壁包装容器，是现代包装业的重要组成部分。

 小资料

我国金属包装发展现状

改革开放以来，我国金属包装行业不断发展，已形成集铁制罐、铝制罐、钢桶、瓶盖、瓶塞、气雾罐等于一体的全面金属包装系统，成为包装行业的重要门类。金属包装制品种类丰富，覆盖多个应用领域，有着其他包装所不可取代的优势，例如牢固性、密封性、金属纹饰等。

与欧洲各国、美国等相比，我国金属包装行业仍然具有广阔的发展空间。例如，从易拉罐这个具体产品来看，我国年人均消费约24罐，与美国460罐相比，我国金属罐消

费和使用仍然具有极大的潜力。

金属包装材料具有优良的综合性能，且资源丰富、回收处理方便、污染极少，因此一直保持着强大的生命力。最重要的是它区别于其他包装材料，能够保证被包装物的相对安全与长久质量。金属材料能保证被包装物质量的根本原因是其较强的稳定性，而稳定性对物流中商品的储存有着十分重要的影响。同时，金属材料具有较高的强度和一定的刚度，方便叠置，能提升物品的柜台展示效果；在物流过程中金属包装也不易损坏，因此一般不再需要额外的外层包装对其进行二次加固。金属材料还有一个特点是使用性能优良，金属包装的开启失败率仅有百万分之一，与其他材料包装的开启成功率相比较，具有十分明显的优势。而且，金属包装的使用效率也非常高，金属罐饮料的灌装速度可以达到其他包装材料的数倍，大大提高了灌装的效率。

金属的水蒸气透过率很低，完全不透光，能有效地避免紫外线的损害。其阻气性、防潮性、遮光性和保香性大大超过了塑料、纸等其他类型的包装材料。因此，金属包装能长时间保持商品的质量，这对于食品包装尤为重要。而且在这样一个快节奏的时代，金属包装给人们提供了更大的便利。金属容器因为不易破损和便于携带的特点，在生活中受到广泛的欢迎，例如现在的饮料和食品用罐与易开盖进行组合，使用十分方便。在日常生活中，消费者们不仅追求方便快捷，而且更加重视产品的安全性，金属包装行业能够在激烈的包装市场竞争中占据一席之地的主要原因就是它抓住了消费者的这种心理和需求，并且针对这种心理和需求进行发展与创新，从而受到广大消费者的欢迎。

3. 塑料材料

塑料是以合成的或天然的高分子化合物如合成树脂、天然树脂等为主要成分，并配以一定的助剂如填料、增塑剂、稳定剂、着色剂等，经加工可塑成型，并在常温下保持其形状不变的材料。

塑料材料的优点是物理机械性能好，阻隔性好，优良的抗化学药品性，良好的加工适应性。缺点是强度不如钢铁，耐热度不及金属和玻璃，部分塑料含有毒单体，易带静电，废弃物处理困难。

4. 玻璃材料

玻璃是一种比较古老的包装材料，它具有化学性能稳定、耐酸、无毒、无味、生产成本较低等优点，可制成各种形状，可以是透明、半透明和不透明的，多用作膏体、液体等产品的容器。如大口瓶多用于盛装果酱类商品，小口瓶多用于盛装高级饮料、酒类以及医药类的各种针剂、片剂、药类等。但玻璃包装具有分量重、易碎等缺点。

5. 自然材料

自然材料主要包括各种贝壳，竹、木、柳、草编制品以及棉麻织品等，可用于土特产品和礼品包装。该类型材料通常保留各种动植物纤维的生物特性，因此作为填充物普遍具有良好的吸湿与避震效果，并赋予了产品一种亲切感、温馨感。

6. 复合材料

复合材料是通过特殊的加工工艺，把具有不同特性的材料的优点结合在一起，使之成为一种完美的包装材料。它具有优良的保护性能，又具有良好的印刷与设计性能。复合材料的种类很多，如玻璃与塑料复合，塑料与塑料复合，铝箔与塑料复合，铝箔、塑料与玻璃纸复合，不同纸张与塑料复合等。

 **小资料**

顺丰：用包装打开绿色物流的大门

在电子商务高速发展、物流体系发生革命性变化的今天，包裹数量呈爆发性增长，为了避免运输过程中的装卸造成物品损毁，电商快递包裹常常采用过度包装的措施来保证货物安全。而随着上游包材供应商开出的价格不断升高，高成本给物流公司带来了极大的运营压力，外加泡沫箱基本都不能循环使用，导致了海量快递包裹垃圾的产生，不仅造成严重的浪费，也带来了大量的污染。

在快递包装中，"大材小用"、过度包装现象最为严重，回收率也极低，给环境造成了很大危害，行业内的专家和相关部门负责人，纷纷大力呼吁企业采用绿色包装，减少不可循环的包装材料的使用。

顺丰 SPS、丰 BOX 的可持续之路

SPS（可持续包装解决方案）是顺丰于 2013 年组建包装研发团队之后的一次里程碑式的升级。在智慧物流的大趋势下，绿色包装的研发和应用业已成为电商、物流关注的焦点。全新升级后的 SPS 中心也将逐步提高其产品和技术的曝光率。此前顺丰的包装解决方案仅仅是把产品放到箱子里面这种单体包装，而不包括全流程中对所有环节的控制。为此，顺丰试图建立产业标准，制定真正符合行业需要的参考性或强制性标准，及时覆盖新兴产品；发挥技术型人才与研究机构的积极性，推动包装标准化；搭建包装信息服务平台，方便员工及时查询包装方案，解答用户现场咨询等。经过长期的积累，以及与用户的沟通，顺丰重磅推出了丰 BOX，彻底刮起了绿色物流的风暴。

丰 BOX 有效解决了成本高、破损多、操作效率低、资源浪费等问题，不仅推出了用拉链代替封箱胶纸、易拆封、可折叠、防盗、内绑定等产品结构创新，还增加了防静电、防水、阻燃、隔热保温等特殊性能；同时，丰 BOX 更拥有多达数十次乃至上百次的使用寿命，能最大化地从实际意义上践行绿色可循环的环保理念。

对于 B 端客户而言，最关心的就是如何省下包装费用，C 端客户则更加关心盗损率。从首批投入试点的反馈结果上看，丰 BOX 至今依然保持着"零"破损的使用记录。根据相关数据的分析预测，1 000 万个丰 BOX 将可替代 5 亿个纸箱、14 亿米胶带以及 225 万立方米内填充物的投入使用。

值得关注的是，顺丰 SPS 中心研发总工程师对未来的包装理念进行了一次升华。整个包装领域，所有的生产环节都会经历一个完整的生命周期，涉及的每一环节，都会存在一个生产服务商，它们也发挥着自己的作用，使包装生命变得更加可持续。

在顺丰看来，绿色包装应该满足轻量化、减量化、循环化、标准化等要求，并且还要在不影响质量的前提下，尽量节约成本，并能通过大数据运算、创新、科技的应用，实现包装与物流运输全链条的适配，减少全程运输过程中的包装材料消耗，实现绿色包装，为客户创造价值，为环境保护尽一份力量。

虽然社会各界人士都在呼吁和推进"绿色包装"，可仍然有不少电商企业和物流公司无从下手，或者改进不大。究其原因，无外乎标准不统一、技术不成熟、上下游无协助。很多时候，包装的问题其实关系到商品的采购、运输、仓储、分拣、加工、配送等各环节，产品包装在拆箱、分拣过程中常常会出现大量重复包装、过度包装、包装规格杂乱无章等问题。要想解决这些问题，建立标准是最基础的，所以必须出台国家强制标准，使全行业都用上绿色包装；政府、企业合力加大推广力度，逐步建立生产者、经营者和消费者对绿色物流的认同和支持；改变包装标准不统一的局面，真正让完全可降解材料成为绿色包装的统一标准。

▶ 任务二　电子商务业态下的包装技术应用与发展

◎ 案例导入

电子商务物流中的过度包装问题

电子商务的快速发展，使我国快递行业呈现爆发式增长。据数据统计，2017年中国快递业务量突破400亿件。2018年快递业务量突破500亿件，同比增长26.6%。2019年快递业务量突破600亿件，2021年突破千亿件，2023年突破1 300亿件。

随着信息技术的发展，网络得到了普及，使得电子商务、网络购物、电视购物等购销模式得到了快速发展。近几年来，我国互联网产业保持增长态势，网民数量逐渐增加；与此同时，随着移动互联网技术的发展成熟，手机网民数量也大幅提升。庞大的用户基础为电子商务等网络消费的高速发展提供了强大的动力。近年来多项电子商务支持政策出台，使电商物流、在线支付等配套产业得到快速发展；淘宝、京东、苏宁易购、美团、饿了么等一大批电商平台逐渐得到普及。电子商务模式能够为用户提供不受时间和空间限制的快速消费体验。越来越多的实体企业加入电子商务行业，"线上＋线下"的新零售模式不断推广，规模日益扩大，运营日渐规范。

但与此同时，我国快递过度包装现象非常严重，随之而来的是大量的包装废弃物。快递包装废弃物占据了我国固体废弃物的50%，每年废弃价值达4 000亿元。根据测算，目前快递业日均产生的废弃包装已达千万件，每年的包装胶带连起来能够绕地球400多圈，快递包装盒的回收利用率还不到10%，这也就意味着绝大多数的快递包装材料都被当作垃圾来处理；而且很多快递包装使用的塑料袋和包装上的胶带都是不可降解材料，只能通过回收或者焚烧处理，我国基本上都是通过焚烧来处理的，这不仅给材料处理增加了成本，也给环境带来了污染。

问题与思考：

1. 电商物流包装在当前遇到了哪些问题？

2. 电商物流包装在未来可能会出现何种发展趋势？

学习任务单 8-2

学习情景	在为产品选择了包装材料之后，小东和同学在消费者对网购商品的关注点上起了争执。小东认为，网购商品包装设计的诉求应该集中体现在保护性功能和便利性功能这两点上；而同学则认为，在进行包装设计时还要考虑回收处理、环保等问题。双方各执己见展开了辩论
任务描述	任务1： 学生分小组，讨论当前电商产业下包装需求的痛点。 任务2： 结合任务1，讨论未来包装产业的发展趋势。 以上任务建议2学时完成
课程思政	随着大数据时代的推进、人民幸福指数的提高以及人们购物途径向新零售的转变，电子商务取得了跨越式的进步，推进了电商物流行业的快速发展。但是，现在我国的电商物流包装还存在很多的矛盾和问题，要解决这些矛盾和问题并不断完善，需要政府、行业、行业协会、电商平台、商家、消费者等市场参与者的相互合作
任务拓展	请同学们依据自身日常生活经验，总结各类商品包装在回收与再加工时面临的痛点

学习任务考核单 8-2

小组：

组长： 组员：				
序号	任务	分值	总结与归纳	成绩
1	缓冲包装技术	25分		
2	防潮包装技术	25分		
3	无菌包装技术	25分		
4	智能包装技术	25分		
合　计				

＊请学生填写完学习任务考核单后上交。

⊚ 知识链接

一、电商包装的发展需求

（一）传统包装与电商包装的区别

1. 材料区别

传统包装产品运输多为大批次运输，消费者最后买到的只是产品和产品外包装，运输包装便于大量回收和利用；而电商包装的运输较为零散，消费者最后收到的一般包括快递包装、快递填充物、产品包装、产品。电商包装相对于传统包装在包装材料上有更高的要求。首先，电商包装多为个体小包装，较分散、占用空间较大，所以电商包装材料应该比传统包装材料更轻；其次，电商包装材料要比传统包装材料种类更多、硬度更高，这样才能保证产品在运输过程中不受损害；再次，电商消费者比较分散，快递包装和产品包装回收难度大，所以电商包装材料应该更环保、更有利于二次回收。

2. 功能区别

传统包装和电商包装最基本的功能都是保护产品在运输中的安全，减少产品在运输中受到的损害。但是传统包装和电商包装的部分功能侧重点不同。传统包装产品一般都是大批次成箱运输，销售模式为陈列式销售，运输成本较低，但对视觉传达要求较高。而电商销售渠道为线上，视觉宣传以网页为主，所以更注重产品包装的安全性和运输便捷性。

3. 外观区别

在传统包装中，产品包装相当于"无声的推销员"，所以包装造型和色彩较为夸张和亮丽，以此来吸引消费者购买。而电商产品因为考虑运输成本问题，大多采用造型简单、质地坚固的包装材料进行包装。

（二）电商模式下的包装需求痛点

1. 用户体验不佳

目前电商快递包装大都采用瓦楞纸装箱、胶带封箱，在快递箱内加入填充物或进行二次包裹式包装，视觉效果较差，开封也比较困难，消费者体验不佳。

2. 个人信息易泄露

消费者的购买信息直接呈现在快递包装表面，这样不光视觉效果不佳，还很容易泄露消费者的个人信息，给消费者带来困扰。

3. 快递包装识别性较低

目前快递包装形式主要有三种：瓦楞纸纸箱包装、泡沫箱包装、塑料袋包装。其中用得最多的为瓦楞纸纸箱包装，一般用于包装零食、日用品、衣服、化妆品等。其次是塑料袋包装，一般用于包装衣服等耐摔、耐压物品。最后是泡沫箱包装，主要用于生鲜、食品等的包装，它容量较大，保鲜性较好。但是，这三种包装形式大都雷同，没有鲜明的识别性。

4. 电商包装回收困难

与传统包装相比，电商包装的用户更为零散。然而目前除了在菜鸟驿站设立回收点外，其他地方很难找到回收点，普通消费者收到快递后一般直接将快递外包装与填充物一起丢弃，很少拿去快递包装回收点，重复利用率低，造成了资源浪费。同时，快递的塑料包装和泡沫填充物很难降解，不进行分类很容易造成环境污染。

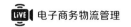

二、电商物流包装技术

目前电商物流包装技术呈现多样化态势，主要包括物理防护技术、化学防护技术等传统包装技术，以及智能包装技术等新型包装技术。

（一）物化防护技术

物化防护技术是物理防护技术与化学防护技术的总称。物化防护技术可分为缓冲包装技术、防潮包装技术、无菌包装技术等。

1. 缓冲包装技术

缓冲包装的作用主要是克服冲击和震动对包装物品的影响。克服冲击所采用的方法通常称为缓冲，所用材料称为缓冲材料；克服震动而采用的方法通常称为防震、隔震，所用材料称为防震材料。缓冲包装材料必须具有以下特定的性能：

（1）能吸收冲击能量。缓冲包装材料对冲击能量的吸收性，是指当包装物品在运输、装卸过程中受到冲击时，包装材料能把外来的冲击力消减到不使物品受到破坏的性质。

（2）能吸收振动外力。在运输过程中，当汽车或其他运输工具的振动频率与被包装物的固有频率接近时，就会发生共振。共振会使物品受到损坏，所以缓冲包装材料必须具有消减共振的性能，不会因为共振而使振幅增大。

（3）具有较好的复原性。当受到外力作用时产生形变，当外力取消时能恢复其原形，这种能恢复原来形状的能力称为复原性。缓冲包装材料应有较高的回弹能力（复原性）和较低的弹性模量。

（4）具有温度、湿度的稳定性。一般材料都会受到温度、湿度的影响。缓冲包装材料应在一定的温度、湿度范围内保持其特性。在一定的温度、湿度范围内，其对冲击和震动的吸收性、复原性等缓冲性能，随环境温度、湿度的变化越小越好。特别是对于热塑性防震材料，温度、湿度的稳定性尤为重要。

（5）吸湿性小。吸湿性大的缓冲包装材料有两个危害：一是降低缓冲和防震性能；二是引起被包装的金属制品生锈和非金属制品变形变质。

（6）酸碱性要适中。缓冲包装材料的水溶出物的 pH 值应为 6～8。与被包装物品直接接触时，pH 值最好为 7，否则在潮湿条件下易使被包装物腐蚀。

此外，缓冲包装材料还必须有较好的抗挠性和抗张力，以及必要的耐破损性、化学稳定性和作业适应性。

若使一种材料同时具备上述所有性能，是难以做到的，因此可以根据产品的具体情况选择具备其中某些特性的材料，使之满足缓冲包装的要求，也可以灵活利用各种材料的特点搭配使用。除材料本身的影响外，材料间的搭配以及结构的设计，也会影响部分缓冲包装的保护效果。

2. 防潮包装技术

防潮包装技术主要有两类：一类是采用高阻隔性包装材料以防止内容物失去水分；另一类是在包装内加入吸湿性材料以防止内容物中的水分增加。以下两点可以作为检测一种包装技术防潮效果的重要依据：

（1）空气的相对湿度。在一定温度下，湿空气所含的水蒸气量有一个最大限度，超过这个限度，多余的水气就会从湿空气中凝结出来。含有最大限度水蒸气量的湿空气称为饱和空气。饱和空气所具有的水蒸气分压力和含湿量，称为该温度下湿空气饱和水蒸气分压力和饱和含湿量。

（2）物品的吸湿性。物品的吸湿性是指物品在一定条件下，从空气中吸收或放出水分的能力。吸湿性强的物品在潮湿的空气中不断吸收水分而增加含水量，而在干燥空气中则会不断放出水分而减少含水量。物品吸湿是物品与空气中水蒸气之间相互作用的结果。

另外，某些物品的组成成分中含有亲水性基团，易于吸湿。从物品的组织结构来看，凡是疏松多孔或具有粉末结构的物品，其表面积一般都较大，与空气中水蒸气的接触面积也大，吸湿速度就快。为了使防潮包装具有良好的效果，必须对被包装物品的吸湿特性进行充分的了解，以明确防潮要求。

3. 无菌包装技术

随着生活水平的日益提高，人们对食品包装提出了更高要求，这也促进了电商物流无菌包装技术的发展。而物品发生霉变，首先是因为该物品染上了霉腐微生物，这是物品霉腐的必要条件之一；其次是因为该物品中还有霉腐微生物生长繁殖所需的营养物质，这些营养物质能为霉腐微生物提供所需的培养基（包括碳源、氮源、水、无机盐、能量等）；最后是因为有适合霉腐微生物生长繁殖的环境条件，如温度、湿度、空气等，这是物品发生霉变的外界因素。

要实现无菌包装，就要从霉腐微生物生长的必要环境和条件入手，具体如下：

（1）环境湿度和物品的含水量。水分是霉腐微生物生长繁殖的关键。霉腐微生物是通过一系列的生物化学反应来完成其物质代谢的，这一过程必须有水的参与。当物品含水量超过其安全水分含量时就容易霉腐，相对湿度越大，则越容易霉腐。一般来说，防止物品霉腐要求物品安全水分含量控制在12％之内，环境相对湿度控制在75％以下。

（2）温度。温度可以影响霉腐微生物体内酶的活性，对微生物的生长繁殖起着重要作用。霉腐微生物种类不同，对温度的要求也不同，应根据各类霉腐微生物的生长特性进行温度的调整。

（3）空气。在霉腐微生物的分解代谢（或者呼吸作用）过程中，微生物需要利用分子状态的氧或体内的氧来分解有机物，并使之变成二氧化碳、水和能量。因此，霉菌的生长繁殖还需要有足够的氧气。

（4）化学因素。化学物质对微生物有三种作用：一是作为营养物质；二是抑制代谢活动；三是破坏菌体结构或破坏其代谢机制。不同的化学物质对菌体的影响不同，这些化学物质主要有酸类、碱类、盐类化合物以及氧化物、有机化合物和糖类化合物等。

（5）其他因素。除了上述几种主要的影响因素外，物品在储存、流通的过程中，还会受到紫外线、辐射、微波以及压力等其他因素的作用，这些都会影响霉腐微生物的生命活动，导致物品的霉变和腐败。

（二）智能包装技术

1. 智能包装的概念

所谓"智能包装"，一般认为是具有智能功能的包装技术。一般的智能功能是指识别、检测、记录、追踪、连接互联网。智能包装的应用能延长商品的货架期，增强商品的安全性，提高商品的质量，为消费者提供商品从原材料采购到生产、包装、运输及储存等环节的信息，还能对消费者在购买和使用商品时可能出现的问题做出警告，从而更好地指导消费者。智能包装系统通常包括安装在包装件外部和内部的指示器。外部的指示器能检测商品的外部储存环境，如温度、湿度等。内部的指示器能指示商品的质量现状。这些指示器通常和 RFID 标签配合使用，RFID 标签能够记录商品在整个供应链中的信息。

智能包装根据材料、功能属性的不同，可分为活性智能包装、数字型智能包装、功能结构型智能包装三大类。完整的智能包装解决方案贯穿了产品包装的整个生命周期，如智能材料的选择使用、智能实现的制作技术、智能感知的系统开发、数据交互的系统建设、后台数据的系统管理等，几乎可以实现商品"生产制造—物流运输—品牌零售—消费者"流通全程的数据化管理和可视化监控。智能包装技术不仅可以解决商品包装在线上展示、线下体验、物流运输过程中遇到的问题，还可以利用新材料、新技术在包装上的集成应用，对新零售场景中的"人-货-场"进行重构，使包装具备自诊断、自感识、自适应、自修复等智能性能，保障商品质量和安全，满足企业对包装产品监控、管理、信息采集等功能的需要，实现人与包装、科技与包装的相互连接。

 小资料

智能包装的发展历史

20 世纪 50 年代，智能材料与智能结构的概念被提出。智能材料是集感知、驱动和信息处理于一体的体系，具有自诊断、自感识、自适应、自修复等智能性能。而智能结构是以智能材料作为传感元件和动作元件，并具有感知外界刺激强度的功能，可以对外界环境条件做出响应或驱动的具有智能属性的一类结构。随着智能材料和智能结构的发展，其应用范围拓展到了包装领域而产生了智能包装的概念。1992 年在伦敦的"智能包装"会议上，智能包装被定义为：在一个包装、一个产品或产品-包装的组合中，有一种集成化元件或一项固有特性，通过此类元件或特性把符合特定要求的职能成分赋予产品包装的功能，或体现于产品本身的使用中。

在 2015 年举办的"云栖大会"上，"新零售"（New Retailing）的概念首次被提出，会议指出"电子商务"的概念会逐渐消失，将开始进入"新零售"时代。所谓"新零售"，就是应用先进的互联网思维和前端技术，对传统零售方式加以改良和创新，即零售商依托互联网，以消费者体验为中心，通过行业大数据来驱动的泛零售形态，在更精细的场景粒度中，对线上服务、线下体验以及现代物流进行深度融合，重新进行产品包装创新并构建销售场景。国务院办公厅在 2016 年 11 月 11 日发布了《关于推动实体零售创新转型的意见》（国办发〔2016〕78 号），其中明确提出了促进我国实体零售创新转型升

级的指导意见和基本原则，着重强调了拓展智能化、促进跨界融合、网络化全渠道布局的指导方针。工信部和商务部在《关于加快我国包装产业转型发展的指导意见》中也明确提出，注重包装设计与信息技术的结合，积极应用环境感应新材料，实现包装微环境的智能调控，满足包装产业全产业链、全生命周期、全溯源链的计量测试需求。这些政策的推出，将"新零售"与智能包装紧密融合在一起（如图 8-1 所示），为智能新业态商业环境下的包装设计提供了更多可能性。

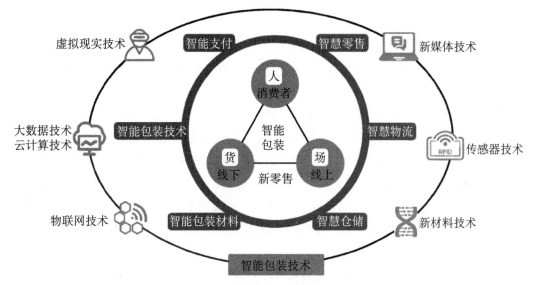

图 8-1　智能包装技术与新零售模式的整合图谱

2. 智能包装的发展阶段

随着互联网技术的发展，传统的购物方式、购物体验已经无法满足网络时代消费场景的需要，与传统包装的呈现方式相比，线上包装不再以凸显包装设计的视觉艺术为核心，而是将包装功能与展示信息无限延伸，转变成集线上非物质产品信息展示、销售、保护、运输等多功能于一体的独立包装体系，形成了真正的平台式包装。以淘宝、京东、亚马逊等知名电商平台为例，如今平台包装的内容展示方式正在由详情页展示、视频展示过渡到以 AR/VR/MR 技术为主的综合性展示，线上平台的包装设计更加追求包装的展示场景、产品互动与技术体验。自网络购物兴起以来，平台式包装的发展经过了雏形期、成长期、成熟期三个主要阶段，随着技术的革新，其展示特点逐步完成了"静态—动态—交互"的转变（如表 8-3 所示）。在未来，线上平台的包装设计会更加注重虚拟空间的搭建以及综合性智能技术的跨界应用，使消费者可以多维度了解商品，为消费者的线上购物带来更加接近真实的购物体验。

表 8-3　线上平台包装的发展阶段及特点

发展阶段	包装内容	展示特点
雏形期 （2000—2011 年）	商品详情页；图片与文字（产品优点、产品细节、品牌展示、售后服务等）	静态

续表

发展阶段	包装内容	展示特点
成长期 （2012—2016 年）	详情页＋视频；短视频（产品视频、品牌视频、情景视频）、产品直播视频	动态
成熟期 （2017 年—）	详情页＋视频＋AR/VR/MR；计算机视觉技术；AI 识别技术	交互

3. 智能包装的优点

与传统包装比较，智能包装有以下优点：能够提高物流的处理效率，减少物流费用；能够有效地保护内容物和包装的质量，减少损坏；对于包装件的重新利用和循环使用有积极的意义。

一个成功的智能包装标签应具备以下特点：安全、有效、方便使用、易识别、价格合理。将智能包装和其他科学原理相结合，可以追踪产品和检测产品周围的环境，方便实时数据的获取和交换，使人们能够迅速反应并及时做出决定。在产品的加工过程和供应链环节中，对产品进行定位、跟踪、记录，是加强食品安全和生物安全的重要手段，智能包装能够和现有的追踪系统结合，形成更有效的流通环节。条码和 RFID 标签能实现电子记录和信息共享，还可以与能够快速测试质量属性和检测食品安全的装置连接。

智能包装的应用保障了商品的质量和安全，方便消费者选择安全满意的商品。同时，智能包装特有的"交流"功能，不但改善了商品与消费者之间的关系，而且有利于企业对商品的监管和改进。但是，目前消费者对智能包装的认识不足和智能包装装置相对商品本身的价值较高等因素，阻碍了智能包装的开发和应用，这些将是智能包装未来发展必须攻克的难题。

练习题

1. 简答题

（1）商品包装有哪些作用？

（2）商品包装的基本要求有哪些？

（3）简述包装材料的选用原则。

（4）智能包装有哪些优点？

2. 实训练习

请学生以小组为单位完成以下实训任务。

【任务内容】

一名学生在某快递中心实习，需要对一批快递邮寄物品进行打包发货，包括火腿肠、面包、薯片、瓜子、生鸡蛋、葡萄、矿泉水。

【实践活动安排】

活动	为不同的货品进行不同的缓冲包装设计
活动目标	掌握缓冲包装材料的使用特点以及打包方式
活动内容	对上述邮寄物品进行分类，选择合适的缓冲包装材料进行包装作业并记录
活动考核	1. 每个小组上交一份作业记录 2. 考核每个小组对包装内容物特性、包装材料特性的理解程度，以及包装过程是否规范，分 A、B、C、D 4 个等级评定

商品仓储与维护

问题引入

小东与同学经过前期对相关知识的学习，已经能够独立设计出直接投放到市场上的商品了，但是在之后的运营过程中，货品出现了仓库中放置混乱、经常发错货品等问题，甚至有部分商品到了消费者手中，出现了货损货差的情况。于是小东找到老师，想了解仓储物流工作的流程及商品在仓储环节中的养护措施，以便更好、更快地为顾客服务。

项目导读

本项目包括电子商务仓储作业、仓储商品的维护两个任务，通过案例导入、知识链接等形式，帮助学生由浅入深地理解并掌握商品仓储与维护的相关内容。

学习目标

知识目标
- 掌握仓储管理的流程
- 掌握调节温湿度的商品养护措施
- 了解防虫害的商品养护措施
- 了解防锈蚀的商品养护措施
- 了解防老化的商品养护措施

能力目标
- 能够正确进行商品的保管和养护
- 能够根据商品的特性对商品进行储存

素养目标
- 培养用马克思主义立场解决问题的意识和能力
- 培养认真负责的工作态度和精益求精的工匠精神

▶ 任务一　　电子商务仓储作业

◎ 案例导入

京东物流仓储小哥：为了大家的包裹，五一期间连续工作五天才放心

五一长假 5 天，京东物流新通路上海仓的仓储小组负责人侍海洋，准备每天都上班。这名 27 岁的小伙子，责任心很强："最近平台上有促销活动，每天仓库的货物进出量是平时的一倍，不上班哪能放得下心？"

侍海洋所在的新通路仓，一直担负着向全国中小门店提供优质货源的责任，货量大、种类多、订单更新快。他告诉记者，从疫情期间开始，社区便利店成为人们购买米面粮油等生活物资的主要渠道。他所在的仓库作为华东区域京东便利店的"后方大本营"，相当于一个超级大超市。最近的促销活动又让仓库进入新一波忙碌季，仓库管理高效与否，决定了整条供应链的效率高低，"如果我们掉链子，前方可能就要断粮了。"

侍海洋主要负责仓库前端工作，也就是物资入库环节。这个环节是个细心活，也是个"良心活"，耍心眼偷懒也能干，但会给后续的一系列环节埋下"雷"，直接影响出库效率。他不敢有半点怠慢，一单一单仔细核对、一票一票认真查验，确保物资准确归入规定位置，给后续工作打下良好基础。

春节前夕，侍海洋把父母从老家江苏宿迁接到苏州过年，第二天就接到了京东物流的疫情紧急动员通知。当时，疫情暴发速度超出所有人的预料：上海仓单量居高不下，多个仓的订单转移过来，他们面临的任务非常艰巨。为了按时按质按量地保证所有订单都能出库，侍海洋干脆带着洗漱用品和铺盖卷儿搬到了仓库，打了个地铺就一直睡在库房。

"睡仓库"的经历，让这名"90后"仓储人迅速成长起来。侍海洋说，他睡的一号仓，面积 1.2 万平方米，白天热闹非凡，到了晚上却分外冷清。他觉得，面对着空旷安静的仓库，看着满仓的货物，他更清醒地认识到了什么是责任——"责任不是说大话，不是干什么大事，而是把自己的本职工作做好"。

侍海洋每天还要与四五十家供应商直接接触，而每一家供应商都来自不同地方，有时还会遇见咳嗽或感冒的人。他既要保护好自己，也要保护好货物，每天都要求自己和同事严格做好防护，早、中、晚三次测量体温，不戴口罩绝不上岗。为了让仓库和货物保持洁净，他主动承担起库房消毒和疫情安检工作，每天三次，在上万平方米的仓库内喷洒消毒水。在他眼里，仓库就是阵地，自己有多少力气使多少力气，每天多干点，整个仓库的运转就能更快一点。

这个五一假期，侍海洋依然忙碌得不亦乐乎。他唯一觉得愧疚的，是他的家人。他决定等促销季过去、仓库的货物出入量稳定以后，再错峰休个假，带着家人游一游上海景点。

资料来源：栾吟之．京东物流仓储小哥：为了大家的包裹，五一期间连续工作五天才放心．（2020－05－03）［2023－12－01］．https：//m.gmw.cn/baijia/2020－05/03/1301198518.html.

问题与思考：

1．什么是仓储管理？仓储管理的任务都有哪些？

2．进行仓储管理的过程中应该注意哪些问题？

学习任务单 9－1

学习情景	商品的包装问题解决后，小东和同学已经准备好让自己的商品以更受消费者青睐的姿态投入市场了。小东和同学经过讨论，认为自己作为供应商，要使自己的商品能够到达货柜直至送到消费者的手中，仓储环节尤为重要。对此他们展开了研究与学习
任务描述	任务1： 了解什么是仓储以及电子商务仓储物流的模式有哪些。 任务2： 了解仓储管理的流程。 以上任务建议2学时完成
课程思政	从事仓储作业，要具备高度的责任心，对自己的工作负责，时刻注意仓库物资的安全。而且，由于仓储工作流程处于物流过程的中间环节，仓储作业需要与各部门进行协调，因此良好的沟通能力是至关重要的。在与供应商沟通时，要清楚地说明仓库的收货要求和标准，这既是对客户负责，也是对公司负责

学习任务考核单 9－1

小组：

组长：

组员：

序号	任务	分值	总结与归纳	成绩
1	仓储的概念	20分		
2	电子商务仓储物流的模式	30分		
3	仓储管理	50分		
合　计				

＊请学生填写完学习任务考核单后上交。

◎ 知识链接

一、电子商务仓储物流概述

电子商务仓储物流是网络经济和现代物流一体化的产物，它既要实现传统的仓储功能，又要满足电子商务发展的需要。仓储物流是指利用库房或场地，储存、保管、装卸搬运和配送货物的物流模式。

（一）仓储的概念

"仓"也称为仓库，是存放、保管、储存商品的建筑物和场所的总称，具有存放、保护、管理、储藏商品的功能；"储"表示将商品储存以备用，具有收存、保护、管理、储藏商品以备交付使用的功能，也称为储存。从概念上来说，仓储是利用仓库存放、存储商品的行为。仓库是相对静态的，而仓储是动态的，两者有着重要的区别，但本项目中统一称为"仓储"。当商品不能及时并完全销售时，企业就需要有一个专门的存放点，这个存放点就是静态的仓储行为，而对商品的保管和控制及所采用的方法则是动态的仓储行为。

（二）电子商务仓储物流的模式

1. 企业自建仓储物流

企业自建仓储物流模式是指电子商务企业为了满足自身对于物流业务的需求，自己建设仓储系统，包括企业自己投资购置仓储设备、配置必要的仓储人员、开展自主管理和经营，等等。

2. 第三方仓储物流模式

第三方仓储物流模式是20世纪中后期在欧美发达国家兴起的一种物流模式，主要是指由物流劳务的供应方、需求方之外的第三方去完成物流仓储服务的专业化的物流模式。在实践中，第三方仓储物流的专业化能够很好地消除企业在物流配送方面的各种顾虑，使企业能够更加关注商品本身，这能够很好地降低企业的物流仓储和配送成本。

3. 仓储物流联盟模式

物流企业之间的仓储联盟可以很好地解决单个物流企业网络覆盖有限的问题，能够增强仓储物流企业之间的信息交流，有效地实现物流信息的共享。

二、仓储规划以及布局

（一）仓储布局设计

理想的仓库是一个单层建筑设计，这样就能避免垂直搬运货物。物流作业的瓶颈通常在垂直搬运设施处，如电梯和传送带等。合理的仓库设计可以使空间使用率最大化，传统行业中的仓库设计高度一般可以达到20～30m。如图9-1所示。

（二）货物流动的基本形式

如图9-2所示，货物应按照一个持续向前的过程移动，即货物公共收货区→储存区→订单分拣区→包装或打包区→待发区（交接区），上方是货物进口，下方是货物出口。这是货物流动的基本形式，即持续向前的方式。

三、仓储管理

（一）仓储管理的内容

仓储管理活动主要是在商品流通过程中货物储存环节的经营管理，其管理内容有技术的，也有经济的，主要包括以下几个方面。

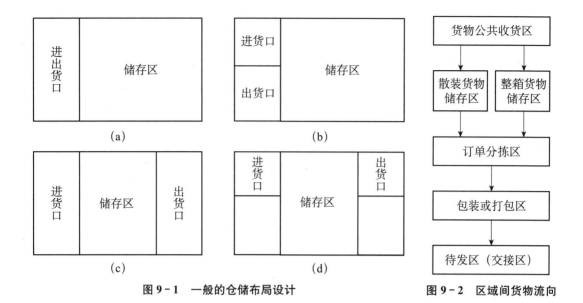

图 9-1　一般的仓储布局设计　　　　图 9-2　区域间货物流向

1. 仓库选址与布点

仓库选址与布点包括仓库选址应遵循的基本原则、仓库选址时应考虑的基本因素以及仓库选址的技术方法；多点布置时还要考虑网络中仓库的数量与规模大小、相对位置和服务的客户等问题。

2. 仓库规模的确定和内部合理布局

仓库规模的确定和内部合理布局包括仓库库区面积及建筑物面积的确定、库内道路和作业区的平面与竖向布置、库房内部各作业区域的划分以及作业通道布置的方式。

3. 仓储设施和设备的选择与配备

仓储设施和设备的选择与配备包括如何根据仓库作业的特点和储存商品的种类与理化特性，合理地选择和配备仓库设施、作业机械以及如何对其进行合理的使用和管理。

4. 仓储资源的获得

仓储资源的获得即企业通过什么方式来获得仓储资源。通常，一个企业获得资源的方式包括使用自有资金、使用银行借贷资金、发行企业债券、向企业内部职工或社会公众募股等。归结起来主要有两种途径：一是企业内部资金；二是企业外部资金。不同的资源获得方式其成本不同。

5. 仓储作业管理

仓储作业活动作业范围和功能不同，其复杂程度也不尽相同。仓储作业管理是仓储管理的重要内容，它涉及仓储作业组织的结构与岗位分工、作业流程的设计、仓储作业中的技术方法和作业手段，还包括仓储活动中的信息处理等。

6. 库存控制

库存是仓储的最基本功能，企业为了能及时满足客户的需求，必须经常保持一定数量的商品库存，存货不足会造成供应断档，存货过多会造成商品积压，仓储成本上升。库存控制是仓储管理中最为复杂的内容，是仓储管理从传统的存货管理向高级的存货系统动态控制发展的重要标志。

7. 仓储经营管理

从管理学的角度来看，经营管理更加注重企业与外部环境的和谐，仓储经营管理是指企业运用先进的管理方式和科学的管理方法，对企业的经营活动进行计划、组织、指挥、协调和控制，其目的是获得最大的经营效果。

8. 仓储人力资源管理

人在社会生活中是最具有主观能动性的，任何一个企业的发展和壮大都离不开人的参与，仓储企业也不例外。仓储人力资源管理主要涉及人才的选拔和合理使用、人才的培养和激励、分配制度的确立等。

此外，仓储管理还包括仓储安全管理、信息技术的应用、仓储成本管理和仓储经营效果评价等方面的内容。

（二）仓储管理的任务

（1）利用市场经济手段获得最合理的仓储资源配置。

（2）以高效率为原则组织管理机构。

（3）以不断满足社会需要为原则开展商务活动。

（4）以高效率、低成本为原则组织仓储生产。

（5）以优质服务、讲信用为原则建立企业形象。

（6）通过制度化、科学化的先进手段不断提高管理水平。

（7）从技术到精神领域提高员工素质。

（三）仓储管理的流程

仓储管理的各步骤之间环环相扣、层层递进，每一步都需要细致的操作，直至完成整个仓储管理及物流操作过程。仓储管理的流程一般如图9-3所示。

入库　储放　补货　拣货　发货

图9-3　仓储管理的流程

1. 入库

入库是商品储存的开始。关于商品入库的内容项目四已有详细论述，此处不再赘述。

2. 储放

货物验收后进入仓库储存时需要明确货物的存放位置（最好是在货物运抵仓库前确定，这样可加快货物到仓后的储放速度）。如果卖家的供货量比较小，则可以直接放在货架上。货物储存摆放的具体位置直接决定了拣货等后续仓库作业流程的效率，应尽量争取减少货物在仓内移动的次数，缩短移动距离，以降低整体仓库移动成本。

货物入库后要进行摆放，摆放的原则是整齐、节约空间、便于发货。货物摆放通常有以下三种方法：

（1）按顺序摆放。

货物摆放最常见的方法是将所有货物按收货顺序进行堆放，然后根据包装清单和其他相关文档进行核收。这种方法可以确保所收货物的种类和数量在向下配送前是准确、可靠的。尽管此操作流程可以很容易地发现货物的不符点，并且能够轻松地对货物进行管理，但是它需要较大的工作平台，同时也增加了在库区中的作业时间。

（2）按商品分类摆放。

按商品分类摆放可以在接收到所有货物之前将部分摆位作业完成。这种方法不但使用的存储空间较少，而且缩短了把货物送到最终存货点的时间。

（3）按货位摆放。

按货位摆放是为了加快货物的移动速度，缩短货物从收货至送到存储点的时间，并减小作业平台的使用面积，将从运输车辆上接收到的货物直接送达最终的存货地点。这种方法比前两种方法更有效率，同时将货物送到最终存货点所需的时间相对较少，但是这种方法需要仓库管理系统的支持。

在仓库布局空间相对合理的情况下，可以采用按商品分类摆放与按货位摆放相结合的方法存放。尽量把大件或较重的货物一次性放置在靠近出库口的位置，避免重复移动或多次移动。摆放过程非常重要，摆位作业中的分拣对整体操作效率有巨大的影响。分拣主要考虑的是单位货物的分拣速度和尺寸大小。

3. 补货

通常所说的 B2C 仓库会将仓库区域划分为零库和整库，即单款 SKU 商品储放的货架和整箱商品存放的区域。这样的规划有利于减小订单拣货路径的长度，并加快拣货人员的拣货速度。当零库货架的商品不足时，需要从整库的整箱商品中拣取并存放于相应的零库货架上，俗称"调拨"。

（1）补货的含义。

所谓补货，是指将货物从存储区移动至订单拣货区。它既有可能是正向的，也有可能是逆向的。

根据仓库的实际情况，可以采取定时补货机制，如每天中午或晚上，检查商品库位的使用情况，同时还需要查看往日的销量及下一个补货期前的预测销量。这样可以计算出仓位的容量是否能够满足预估的发货情况，还可以利用仓位的容积率来计算存放 SKU 的数量。后续补货时间对确定是否补满和补多少有重要的意义。

（2）库存控制及合理化。

"库存是一把双刃剑，是一个必要的恶魔。"一方面，库存量较高，对卖家来说可以保证订单流程的顺畅，但会相应地增加库存成本；另一方面，库存量较低，可以减少企业的资金占用、相应的库存保管成本，但供应链的压力会持续加大，一旦发生断货就会立刻产生缺货成本。

库存控制是指在保证业务正常运作的前期下，为使库存商品达到最少数量所进行的有效管理的技术经济措施，也就是对商品库存量的控制。在商品库存中，过剩库存、积压库存和缺货称为三大不良库存。库存控制的关键问题包括确定订购点、订货量及库存基准。

1）确定订购点。所谓订购点，是指库存量降至某一数量时应即刻采购补充的点或界限。如果订购点定得过高，必将使库存增加，从而增加货品的库存成本及空间占用成本；如果订购点定得过低，则会造成缺货，导致流失订单，影响信誉。因而，订购点的确定非常重要。

2）确定订货量。所谓订货量，是指当库存量达到采购点时决定订购补充商品的数量，按此数量订购，才能配合最高库存量与最低库存量的基准。若订购量过多，会增加货品的库存成本；若订购量过少，则货品会有供应链断档的可能，且订购次数必然增加，从而提高订购成本。

3）确定库存基准。库存基准即应维持多少库存，主要包括最低库存量和最高库存量两个指标。

库存合理化可采取的具体措施包括：储存物品的 ABC 分析与管理；实施重点管理；适当集中储存；加速周转；采用有效的先进先出（FIFO）方式；加大储存密度，提高仓容利用率；采用有效的储存定位系统，如仓库管理系统定位。

合理使用储存定位系统，不仅能大大减少寻找、存放、取出货物的时间，节约劳动时间及人力成本，而且能防止差错，是一种高效的管理方式。储存定位系统利用电子计算机存储容量大、检索速度快的优势，在入库时将商品的存放库位输入计算机，出库时向计算机发出指令，并按计算机的指示人工或自动寻址，找到货物并拣选取货。

（3）ABC 分类管理法。

ABC 分类管理法是指运用数理统计的方法，对种类繁多的各种商品根据其特征进行分类，以抓住主要矛盾，分清重点与一般，有区别地实施管理的定量科学分类管理技术。

具体来说，这种方法就是按影响因素、事物属性或所占比重（或累计比重）等不同要求，把事物和管理对象划分为 A、B、C 三部分，分别进行重点、一般、次要等不同程度的相应管理。一般来说，主要特征值的累计百分数在 0～80％的若干因素为 A 类因素，是主要影响因素，进行重点管理；累计百分数在 80％～90％的若干因素为 B 类因素，是次要因素，进行一般管理；累计百分数在 90％～100％的若干因素为 C 类因素，是最次要因素，进行次要管理。如表 9-1 所示。

表 9-1 ABC 分析示例

分类	SPU/SKU	占全部品种的百分比/％	累计品种百分数/％	销售额/元	占销售总额的百分数/％	销售额累计百分数/％
A	328	9.6	9.6	6 300	75.1	75.1
B	672	19.6	29.2	1 420	16.9	92
C	2 421	70.8	100	670	8	100

ABC 分类管理法具体操作步骤如下：

1）收集数据。针对不同的对象和分析内容收集有关数据，如收集各个品类商品的年销售量、商品单价等数据。

2）统计汇总。对原始数据进行整理并按要求进行计算，如计算销售额、品类数、累计品类数、累计品类百分数、累计销售额、累计销售百分比等。

3）编制 ABC 分析表（库存 ABC 的分模型统计表）。统计仓储商品的价值及总值。

4）制作 ABC 分析图。

5）确定重点管理方式。

（4）盘点作业。

仓库管理系统要求保证库存的准确性，以维持仓储作业的有效性。通常每年或每个月都要对库存进行盘点，有的甚至每天都要进行实际库存盘点，或按计划周期性地进行指定存库区域的盘点。

盘点作业的流程是：事先准备（准备盘点过程中需要的各类物资、设备等）；盘点时间的确定（确定盘点的时间周期，如果是实施 ABC 分类管理的公司，则 A 类商品每天或每周盘点一次，B 类商品每 2～3 周盘点一次，C 类商品每月盘点一次）；盘点人员的培训；储存场所的清理；盘点工作的开展；差异因素的追查；盘盈、盘亏的处理。

4. 拣货

拣货即商品拣选，相关内容在项目七已有详细论述，此处不再赘述。

5. 发货

发货又称出货，包括订单校验、商品打包、出库交接等流程。当将拣选的订单与货物一同拿到包装台前时，需要对订单上的商品与所拣选的商品进行核对，确认发货订单商品的正确性。然后进行打包配货、出库及与快递公司交接等操作。

（1）发货的基本流程。

发货方式主要有委托发货和顾客自提。电商卖家最主要的发货方式是委托发货，即委托第三方物流公司发货。这里只介绍委托发货方式的基本流程。

委托发货是指由库房依据出货指令对从仓库拣选完毕的订单进行打包并装车的一系列操作过程，其中还会伴有称重、与物流公司交接等业务行为。如图 9-4 所示。

图 9-4　委托发货的基本流程

（2）出库方式。

在发货环节，针对所拣选的订单商品，电商企业通常会采用两种出库作业方式，即先进先出和先到期先出。

1）先进先出。先进先出是一种有效保证物品存储期不致过长的合理化措施，也是储存管理的准则之一。先进先出可以确保商品在出库过程中的优先发货次序。

2）先到期先出。当入库商品有保质期条件时，需要给予特别关注，尤其是食品、化妆品、日用品等保质期相对敏感的种类，需要在入库时将保质期相同的批次统一存放在一个库位区中。

（3）打包。

虽然网店经营的商品类目不同，但是在发货前都需要对商品进行打包，其流程如图 9-5 所示。

1）包装材料：常用的有纸箱、塑料快递袋、气泡袋、布袋等。

2）包装技术：常用的有裹包技术、缓冲包装技术等。

3）打包要点：避重就轻、严丝合缝、原封不动、表里如一。

（4）发货渠道。

在对商品进行分拣，选择适当的包装材料，采用合理的包装技术对商品进行打包后，就可以发货了。而发货的前提是选择恰当的发货渠道。必须了解各种发货渠道的优缺点，才能根据货物的具体情况和顾客的要求正确选择发货渠道。常用的发货渠道及其特点如表 9-2 所示。

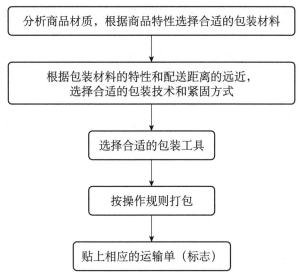

图 9-5　商品打包的流程

表 9-2　常用的发货渠道及其特点

发货渠道	特点
邮政发货	网点多、覆盖面广、休假日期短、发货形式多样，但比快递时效性差
快递发货	时效性好、性价比高、快递公司多、选择余地大，但一般偏远地区价格高甚至不能到达，不能运送特殊物品，如某些液体物品及体积大、重量大的物品
货运发货	不能点对点送达，需要顾客上门自提；可以运送快递不能运送的物品，如液体、大件、超重物品等；相对比较便宜；时效性比快递差

▶ 任务二　　仓储商品的维护

◎ 案例导入

上海国家储备棉库突发火灾　近万吨进口棉花受损

上海闵行区一座建筑面积约两万平方米，储存有近万吨进口国家储备棉的仓库，2000 年 11 月 13 日 0 时 45 分发生火灾。至当晚 10 时左右，经市消防局出动 52 辆消防车、近 500 名消防战士连续扑救，火势基本上得到控制，但棉花阴燃现象仍在发生。

在 13 日 0 时 45 分，值班人员发现仓库三楼有火情，但并未立即报警，而是先向值班领导做了汇报后，才拨打 119 报警，延误了火灾初期紧要的 20 分钟时间。

据市消防局有关人员介绍，该仓库存在重大火情隐患，按规定储存棉花的仓库面积不得超过 4 000m²。每个防火分区的面积不得超过 1 000m²。但该仓库总面积达 20 000m²，防火分区面积仅 1 800m²。同时，仓库消防用水不足，消防泵房被擅自改为储藏室。进水管道直径仅 10cm，远未达到 20cm 的基本要求，扑救时无法维持水枪喷射，近十辆消防车被迫到黄浦江边抽水应急。仓库内未安装火警报警装置，没有喷水灭火器，且消防栓仅有两个，是规定最低数量的1/3。更严重的是，只有四五千吨储存量的仓库竟存放有近万吨棉花，严重违反了有关消防安全、防火的规定。据消防人员介绍，这个棉花仓库三个楼面起火，而且两侧窗户紧闭，不易透风，对灭火不利。

消防人员到场后，先是用高压水枪包围喷射。控制火情后，再将玻璃打碎，让烟雾及时排出。而后再派出突击队分赴各楼面进入房间内部灭火。上午10时，仓库二至五层明火已得到控制，但到了11时，仓库四层再度火光冲天。指挥员解释，棉花表层火虽不难扑灭，但隐藏在棉花中心的高温暗火极易复燃。

问题与思考：

在库商品的保养有哪些注意事项？

学习任务单 9-2

学习情景	小东和同学开的网店生意越来越红火，商品销路也越来越广。而顾客对商品的差评也随之出现，经调查取证后，发现有相当多的问题出现在仓储环节中，导致部分商品的质量得不到保障。小东和同学思考：如何才能够为在库期间的商品提供更加妥善的保护，以及选择更加合适的物流公司呢？
任务描述	任务1： 学生可通过网上调研以及线下实地考察的方法，了解商品在库作业中商品保养的相关知识点。 任务2： 学生分小组就以下问题进行讨论： 问题1：货物保管的含义是什么？ 问题2：货物保管与保养的内容都包括什么？ 问题3：如何有针对性地对商品进行养护作业？ 以上任务建议2学时完成
课程思政	某市粮食收储有限公司受该市贸易局、财政局委托，负责接收市周转储备粮，共计接收东北粳谷储备粮8 424吨。在储备粮接收和入仓过程中，宋某某、俞某某、徐某某在未掌握仓库入库总量的情况下盲目发货，致使仓库超容量存放。同时，宋某某、俞某某未将已化验出的水分数据告知仓库，致使仓库将不同水分的粮食混杂堆放。俞某某明知所保管的东北粳谷储备粮抽样化验黄粒米严重超标、粮质下降，在向市贸易局、财政局分别要求轮换、拍卖的两份请示报告中却未写明。宋某某明知该情况，却不指出并予以纠正，致使该批储备粮粮质继续下降。经省粮油产品质量站检验，该批东北粳谷储备粮被判定为陈化粮。后来，该公司只好将3 770余吨储备粮作为饲料粮销售给某饲料有限公司，直接经济损失达131.5万元。 结合上述案例可知，仓库相关从业者需要对不同产品的特性有足够的了解，并且在仓储作业中遵守相关的规章制度，培养仓储管理的责任感与使命感
任务拓展	请同学们依据自身日常生活经验，总结各类产品的维护方法

学习任务考核单 9－2

小组：

序号	任务	分值	总结与归纳	成绩
组长： 组员：				
1	货物的分类分区保管	25 分		
2	货物的质量变化	25 分		
3	货物养护	50 分		
合　计				

＊请学生填写完学习任务考核单后上交。

⊚ 知识链接

一、货物保管与养护

货物保管与养护是一项综合性的应用科学技术工作。对于进入流通领域的产品，需要针对其不同的性质，在不同储存条件下分别采取不同的技术措施，以防止其出现质量变化。

（一）货物保管与养护的内容

（1）根据各种货物不同的性能特点，结合具体条件将货物放在合理的场所和位置，为在库货物提供适宜的环境；

（2）对货物进行必要的保养和维护。

（二）货物保管与养护的目的

货物保管与养护的目的是，通过科学研究和实践，认识商品在储存期间发生质量劣化的内外因素和变化规律，研究采取对外因的控制技术，以维护其使用价值，避免受到损失，保障企业的经济效益。同时还要研究制定商品的安全储存期限和合理的损耗率，以提高整个行业的管理水平。

二、货物的分类分区保管

（一）货物分类分区保管的概念

货物分类分区保管是指根据"四一致"（性能一致、养护措施一致、作业手段一致、消防方法一致）的原则，把仓库划分为若干保管区域，把储存商品划分为若干类别，以便统一规划和保管。

（二）货物分类分区保管的作用

（1）可缩短商品拣选及收、发作业的时间；

（2）能合理使用仓容，提高仓容利用率；

（3）有利于保管员熟悉商品的性能，提高商品保管养护的技术水平；

（4）有利于保证仓储商品的安全，减少损耗。

（三）储位编码

储位编码的原则为：标志明显易找，编排循规有序。

常用的编码方法有以下几种。

1. 区段式编码

这种方法是把保管区分成几个区段，再对每个区段进行编码。这种方式是以区段为单位，每个号码代表的储区都较大，适用于单位化、数量大且保管时间短的货品。区域大小根据物流量大小而定。

2. 品类式编码

这种方法是把一些相关性货品进行集合后，区分成几个品相群，再对每个品相群进行编码。这种方式适用于容易按商品群保管的场合和品牌差距大的货品，如服饰群、五金群、食品群。

3. 地址式编码

这种方法是利用保管区中的现成参考单位，如栋、区段、排、行、层、格等，按相关顺序编码，如同地址的区、街、号一样。这是物流配送中心使用较普遍的一种编码方法。

4. 坐标式编码

这种方法是利用空间坐标 X、Y、Z 对储位进行编码。这种编码方式直接对应每个储位定位，在管理上较复杂，适用于流通率很小、存放时间较长的物品。

（四）堆码管理

堆码，也就是将物品规则地摆放成货垛的作业。

堆码应遵循以下原则：

（1）较多采取立体储存的方式。

（2）仓库通道与货垛之间保持适当的宽度和距离，提高物品装卸的效率。

（3）根据物品的不同收发批量、包装外形、性质和盘点方法的要求，利用不同的堆码工具，采取不同的堆码形式。其中，性质相互抵触的物品应该视具体情况隔离、分开、隔库储存，不得混放。

（4）不要轻易改变物品存储的位置，大多应遵循先进先出的原则。

（5）在库位不紧张的情况下，尽量避免物品堆码的覆盖和拥挤。

（五）货物的苫盖方法

1. 就垛苫盖法

这是指使用大面积苫盖材料（如帆布）按照货垛的形状完整地自上而下苫盖的方式。苫盖后的垛形仍然显示出原先的货垛形状。就垛苫盖法大都使用帆布、油布等大面积材料，操作较为方便、快速，密封效果好，是库场货垛苫盖的主要方法。但就垛苫盖法因其密封性，不适用于需要通风的货物。

2. 鱼鳞式苫盖法

这是指使用小面积的苫盖材料自下而上逐层交叠苫盖的方式。每块苫盖材料都要采取固定措施，使整个垛型层层叠叠，状似鱼鳞。鱼鳞式苫盖法操作极为不便，甚少使用。对不适合使用帆布苫盖的货物，可以使用铁皮、铁瓦、纤维瓦等材料采用鱼鳞式苫盖法。

3. 活动棚苫盖法

这是指货物堆垛完毕后，根据货垛的大小和高度，安装移动货棚对货垛进行苫盖的方法。活动棚苫盖法最大的优点就是货物的通风效果好，苫盖操作不复杂。但活动棚苫盖法的密封性较差，不适用于太大的货垛苫盖。

三、货物的质量变化

为了减少商品在流通过程中的质量变化，防止商品损耗和损失，必须掌握商品质量变化的现象和规律。商品种类繁多，在流通过程中质量变化的形式也很多，概括起来有物理变化、化学变化、生理生化变化、生物学变化等。

（一）物理变化

物理变化指只改变物质本身的外表形态，而不改变其本质，没有新物质生成。商品发生物理变化后会出现数量减少、质量降低等现象，甚至完全丧失使用价值。

商品的外表形态可分为气态、液态、固态三种，不同形态的商品在一定的温度、湿度或压力下，会发生相互变化，表现形式有商品的挥发、溶化、熔化、凝固、干缩等。

1. 挥发

挥发是指液体商品或经液化的气体商品，液体表面迅速汽化变成气体散发到空气中的现象。挥发属于三态变化中液态变气态的变化形式。常见的易挥发物品有酒精、花露水、白酒、香精、香水、化学溶剂、油漆、一些医药试剂、部分化学农药等。

2. 溶化

溶化是指某些固体商品在潮湿空气中能够吸收水分，且吸收水分达到一定程度时就变成液体的现象。溶化属于三态变化中固态变液态的变化形式。溶化常见于食品以及化工原材料中，比如糖、盐、硝酸锰、高锰酸钾等。

3. 熔化

熔化是指低熔点的物体受热后软化变为液体的现象。货物的熔化，除受气温高低的影响外，还与货物本身的熔点、货物中的杂质种类和含量高低密切相关。熔点越低，越易熔化；杂质含量越高，越易熔化。常见的易熔化货物有香脂、石蜡、复写纸、蜡纸、圆珠笔芯、松香等。货物熔化会造成货物流失、粘连包装、沾污其他货物等后果。在仓库中，货物熔化会使其体积膨胀，致使包装破裂；同时，货物软化可能会导致货垛倒塌等后果。

4. 凝固

凝固是指物体从液态变为固态的现象。通常所说的凝固是一种受温度影响而产生的物理现象，而在化工和危险货物物流领域，有很多合成聚合物的低分子原料在运输过程中由于受到环境影响，可能会由简单的小分子结构变为聚合高分子结构，这一变质过程也会呈现出凝固的物态变化，也具有一般凝固过程常见的隐患：物体在凝固过程中会释放大量的热能，从而给仓储环境带来重大安全隐患。一般来说，对于容易发生凝固的货物，在运输过程中可加入适量的阻凝剂，防止聚合反应的发生。

5. 干缩

干缩是指肉类或植物组织细胞的弹性部分或者全部丧失的现象。它主要表现为物体体积缩小。干缩程度与产品的种类、干燥方法以及环境条件等因素有关。

（二）化学变化

化学变化是指不仅改变物质的外表形态，而且在变化时生成了其他物质。商品在流通过程中的化学变化也就是商品质变的过程，严重时会使商品完全丧失使用价值。商品在流通中发生化学变化的形式有很多，常见的有氧化、分解、化合、锈蚀、老化、水解等。

1. 氧化

氧化是指商品与空气中的氧或其他物质放出的氧接触，发生与氧结合的化学变化。易于氧化的商品很多，例如某些化工原料、纤维制品、橡胶制品、油脂类商品等。有些商品在氧化过程中会产生热量，如果热量不散失，又会加速氧化过程，使温度逐步升高，达到自燃点时就会发生自燃现象。例如桐油布、油纸等桐油制品，如尚未干透就进行包装，就易发生自燃。

2. 分解

分解是指某些化学性质不稳定的商品，在光、热、酸、碱及潮湿空气等因素的影响下，会发生化学变化，由原来的一种物质变成两种或两种以上的新物质。商品发生分解后不仅数量减少而且质量降低，有时产生的新物质还可能有危害性。例如过氧化氢为无色液体，是一种不稳定的强氧化剂和杀菌剂。它在常温下会慢慢分解，如遇高温则迅速分解而生成氧和水。

3. 化合

商品在流通中，受外界影响，可能会出现两种或两种以上的物质相互作用，生成一种新物质的化合反应。例如吸潮剂（干燥剂）的吸湿过程，就是一种化合反应。

4. 锈蚀

锈蚀是指金属制品特别是钢铁制品在潮湿空气或酸、碱、盐类物质的作用下发生腐蚀的现象。锈蚀分为电化学锈蚀和化学锈蚀。金属制品的锈蚀不仅会使金属制品的重量改变，严重的还会影响金属制品的质量和使用价值、美观性等。

5. 老化

老化是指某些以高分子聚合物为成分的商品如橡胶、塑料制品及合成纤维制品等，受日光、热和空气中的氧等因素的影响，而产生发黏、龟裂、强度降低以致发脆变质的现象。

6. 水解

水解是指某些商品在一定条件下遇水而发生分解的现象。不同商品在酸或碱的催化下发生水解的情况不一样。例如，肥皂在酸性溶液中会全部水解，但是在碱性溶液中却很稳定。棉纤维在酸性溶液中，特别是在强酸的催化作用下易于水解，从而大大降低纤维的强度，但是在碱性溶液中却比较稳定。

（三）生理生化变化

商品的生理生化变化是指有机体商品如粮食、果蔬、鲜鱼、鲜肉、鲜蛋等在流通过程中受各种外界条件的影响而发生的各种生理生化变化。这些变化主要有呼吸作用、后熟作用、发芽等。

1. 呼吸作用

呼吸作用是指有机体商品在生命活动过程中进行呼吸，分解体内的有机物质产生热能，维持其本体的生命活动的现象。呼吸停止就意味着有机体商品生命力的丧失。呼吸作用会消耗有机体商品内的葡萄糖，从而降低商品的质量，而且还会放出热量，若是呼吸作用产生的热量积累过多，就会使商品变质。呼吸作用分解出来的水分又有利于有害微生物的生存繁殖，加速霉变。商品包装要设法控制被包装的有机体商品在流通过程中的呼吸强度，抑制过于旺盛的呼吸，保护商品的质量。

2. 后熟作用

后熟作用是指成熟前的植物果实在脱离母体后，生理活动仍在继续，并使果实逐渐成熟的生理变化过程。促进果食后熟的主要因素有高温、氧气或某些刺激性气体的成分。

3. 发芽

有些有机体商品，如粮食、果蔬等，在流通过程中若水分、氧气、温度、湿度等条件适宜，就可能发芽。发芽会使粮食、果蔬的营养物质在酶的作用下转化为可溶性物质，供给有机体本身的需要，从而降低有机体商品的质量。

（四）生物学变化

生物学变化是指货物在外界有害生物的作用下受到破坏的现象，常见的有霉腐、虫蛀等。

1. 霉腐

霉腐是指货物在霉腐微生物的作用下发生霉变和腐败的现象。为防止霉腐，在储存商品时要严格控制温度、湿度，做好货物防霉和除霉工作。

2. 虫蛀

货物储存期间，常常会遭到仓库害虫的蛀食。虫蛀会破坏货物的组织结构，使货物破碎和出现孔洞，影响货物的质量和外观，降低货物的使用价值。含有有机成分的货物更容易遭到虫蛀。

四、货物养护

根据货物的不同性质对货物进行的保养和维护称为货物养护。货物养护的目的是保护库存物资的使用价值，节省费用开支，防止货物损失。养护原则是以防为主，防治结合。

（一）温度、湿度的控制和调节

温度、湿度是影响绝大多数库存商品质量状况的主要因素。例如，温度过高会使易熔性商品和热塑性商品变软、发黏或熔化，加快商品氧化、分解、腐蚀、老化等质量变化过程。

对于温度、湿度的调整，最常用的方法有：密封、通风、吸湿。

1. 密封

密封就是将商品严密封闭，减少外界因素对商品的不良影响，切断感染途径，达到安全储存的目的。

密封的要求：密封前要检查商品含水量、温度、湿度，选择绝热防潮材料（如沥青纸、塑料薄膜、芦苇席等）。确定密封时间，密封后加强管理。

密封的形式：整库密封，整垛密封，整柜密封，整件密封。

2. 通风

通风就是利用库内外空气对流，达到调节库内温度、湿度的目的。通风既能起到降温、降潮和升温的作用，又可排出库内的污浊空气，使库内空气适宜于储存商品的要求。通风方式有自然通风和机械通风。

3. 吸湿

吸湿就是利用吸湿剂减少库房的水分，以降低库内湿度的一种方法。在梅雨季或阴雨天，当库内湿度过大，不宜通风散潮时，为保持库内干燥，可以放置吸湿剂吸湿。常用的吸湿剂有生石灰、氯化钙、氯化锂、硅胶、木灰、炉灰等。

（二）霉腐的防治

1. 低温防霉腐

（1）冷却法：又称冷藏法，是将储存温度控制在 $0 \sim 10^{\circ}C$ 的低温防霉腐方法。该方法常用于蔬菜、糕点等的储存，但在此低温下霉腐微生物仍然适于繁殖，因此采用冷却法的食品储存期不宜过长。

（2）冷冻法：是使储存温度控制在 $-18^{\circ}C$ 的低温防霉腐方法。先对食品进行深冷速冻处理，使食品深层温度达到 $-10^{\circ}C$ 左右，再移至 $-18^{\circ}C$ 温度下储存，这时所有霉腐微生物都停止繁殖，长时间的冷冻还能造成部分微生物死亡。因此，采用冷冻法适宜长期储存生鲜食品。

2. 干燥防霉腐

这是指通过脱水、干燥，使商品的水分含量达到安全储存水分含量之下，以抑制霉腐微生物的生命活动而达到商品防霉腐目的的一种养护方法。按照脱水手段的不同，该方法可分为自然干燥法和人工干燥法。自然干燥法是利用阳光、风等自然因素，对商品进行日晒、风吹、阴凉使商品脱水的干燥方法。此法简单易行，成本低廉，常用于粮食、食品等商品的储存。人工干燥法是利用热风、直火、远红外线、微波、真空等手段使商品干燥的方法。此方法需要一定的设备、技术和较大的能量消耗，成本较高，主要用于食品的储存。

3. 气调防霉腐

这是指根据耗氧微生物需氧代谢的特性，通过调节密封环境中气体的组成成分来抑制霉腐微生物的生理活动的一种养护方法。这种方法可以减弱酶的活性，抑制鲜活食品的呼吸强度，从而达到食品防霉变、防腐烂和保鲜的目的。按照设备条件的不同，气调防霉腐可分为自发气调法和机械气调法。自发气调法又称普通气调法，是利用鲜活食品本身的呼吸作用来降低塑料薄膜内氧的含量，增加二氧化碳浓度，起到气调的作用。机械气调法是在密封库或密封垛内，利用二氧化碳或氮气发生器等设备填充二氧化碳或氮气来排出空气的气调方法。

4. 辐射防霉腐

这种方法主要用于鲜活食品的储存，利用同位素钴-60和铯-137放射出的穿透力很强的射线，辐射状照射食品，以杀灭食品上的微生物，破坏酶的活性，抑制鲜活食品的生理活动，从而达到防霉腐的目的。但该方法会导致食品色泽变暗、有轻微异味等问题。

（三）虫害的防治

（1）化学杀虫法：用化学药剂防治害虫。

（2）熏蒸杀虫法：熏蒸杀虫剂汽化后通过害虫呼吸系统进入虫体，使害虫中毒死亡。

（3）接触杀虫法：杀虫剂接触虫体后，透过表皮进入虫体，引起害虫中毒死亡。

（4）胃毒杀虫法：杀虫剂随食物进入虫体，通过胃肠吸收而使害虫中毒死亡。

（5）高温杀虫法：主要用于耐高温商品的害虫防治，是利用日光暴晒、烘烤等产生的高温作用于商品中的害虫机体，使其死亡的方法。

（6）低温杀虫法：利用低温使害虫体内酶的活性受到抑制，生理活动减慢，处于半休眠状态，不食不动，不能繁殖。时间一长，害虫就会因为体内营养物质过度消耗而死亡。

（7）微波杀虫法：利用高频电磁场使虫体内水分子等成分分子发生高频振动，分子间剧烈摩擦而产生大量热能，使虫体温度达到60℃以上而死亡。

（8）远红外线杀虫法：利用远红外线的光辐射所产生的高温直接杀死害虫。

（四）鼠害的防治

（1）投放鼠药。

（2）器械捕鼠。

（3）粘鼠胶。

（4）熏蒸法。

（五）锈蚀的防治

锈蚀是指金属与其所接触的物质发生化学或电化学作用所引起的破坏现象，其本质是氧化还原反应。金属制品在储存过程中易被潮湿空气锈蚀，应防止储存环境的空气湿度过高，减少空气中的有害成分，并保持金属商品的表面光洁。

1. 影响金属商品锈蚀的环境因素

（1）空气相对湿度的影响。

（2）温度的影响。

（3）氧气的影响。

（4）空气中有害成分的影响。

2. 养护方法

锈蚀的防治主要有使用软膜防锈油、硬膜防锈油、油膜防锈油等的涂油防锈法，以及使用气相防锈纸、气相防锈粉末等的气相防锈法。

（六）老化的防护

1. 影响货物老化的因素

影响货物老化的因素可分为内在因素和外在因素。内在因素包括：高分子化合物分子组成与结构的影响、其他添加剂成分的影响、组分中杂质的影响、加工成型条件的影响；外在因素主要包括阳光、氧气、温度的变化。

2. 货物防老化措施

（1）通过改进聚合度和成型加工工艺或改变性能的方法，增强高分子材料抗老化能力。

（2）通过添加防老化剂，增强货物抗老化性能。常用的防老化剂有：抗氧化剂、热稳定剂、紫外线吸收剂、光屏蔽剂、变价金属离子抑制剂等。

（3）通过改变储运过程中的外界影响因素来防止老化。

（4）通过物理防护法防止老化。物理防护法指隔绝外界环境因素对高分子材料的作用，从而延缓老化过程。常用的物理防护法有涂蜡、浸渍或涂抹防老化剂溶液等。

练习题

1. 简答题

（1）金属制品的防锈蚀养护方法有哪些？

（2）商品质量变化的形式有哪些？

2. 实训练习

请学生以小组为单位完成以下实训任务。

【任务内容】

选择校内商店、学生食堂、教工食堂或者校外超市、饭店之一作为作业对象，收集至少 7 种库存商品，对其进行 ABC 分类管理。收集的数据类型包括库存商品的单价、库存量等资料。计算库存商品的平均资金占用额，绘制库存商品 ABC 分类表，制定商品库存管理方案。

【实践活动安排】

活动	ABC 分类管理方案制定
活动目标	掌握 ABC 分类管理方法
活动内容	收集至少 7 种库存商品，对其进行 ABC 分类管理
活动考核	1. 每个小组上交一份作业记录 2. 考核商品库存管理方案的合理性，分 A、B、C、D 4 个等级评定

电子商务物流配送

项目十

问题引入

小东的网店订单越来越多，他对各个订单进行了发货，但有个问题又让小东感到好奇：自己的商品是如何配送到顾客手中的呢？

项目导读

本项目包括认知电子商务物流配送、电子商务物流配送模式及作业流程两个任务，通过案例导入、知识链接等形式，帮助学生由浅入深地理解并掌握电子商务物流配送的相关内容。

学习目标

知识目标

- 了解电子商务物流配送的定义
- 理解电子商务物流配送的特点
- 理解电子商务物流配送的作业流程
- 掌握电子商务物流配送模式

能力目标

- 能够把握电子商务与配送的关系
- 能够正确分析电子商务物流配送模式

素养目标

- 培养沟通能力及团队协作精神
- 培养发现问题、分析问题、解决问题的能力

▶ 任务一　　认知电子商务物流配送

◎ 案例导入

解读亚马逊跨境电商物流配送，看看哪个适合你

跨境卖家都知道，在亚马逊跨境电商开店，绝大部分都会使用亚马逊物流（FBA，

Fulfillment by Amazon），但其他配送方式如果能够保证质量，也是被允许的。今天我们就一起来看看亚马逊跨境电商都有哪些配送方式吧！

亚马逊跨境电商发货的方式主要有亚马逊物流（FBA）和亚马逊跨境物流配送服务。

亚马逊物流（FBA）

FBA 的优点有三个方面：促进销售、控制成本、省时省力。FBA 也是亚马逊首先推荐商家选择的物流模式。

使用 FBA 能够帮助商家吸引更多亚马逊购买者，增加相关商品的访问量和曝光度，同时，商家还能够接触到高质量的亚马逊 Prime 级 VIP 消费者，进而提高转化率。

使用 FBA，商家能节省许多物流成本，这是因为 FBA 没有设定任何最低费用或是月租金，实行的是灵活多变的付费模式，而且亚马逊跨境电商的高品质货运物流可以在一定程度上减少卖家的货运物流和客服成本费用，同时能够大幅度提升顾客的满意度以及相关的后台绩效。

采用 FBA 能将烦琐的货运物流和后勤管理交给物流信息平台，为商家节约大量的人力、物力和财力，除此之外，FBA 还提供 7×24 小时的专业客服支持。商家不用掏钱请人就能完成订单、拣货、包装、发货等流程，如果遇到紧急情况，顾客还可以享受亚马逊免费物流配送和加急物流配送服务。

亚马逊跨境物流配送服务

亚马逊跨境物流配送服务并不是和 FBA 一样直接把产品发送到亚马逊运营管理中心，而是要经过国内货运、仓库服务、启运国出口报关、轮船运输/飞机运输、目的国进口清关以及国外内陆地区运送等流程后，相关商品才可以运到亚马逊运营管理中心。

亚马逊跨境物流配送服务能让商家享受一站式服务以及物流监管。商家倘若对发货、支付、查询与追踪货件状态等有任何疑问，都能通过卖家平台解决，有关的操作流程全是透明的。

资料来源：中昌信跨境电商. 解读亚马逊跨境电商物流配送，看看哪个适合你.（2022-08-23）[2023-12-01]. https://news.iresearch.cn/yx/2022/08/444298.shtml.

问题与思考：

结合你的购物经历说一说电子商务物流配送方式有哪几种。

学习任务单 10-1

学习情景	配送是物流作业的重要内容，对于电子商务企业而言尤为重要，特别是实物商品，只有通过物流配送将货物送达客户手中，电子商务交易过程才算完成。那么什么是电子商务物流配送呢？它都有哪些类型？对此，小东和同学展开了学习
任务描述	学生分小组就以下问题进行讨论： 问题1：什么是电子商务物流配送？ 问题2：电子商务物流配送有什么特点？ 问题3：电子商务物流配送有哪些种类？ 以上任务建议 2 学时完成

续表

课程思政	学习"素养提升"内容《疫情下中国配送物流通畅，美媒忍不住赞叹：这方面西方落后五年》，感受中国作为一个负责任的大国铁肩担道义的精神，培养爱国之情和民族自豪感
任务拓展	调查你所在城市的物流行业发展情况，了解都有哪些配送公司，其经营状况如何

学习任务考核单 10 - 1

小组：

序号	任务	分值	总结与归纳	成绩
	组长： 组员：			
1	电子商务物流配送的定义	20 分		
2	电子商务物流配送的特点	30 分		
3	电子商务物流配送的分类	30 分		
4	电子商务物流配送的优势	20 分		
合 计				

* 请学生填写完学习任务考核单后上交。

知识链接

一、配送及电子商务物流配送的定义

（一）配送的定义

中华人民共和国国家标准《物流术语》（GB/T 18354 - 2021）将配送（Distribution）定义为：根据客户要求，对物品进行分类拣选、集货、包装、组配等作业，并按时送达指定地点的物流活动。

配送的概念与运输和旧式送货都不同，简单地讲，配送是按用户的订货要求，以现代化的送货形式，在配送中心或其他物流据点进行货物配备，以合理的方式送交用户，实现资源最终配置的一种经济活动。配送作为一种现代流通组织形式，是集商流、物流、信息流于一身，具有独特的运作模式的物流活动。从某种意义上说，配送是物流的一个缩影，它包含了物流作业的所有活动，或者说它是在特定范围内全部物流功能的体现。因此，也有人将配送称为"小物流"。

（二）电子商务物流配送的定义

电子商务物流配送，就是信息化、现代化、社会化的物流配送。它是指物流配送企业采用网络化的计算机技术和现代化的硬件设备、软件系统及先进的管理手段，针对社会需求，严格地、守信用地按用户的订货要求，进行一系列分类、组配、整理、分工、

配货等理货工作，将货物定时、定点、定量地交给各类用户，满足其对商品的需求。

二、配送中心

（一）配送中心的定义

配送活动往往是从配送中心开始的，作为一个重要的物流节点，配送中心在物流系统中占有重要地位，特别是对于一些连锁经营的企业和制造企业来说，配送中心显得尤为重要。所谓配送中心，指的是接受并处理末端用户的订货信息，对上游运来的多品种货物进行分拣，根据用户订货要求进行拣选、加工、组配等作业，并进行送货的设施和机构。

配送中心有以下特点：

（1）主要为特定的用户服务。

（2）配送功能健全。

（3）完善的信息网络。

（4）辐射范围小。

（5）多品种，小批量。

（6）以配送为主，储存为辅。

（二）配送中心的作用

配送中心在以下几个方面发挥着重要作用：

（1）减少交易次数和流通环节。

（2）产生规模效益。

（3）减少客户库存，提高库存保证程度。

（4）与多家厂商建立业务合作关系，能有效而迅速地反馈信息，控制商品质量。

（三）配送中心的类型

配送中心的类型很多，可以按照不同的标准对其进行分类。

1. 按照配送中心的内部特性分类

（1）储存型配送中心：有很强储存功能的配送中心。一般来讲，在买方市场下，企业成品销售需要有较大的库存支持，其配送中心有较强的储存功能；在卖方市场下，企业原材料、零部件供应需要有较大的库存支持，这种供应配送中心也有较强的储存功能。大范围配送的配送中心，需要有较大的库存，也可能是储存型配送中心。

（2）流通型配送中心：基本上没有长期储存功能，仅以暂存或随进随出方式进行配货、送货的配送中心。这种配送中心的典型运作方式是，大量货物整批进入并按一定批量零出，使用大型分货机，进货时直接进入分货机传送带，分送到各用户货位或直接分送到配送汽车上，货物在配送中心里仅做短暂停留。

（3）加工型配送中心：承担加工职能，根据用户的需要或者市场竞争的需要，对配送商品进行加工之后再进行配送的配送中心。在这种配送中心内，可进行分装、包装、初级加工、集中下料、组装产品等加工活动。比如快餐企业肯德基的配送中心。

2. 按照配送中心承担的流通职能分类

（1）供应型配送中心：执行供应职能，专门为某个或某些用户组织供应的配送中心。

其主要特点是，配送的用户有限并且稳定，用户要求的配送范围也比较确定，属于企业型用户。因此，供应型配送中心集中库存的品种比较固定，进货渠道也比较稳定，也可以采用效率比较高的分货工艺。

（2）销售型配送中心：执行销售职能，以销售经营为目的，以配送为手段的配送中心。销售型配送中心主要有三种类型：第一种是生产企业为自身产品的直接销售而建立的配送中心；第二种是流通企业为扩大销售而建立的配送中心，它是企业自身经营的一种方式；第三种是流通企业和生产企业联合的协作型配送中心。总体来看，大多数配送中心都在向着以销售配送为主的方向发展。销售型配送中心的用户一般是不确定的，而且用户的数量很多，每一个用户购买的数量又较少，属于消费者型用户。这种配送中心很难像供应型配送中心一样实行计划配送，计划性较差。销售型配送中心集中库存的库存结构也比较复杂，一般采用拣选式配送工艺。销售型配送中心往往采用共同配送方法才能够取得比较好的经营效果。

3. 按照配送范围分类

（1）城市配送中心：以城市范围为配送范围的配送中心。由于城市范围一般处于汽车运输的经济里程之内，因此这种配送中心可直接配送到最终用户，且多采用汽车进行配送。这种配送中心往往和零售经营相结合，由于运距短、反应能力强，因而从事多品种、少批量、多用户的配送较有优势。

（2）区域配送中心：拥有较强的辐射能力和库存准备，向省际、全国乃至国际范围的用户配送的配送中心。这种配送中心配送规模较大，一般而言，用户数量也较多，配送批量也较大，有时往往需要多级配送才能将货物送达用户手中。

除以上分类方法外，还可以按照配送中心配送货物的种类、配送的专业程度等标准进行分类。

（四）配送中心的功能

配送中心是一种末端物流节点，它通过有效地组织配货和送货，使资源的最终端配置得以完成，因此，配送中心一般具备以下功能：

（1）采购功能。

（2）存储保管功能。

（3）组配功能。

（4）分拣功能。

（5）分装功能。

（6）货物集散功能。

（7）流通加工功能。

（8）送货功能。

（9）物流信息处理。

三、电子商务物流配送的特点

（一）信息化

电子商务物流配送利用信息技术，实现了物流信息的商品化、数据化、代码化和电子化，提高了整个物流过程的效率和管理水平。

（二）自动化

电子商务物流配送过程中大量使用了自动化设备和系统，如自动分拣系统和自动存取系统，大大提高了物流工作的效率。

（三）快速配送

电子商务物流配送能够实现快速配送，即消费者能够在较短的时间内收到购买的物品。

（四）全过程追踪

借助现代技术，电子商务物流配送可以实现对货物位置和状态的实时监控，增强了配送的透明度和便利性。

（五）仓储智能化

电子商务物流配送利用物联网、人工智能和大数据分析等先进技术，实现对库存的智能管理和高效配送，提高了物流效率并降低了运营成本。

（六）供应链合作

电子商务物流配送涉及多个主体，包括生产商、供应商、物流公司和电商平台等，这些主体之间的紧密合作和信息共享提高了物流的效率和准确性。

（七）国际化运作

随着全球电子商务的发展，电子商务物流配送越来越注重国际市场的运作，以适应不同国家和地区的市场需求。

四、电子商务物流配送的分类

（一）按照配送组织者不同分类

（1）配送中心配送。

（2）仓库配送。

（3）生产企业配送。

（4）商店配送。

（二）按照配送商品种类及数量不同分类

（1）单（少）品种、大批量配送。

（2）多品种、少批量配送。

（3）配套、成套配送。

（三）按照配送时间及数量不同分类

（1）定时配送。

（2）定量配送。

（3）定时、定量配送。

（4）定时、定路线配送。

（5）即时配送。

（四）按照配送采用的模式不同分类

（1）集货型配送模式：配送的目的主要是货物的集中。

（2）散货型配送模式：配送的目的主要是货物的分散。

（3）混合型配送模式：兼具以上两种目的的配送形式。

（五）其他配送方式

（1）共同配送。

（2）加工配送。

小资料

无接触配送

2020 年 1 月 26 日，为了抗击新冠疫情，保障春节期间百姓基本生活，美团外卖在国内率先推出"无接触配送"。电商的主要特征就是在线交易、线下配送。在疫情发生以后，网购既可以满足居民生活的需要，也能降低人员聚集带来的风险。

无接触配送是指将商品放置到指定位置，如公司前台、家门口，通过减少面对面接触，保障用户和骑手在收餐环节的安全。闪送也陆续跟进上线了"无接触配送"服务模式，确保每次只服务一笔订单，避免拼单带来的交叉感染风险，为安全配送更添一层保障。

2020 年 11 月 19 日，由美团与中国商业联合会等共同发起的《商品无接触配送服务规范》国家标准（GB/T 39451-2020）正式发布实施，为疫情防控时期即时配送行业提供了方向指引和操作规范。

五、电子商务物流配送的优势

相较于传统的物流配送模式而言，电子商务物流配送模式具有以下优势。

（一）高效配送

在传统的物流配送模式下，为了实现对众多客户及大量资源的合理配送，需要大面积的仓库用来存放货物，并且存货的数量和种类受到很大的空间限制。而在电子商务物流系统中，配送体系的信息化集成可以使虚拟企业将散置在各地分属不同所有者的仓库通过网络系统连接起来，使之成为"集成仓库"，在统一调配和协调管理之下，服务半径和货物集散空间都扩大了，从而大大提高了货物配送的速度和效率，也扩大了配送规模，使货物的高效配送得以实现。

（二）实时控制

传统的物流配送过程是由多个业务环节组成的，各个业务环节之间依靠人来衔接和协调，这就难免受到人为因素的影响，问题的发现和故障的处理都会存在迟滞现象。而电子商务物流配送模式借助于网络系统可以实现对配送过程的实时监控和实时决策，其配送信息的处理、货物流转的状态、问题环节的查找、指令下达的速度等都是传统的物流配送无法比拟的。配送系统的自动化、程序化处理，配送过程的动态化控制，以及指令的瞬间到达都使配送的实时控制得以实现。

（三）结构简化

由于涉及众多的主体及关系处理的人工化，传统物流配送的整个流程极为烦琐。而在电子商务物流配送模式下，物流配送中心可以借助网络使这些过程变得简单化和智能化。比如，计算机系统管理可以使整个物流配送管理过程变得简单和易于操作；网络平台上的营业推广可以使用户购物和交易过程变得效率更高、费用更低；物流信息的易得性和有效传播可以使用户收集信息和决策的速度加快、过程简化。很多过去需要较多人工处理、耗费较多时间的活动都因为网络系统的智能化而得以简化，这种简化使物流配送工作的效率大大提高。

◎ 素养提升

疫情下中国配送物流通畅，美媒忍不住赞叹：这方面西方落后五年

美国媒体发布文章《配送服务帮中国度过疫情危机，美国必须赶上》，作者表示，中国在全国范围内铺盖的配送网络使得百姓即便在家隔离，生活需求也可以得到满足。反观西方，由于发货网络超负荷运转，商品供应有限，引发了民众一波又一波的抢购。文章表示，从这方面来说，西方起码落后中国五年时间。

美媒表示，在全民居家隔离期间，中国的外卖人员仍大街小巷地配送食物，在20分钟之内就可以将餐食送至小区门口，实现"无接触配送"。2020年2月13日，情人节前夕，花农手中的大量鲜花因为疫情冲击而无人问津，这时某电商平台调动全国供应链网络，在48小时内将其全部售空。这是物流体系和供应链条的完美结合。

除此之外，中国的某电商平台，其90％的订单都可在24小时内送达。反观西方，在疫情到来前期，亚马逊公司耗资几十亿美元，努力将配送时间缩短为一天，并且仅面向它的会员。难怪电商专家迈克尔·扎库尔表示，在物流电商方面，西方落后了中国整整五年时间。

据《环球时报》报道，当地时间2020年3月8日，英国卫生大臣马休·汉考克表示想请超市为居家隔离者送货到家，不料零售行业迅速回应："这简直是幻想，除非官方出动军队帮忙。"由于供应链断掉，民众的抢购热潮汹涌。官方呼吁减少在酒吧等公共场所的聚集，于是民众冲进超市大量抢购啤酒。更不用说澳大利亚的几位顾客在超市为争抢厕纸而大打出手。

综上所述，这场疫情充分检验了中国的国家治理体系和治理能力。相信经历了这样一场"战疫"后，西方各国的快递配送业必将会迎来变革，中国树立的榜样会给世界留下深刻的印象，谋求改变方能生存。

资料来源：骑车去旅行. 疫情下中国配送物流通畅，美媒忍不住赞叹：这方面西方落后五年.（2020-04-01）[2023-12-01]. https：//www.163.com/dy/article/F953A059054480OE.html.

任务二　　电子商务物流配送模式及作业流程

案例导入

日本7-11便利店的配送系统

7-11这家发源于美国的商店是全球最大的便利连锁店，在全球拥有7万多家连锁店。

一家成功的便利店背后一定有一个高效的物流配送系统，7-11从一开始采取的就是在特定区域高密度集中开店的策略，在物流管理上也采用集中的物流配送方案，这一方案每年大概能为7-11节约相当于商品原价10%的费用。

7-11的物流管理模式先后经历了三个阶段、三种方式的变革。起初，7-11并没有自己的配送中心，它的货物配送是依靠批发商来完成的。以日本的7-11为例，早期日本7-11的供应商都有自己特定的批发商，而且每个批发商一般都只代理一家生产商，这个批发商就是7-11和其他供应商间的纽带，也是7-11和供应商间传递货物、信息和资金的通道。供应商把自己的产品交给批发商以后，对产品的销售就不再过问，所有的配送和销售都会由批发商来完成，对于7-11而言，批发商就相当于自己的配送中心，批发商要做的就是把供应生产的产品迅速而有效地运送到7-11。为了自身的发展，批发商需要最大限度地扩大自己的经营，尽力向更多的便利店送货，并且要对整个配送和订货系统做出规划，以满足7-11的需要。

渐渐地，这种分散化的由各个批发商分别送货的方式已经无法再满足规模日渐扩大的7-11便利店的需要，7-11开始在批发商及合作生产商之间构建统一的集约化的配送和进货系统。在这种系统之下，7-11改变了以往由多家批发商分别向各个便利店送货的方式，改为由一家特定的批发商在一定区域内统一管理该区域内的同类供应商，然后向7-11统一配货，这种方式称为集约化配送。集约化配送有效地减少了批发商的数量，也减少了配送环节，为7-11节省了物流费用。

特定批发商（又称为窗口批发商）提醒了7-11，何不自己建立一个配送中心？7-11的物流共同配送系统就这样浮出水面，共同配送中心代替了特定批发商，分别在不同的区域统一集货、统一配送。配送中心有一个电脑网络配送系统，分别与供应商以及7-11店铺相连。为了保证不断货，配送中心一般会根据以往的经验保留四天左右的库存，同时，中心的电脑系统每天都会定期收到各个店铺发来的库存报告和要货报告，配送中心对这些报告进行集中分析，最后形成一张张向不同供应商发出的订单，由电脑网络传送给供应商，供应商则会在预定时间内向配送中心派送货物。7-11配送中心在收到所有货物后，对各个店铺所需要的货物分别进行打包，等待发送。第二天一早，派送车就会从配送中心鱼贯而出，择路向自己区域内的店铺送货，整个配送过程就这样每天循环往复，保障7-11连锁店的顺利运营。

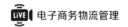

问题与思考：

电子商务物流配送都涉及哪些方面？包括哪些步骤？

学习任务单 10-2

学习情景	小东了解了电子商务物流配送的内容后，想要进一步了解网上的商品送到客户手中是怎样的流程和环节。对此，小东和同学展开了学习
任务描述	学生分小组就以下问题进行讨论： 问题1：电子商务物流配送有哪些模式？ 问题2：电子商务物流配送的流程是怎样的？ 以上任务建议2学时完成
课程思政	以行业领军企业物流配送模式的研发与实际应用为切入点，提升学生的创新思维，让学生意识到创新物流模式对产业发展和国家战略的重要性，培养学生的责任意识和家国情怀
任务拓展	调查你身边的配送企业，了解它们的配送要求

学习任务考核单 10-2

小组：

组长： 组员：				
序号	任务	分值	总结与归纳	成绩
1	电子商务物流配送模式	50分		
2	电子商务物流配送的作业流程	50分		
合　计				

＊请学生填写完学习任务考核单后上交。

◎ 知识链接

一、电子商务物流配送模式

目前电子商务物流配送模式主要有自营配送模式、物流一体化配送模式、第三方配送模式、共同配送模式。

（一）自营配送模式

所谓自营配送，是指企业物流配送的各个环节都由企业自身筹建并组织管理，实现企业内部及外部货物配送的模式。这是目前国内生产、流通或综合性企业所广泛采用的一种物流模式。这种配送模式通过独立组建物流中心，实现对内部各部门、场、店的产品供应。

（二）物流一体化配送模式

所谓物流一体化，就是以物流系统为核心的由生产企业、物流企业、销售企业直至消费者的供应链的整体化和系统化。它是物流业发展的一个高级和成熟的阶段。只有当物流业高度发达，物流系统日趋完善，物流业成为社会生产链条的领导者和协调者时，才能够为社会提供全方位的物流服务。

（三）第三方配送模式

第三方配送，或称外包型配送，是指由物流劳务的供方、需方之外的第三方去完成物流服务的物流运作方式，是物流专业化的一种形式。在这种模式下，企业不拥有自己的任何物流实体，将商品采购、储存和配送都交由第三方完成。

随着物流产业的不断发展以及第三方配送体系的不断完善，第三方配送模式应成为工商企业和电子商务企业进行货物配送的一个首选模式和主要发展方向。其基本功能是设计、执行及管理商务活动中的物流配送要求，利用现代物流技术与物流配送网络，依据与第一方（供应商）或第二方（需求方）签订的物流合同，以最低的物流成本，快速、安全、准确地为客户在特定的时间段，按特定的价格提供个性化的系列物流配送服务。

（四）共同配送模式

共同配送是指为提高物流效率，对某一地区的用户进行配送时，由多个物流企业联合起来进行的配送。它是在配送中心的统一计划、统一调度下进行的。

共同配送主要包括两种运作模式：一是由一个物流企业对多家用户进行配送，即由一个配送企业综合某一地区多个用户的要求，统筹安排配送时间、次数、路线和货物数量，全面进行配送；二是仅在送货环节上将多家用户待运送的货物混载于同一辆车上，然后按照用户的要求分别将货物运送到各个接货点，或者运到多家用户联合设立的配送货物接收点。

二、电子商务物流配送的作业流程

配送作业是物流配送的核心环节。配送部门由业务管理部门进行统一调度，根据客户的具体要求，打印相应的送货单，在运输途中通过 GIS、GPS 技术进行实时监控，及时沟通和反馈配送信息，并在货物到达目的地，经客户确认签字无误后，凭回单向业务管理部门确认。

其具体流程主要包括以下步骤：

（1）收货：主要是按照客户要求进行收货，一般一个大型的物流公司都有自己长期合作并且货量较大的客户，一些零担的客户一般是自己找到后送货上门的。

（2）装车：主要由操作部门进行操作，会按照客户要求的时效进行相应的安排。装车的原则是车辆运输空间的最大化。

（3）运输：把货品送到集散地，要和司机沟通好，告诉他需要什么时候到达门店。

（4）到达集散地：到达后就要卸货了，卸载的时候可以将不同地方的货物分别放在一起。

（5）归类：根据货物的类型、收货人信息的不同分别归类放置，方便运输，有些货物也可以直接装车。

（6）过车：直接由到达车辆装载到派送车辆上，装车前进行归纳存档，即对货物进行电子记录，记录装车时间、派送人员、电话、目的地、客户名字，最后将信息录入电脑中打印送货单，之后即可进行货物的分配。

（7）派送：这个过程很重要，在物流过程中时效和诚信是最重要的，操作人员要根据具体的到货情况进行具体分析，有些需要中转的货物要及时中转，由自己派送的货物要及时按时效派送，如果不能及时派送的话，要及时和收货方与发货方沟通。

（8）客户收货：送货之前客服或者送货司机要及时和客户联系，沟通送货时间和到达后是否有人卸货或者有无卸货的工具，以及路线方面的情况，等等；此外，客户的签收也很重要，要看清签收单上面有没有一些其他的情况，以免发生不必要的纠纷。

练习题

1. 简答题

（1）简述配送中心的功能。

（2）简述电子商务物流配送的分类。

（3）简述电子商务物流配送的作业流程。

2. 实训练习

请学生以小组为单位完成以下实训任务。

【任务内容】

将学生分成不同的小组，为组员赋予不同的角色，并准备一些物流订单，供学生进行物流配送系统的认知和操作。

【实践活动安排】

活动	配送系统认知
活动目标	掌握配送各个环节的任务
活动内容	1. 观察物流配送系统的作业流程并进行讨论 2. 小组将结果用 PPT 作业的方式展示，并进行口头汇报
活动考核	1. 每个小组上交一份作业记录 2. 考核每个小组的汇报内容，分 A、B、C、D 4 个等级考核

项目十一

物流客户服务与管理

✅ 问题引入 ❚❚

小东的朋友委托某货运公司托运了苹果和梨各一箱给小东。小东按原定的到货时间致电货运公司，对方称货物尚未运到。过了多天后货运公司通知小东，说水果已经送到。小东前往货运站取货，却发现两箱水果残缺不全，苹果只剩下几个，梨也只剩下1/3。多方责问下，经理称：水果在运输保管途中因气候原因变质、腐烂，所以只剩下这么一点。小东应如何与该货运公司沟通呢？

✅ 项目导读 ❚❚

本项目包括认知物流客户服务、物流客户管理、物流客户服务质量和绩效管理三个任务，通过案例导入、知识链接等形式，帮助学生由浅入深地理解并掌握物流客户服务与管理的相关内容。

✅ 学习目标 ❚❚

知识目标
- 了解物流客户服务的概念
- 理解物流客户服务的层次
- 掌握物流客户服务的基本能力

能力目标
- 能正确地使用 CRM 软件
- 能对物流客户信息进行正确的收集、整理和分析

素养目标
- 培养勇于创新、敬业乐业的工作作风
- 培养服务意识和社会责任感

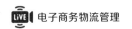

▶ 任务一　　认知物流客户服务

◎ 案例导入

德邦快递推出中秋寄递多元化方案，为更多商家提供个性化服务

2022年下半年以来，国内消费市场呈现出明显的升温态势，特别是部分地方政府还针对线上购买平台或线下商家、店铺等购物渠道场景，出台了发放消费券、设立购物节等激励政策，一定程度上提升了消费市场的活跃度。中秋节作为下半年的第一个重要节日，对于商家而言无疑是理想的营销节点。德邦快递针对节日期间的货物特点，结合往年的经验，精准把握行业痛点，围绕商家和消费者的切实需求，在到仓、到店等方面进行精心布局，让商家在中秋节前放心使用德邦快递进行铺货，以优质服务作为竞争优势，进而锁定潜在客户群体。

德邦快递针对每种物品类型都制定了专属的运送方案，如对于酒类产品，德邦快递使用气柱袋、瓦楞箱、蜂窝板、泡沫箱、珍珠棉等多种材料，对单瓶、多瓶、单箱、多箱等不同类型酒类快递给出了针对性的包装解决方案。这些方案能够有效避免产品在运输过程中因碰撞而损坏，以满足客户的高品质需求。而对于生鲜类食品，德邦快递则提供定制包装、产地直发、送货上门等服务，较高的运输安全性和送达时效性受到了商家和消费者的认可。

针对上游客户，德邦快递以整拼车为主，针对中游客户则以大票零担为主，充分发挥出车源充足、价格优惠、包接包送以及全国线路覆盖和轨迹可视等优势，赢得用户的青睐。此外，德邦快递还推出了"到仓、到店"服务，公司会根据货物的多少安排运力，快递员上门服务，让商家将重心放在经营环节上，无须在快递上耗费太多精力。中秋节期间，还有大量品牌会在全国范围内的店面进行密集铺货，德邦快递发挥其大件优势，让商家放心使用德邦快递进行铺货，实现仓储中心和终端店面的"直连"，确保了铺货效率。

由于中秋节期间快递量比较大，很多快递企业受限于人手不足等因素，往往会将物品直接放在快递柜或者是代收点，而中秋节寄送的水果、水产等物品往往又比较重，造成很多客户取货不便。德邦快递则一直坚持为客户送货上门的服务举措，这一优势让德邦快递成为众多商家中秋节期间的首选合作伙伴，在激烈的市场竞争中占据了优势。

目前，德邦快递还在不断结合快递市场中呈现出来的新特点，持续地对方案进行优化，争取以优质服务帮助商家赢在中秋，为提振消费助力。

资料来源：物流指闻. 德邦快递推出中秋寄递多元化方案，为更多商家提供个性化服务．(2022-08-18)［2023-12-01］. http://news.sohu.com/a/577728871343156.

问题与思考：

1. 什么是物流客户服务?

2. 物流客户服务包含哪些内容?

学习任务单 11-1

学习情景	小东家从北京搬至广州，在行李搬运方面经过比较，综合权衡认为选择物流公司最经济实惠，于是他委托一物流公司邮寄行李，但是在邮寄的过程中部分行李外包装箱被损坏，对此，小东要与客服进行交涉。同时小东对物流客服很是好奇，于是展开了相关学习
任务描述	学生分小组就以下问题进行讨论： 问题 1：什么是物流客户服务？ 问题 2：物流客户服务的层次有哪些？ 问题 3：物流客户服务的基本能力有哪些？ 上述任务建议 2 学时完成
课程思政	学习"素养提升"内容《2023 年我国快递服务质量提升 快递业务量完成超 1 300 亿件》，树立服务意识，促进快递行业高质量发展
讨论	1. 你打过哪些客服电话？ 2. 你认为物流客户服务有什么作用？
任务拓展	调查你身边的物流企业，了解其客户服务的内容有哪些

学习任务考核单 11-1

小组：

组长：
组员：

序号	任务	分值	总结与归纳	成绩
1	物流客户服务的概念	10 分		
2	物流客户服务的内容	20 分		
3	物流客户服务的要素	20 分		
4	物流客户服务的作用	10 分		
5	物流客户服务的基本能力	20 分		
6	物流客户服务的层次	20 分		
合 计				

＊请学生填写完学习任务考核单后上交。

知识链接

一、物流客户服务的概念

客户或顾客是指用金钱或某种有价值的物品来换取财产、服务、产品或某种创意的自然人或组织，是商业服务或产品的采购者，他们可能是最终的消费者、代理人，也可能是供应链内的中间人。

服务是指履行职务，为他人做事，并使他人从中受益的一种有偿或无偿的活动，它不以实物形式而以提供劳动的形式满足他人某种特殊需要。

物流客户服务是指物流企业为促进其产品或服务的销售而与客户进行的相互活动过程。

概括来讲，满足承诺的交付日期的能力、履行订单的准确性、运输延误的提前通知、对客户投诉采取的行动、有关发货日期的信息、价格的竞争力、销售人员后续行动的速度等是客户服务最重要的几个变量。企业可能将某一变量设置得很重要，这正是物流企业提供差异化服务的机会。

（一）作为企业客户服务一部分的物流服务（物流客户服务）

如果站在从事有形产品（或服务）制造或销售的制造企业或商业企业的角度观察物流服务的话，物流服务属于企业客户服务的范畴。

客户在购买商品时，不仅仅是购买商品实体本身，而是购买由有形产品、服务、信息和其他要素所组成的"服务产品组合"。物流客户服务就是这个"服务产品组合"的重要组成部分。在当今的竞争中，有形产品并不一定能保证企业取得良好的经济效益和在市场上长久地生存下去，使企业更具竞争力的是企业能为客户提供比竞争者更好的服务。因此，物流客户服务对于建立良好的客户关系，提高产品在客户心中的价值，增强企业竞争力具有十分重要的作用。

（二）作为物流企业产品销售的物流服务（物流商品）

站在物流活动委托方的角度看，物流企业提供的是一种服务，这种服务同时也构成了制造企业或商业企业物流服务的一部分。

总之，在现代企业中，物流客户服务正逐渐从经营活动的辅助手段变为企业为客户提供物流服务产品的一部分。假如客户服务水平不能跟上竞争的需要，客户对该企业的信任度便会降低，以至于使企业的竞争力下降。相反，如果企业为客户提供满意的物流服务，则会使企业在市场竞争中处于不败地位。

二、物流客户服务的内容

根据物流客户服务的定义，物流客户服务包含了为满足用户需求所实施的一系列物流活动过程及其产生的结果。传统的物流客户服务是指按照用户的要求，为消除货物在空间和时间上的间隔而进行的劳动；而现代物流客户服务则以传统物流客户服务为基础，尽量向两端延伸并赋予其新的内涵，在物流全过程中以最小的综合成本来满足顾客的需求。

（一）传统物流客户服务

传统物流客户服务的内容是通过物流的相关功能活动，满足客户消除货物在空间和时间上的间隔的要求。具体来说，为满足客户的需求，传统物流客户服务的基本内容主要体现在运输、储存以及为了实现和方便运输、储存而提供的装卸搬运、包装、流通加工等服务内容上。

1. 运输服务

在社会分工和商品生产条件下，企业生产的产品作为商品销售给其他企业或消费者使用，但商品生产者与消费者在空间上一般是相互分离的。运输的目的就在于完成商品在空间中的实体转移，消除商品生产者（或供给者）与消费者（或需求者）之间的空间距离，创造商品的空间效用。运输是物流职能的核心环节，不论是企业的输入物流还是输出物流，都依靠运输来实现商品的空间转移。可以说，没有运输，就没有物流，也就没有物流客户服务。为了适应物流服务的需要，要求有一个四通八达、畅行无阻的运输线路网系统作为支持。

2. 储存服务

产品的生产完成时间与消费时间之间总有一段间隔，特别是季节性生产和季节性消费的产品。此外，为了保证再生产过程的顺利进行，也需要在供、产、销各个环节中保持一定的储备。储存就是将商品的使用价值和价值保存起来，消除商品生产与消费在时间上的差异，创造商品的时间效用。储存是物流客户服务的一项重要内容。为储存商品，需要建立相应的仓库设施。在产品销售集中地区所设置的，作为商品集聚与分散基地和进行短期保管的流通仓库就是配送中心。

3. 装卸搬运服务

装卸搬运是伴随运输和保管而产生的物流客户服务活动，如装车（船）、卸车（船）、入库堆码、拣选出库以及连接以上各项活动的短距离搬运。在企业生产过程中，材料、零部件、产成品等在各仓库、车间、工序之间的传递转移也属于物料搬运的范畴。为了提高装卸搬运作业的效率，减轻体力劳动强度，应配备一定的装卸搬运设备。

4. 包装服务

商品包装是为了便利销售和运输保管，并保护商品在流通过程中不受损毁，保持完好。为便利运输和保管而将商品分装为一定的包装单位以及为保护商品免受损毁而进行包装，这都是物流客户服务的内容。

5. 流通加工服务

这是指在流通过程中为满足用户需要而进行的必要的加工、切割、套裁、配套等。

运输与储存是传统物流客户服务的主要内容，其中运输是物流客户服务体系中所有动态内容的核心，而储存则是唯一的静态内容。物流客户服务的装卸搬运、包装、流通加工等则是物流的辅助内容。它们的有机结合构成了一个完整的物流客户服务系统。

（二）现代物流客户服务

现代物流客户服务离不开传统的物流客户服务活动，但它在传统物流客户服务的基础上，通过向两端延伸为其赋予了新的内涵，是各种新的服务理念的体现。具体来说，现代物流客户服务主要体现在一体化物流客户服务、增值物流客户服务、虚拟物流客户服务、差异化物流客户服务、绿色物流客户服务和物流创新服务等方面。现代物流客户服务的服务内容和服务理念将在实践中逐步完善和拓展。

1. 一体化物流客户服务

一体化物流客户服务（Integrated Logistics Service）亦称集成式物流客户服务或综合物流客户服务。国家标准《物流术语》（GB/T 18354—2021）对一体化物流服务的定义是"根据客户物流需求所提供的全过程、多功能的物流服务"。它是集成各种物流功能，为最大限度地方便客户、服务客户而推出的一种服务模式。一体化物流客户服务不是对物流功能的简单组合，它体现的是"一站式服务"，体现的是以客户为中心的物流客户服务理念。客户只需在一个物流客户服务点办理一次手续即可。也就是说，客户只需要找一位物流企业的业务员，或进一家物流公司的一个部门、一道门，办理一次委托，就可以将极其繁杂的物流业务交付给物流企业处理，物流企业便可以按客户的要求完成这笔业务。"一站式服务"的最大优点是方便客户，其追求的目标是"让客户找的人越少越好，让客户等的时间越短越好，让客户来企业的次数越少越好"。为实现这一目标，要求物流企业全球营销网络中的每一个服务窗口都能够接受全部业务，并完成客户原先需在几个企业或几个部门、几个窗口才能完成的操作手续。这对现代物流企业的服务能力、服务体系提出了很高的要求。

2. 增值物流客户服务

增值物流客户服务（Value-added Logistics Service）是随着第三方物流的兴起而逐渐引起人们注意的一种物流客户服务。国家标准《物流术语》（GB/T 18354—2021）对物流增值服务的定义为"在完成物流基本功能的基础上，根据客户需求提供的各种延伸业务活动"。也就是说，增值物流客户服务是根据客户需要，为客户提供的超出常规服务范围的服务，或者采用超出常规的服务方法提供的创新服务。超出常规、满足客户需要是增值物流客户服务的本质特征。

它主要包括以下几种类型的服务：

（1）增加便利性的服务。

尽可能地简化手续、简化作业，方便客户，让客户满意。推行一条龙、门到门服务，提供完备的操作或作业提示，包括免培训、免维护、省力设计或安装、代办业务、一张面孔接待客户、24小时营业、自动订货、传递信息和转账（利用 EOS、EDI、EFT）、物流全过程追踪等。

（2）加快响应速度的服务。

快速响应是让客户满意的重要服务内容。与传统的单纯追求快速运输的方式不同，现代物流是通过优化物流客户服务网络系统、配送中心或重新设计流通渠道，来减少物流环节，简化物流过程，提高物流系统的快速响应能力。

（3）降低成本的服务。

帮助客户发掘第三利润源泉，降低物流成本，如采用比较适用但投资比较少的物流技术和设施设备等。

（4）其他延伸服务。

物流企业的服务范围在提供物流客户服务的基础上，可以向上延伸到市场调查与预测、采购及订单处理，向下延伸到配送与客户服务等，还可以横向延伸到物流咨询与教育培训以及为客户提供物流系统的规划设计服务、代客结算收费服务等。

3. 虚拟物流客户服务

虚拟物流（Virtual Logistics）是指以计算机网络技术进行物流运作与管理，实现企业间物流资源共享和优化配置的物流方式。虚拟物流的实现形式从一般意义上讲就是构建虚拟物流组织，通过这种方式将物流企业、承运人、仓库运营商、产品供应商以及配送商等通过计算机网络技术集成到一起，提供"一站式"的物流客户服务，从而有效改善单个企业在物流市场竞争中的弱势地位。虚拟物流的技术基础是信息技术，以信息技术为手段为客户提供虚拟物流客户服务。虚拟物流的组织基础是虚拟物流企业，通过电子商务、信息网络化将分散在各地的分属不同所有者的仓库、车队、码头、路线通过网络系统地连接起来，使之成为"虚拟仓库""虚拟配送中心"，进行统一管理和配套使用。虚拟物流及其客户服务内容是一个前沿课题，其服务目标就是通过虚拟物流组织提供一体化的物流客户服务。

4. 差异化物流客户服务

现代物流的差异化服务包括两方面的含义：一是物流企业根据各类客户的不同要求提供个性化的需求服务。它又可以分为两种情况，一种是同行业不同企业的情况有差别，因而其各自所需的物流客户服务内容与水平要求也有区别；另一种是不同行业的企业，其物流客户服务的需求差别更大，从而有了我们现在所细分出的家电物流、医药物流、食品物流、汽车物流、烟草物流、农产品物流等不同的物流客户服务形式，这就要求我们必须依据各行业的实际情况区别对待。二是物流企业为客户提供某些专营或特种物流客户服务，如对于化工、石油、液化气及其他危险物品、鲜活易腐品、贵重物品等，提供专营或特种物流客户服务。与一般的物流客户服务相比，此类服务对物流企业提出了一些比较特殊的要求，一般需要具备相应的经营资质和实力，否则就难以承担此类服务。差异化服务是现代物流企业对市场柔性反应的集中体现，也是现代物流企业综合素质和竞争能力的体现，一般情况下，它可以为物流企业带来比普通物流客户服务更高的利润回报。现代物流企业如果能根据市场需求和自身实际开发出更多适销对路的差异化物流客户服务产品，便可确保获得更多的收入与利润，并在激烈的市场竞争中处于有利地位。

5. 绿色物流客户服务

绿色物流是融入环境可持续发展理念的物流活动，是指在物流过程中抑制物流对环境造成的危害的同时，实现对物流环境的净化，使物流资源得到最充分的利用，创造更多的价值。具体包括：集约资源、绿色运输、绿色仓储、绿色包装、逆向物流等。绿色物流的目标之一是以最小的能耗和最少的资源投入，创造最大化的利润；目标之二是在优化物流系统的同时将物流体系对环境的污染控制到最小。现代物流中的绿色服务要求企业在给客户提供服务时遵循"绿色化"原则，采用绿色化的作业方式，尽量减少物流过程对环境造成的危害。同时把"效率化"放在首位，尽量降低物流作业成本，力争以最小的能耗和最少的资源投入为客户提供满意的服务，为企业和客户创造最大化的利润。

6. 物流创新服务

物流创新服务就是现代物流客户服务提供者运用新的物流生产组织方式方法或采用新的技术，开辟新的物流客户服务市场或为物流客户服务需求者提供新的物流客户服务内容。创新是现代企业生存与发展的永恒主题，离开了创新，现代企业的发展就无从谈起。因此，创新服务理念也是现代物流最重要的新理念之一，现代物流企业必须树立这一理念，具备创新服务能力，从而提高企业的竞争能力，使企业获得生存与发展的动力。目前，物流公司提供的维修服务、电子跟踪和其他具有附加值的服务日益增加。物流客户服务商正在变为客户服务中心、加工和维修中心、信息处理中心和金融中心，根据顾客需要而增加新的服务是一个不断发展的观念。

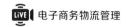

三、物流客户服务的要素

物流客户服务的要素有很多，尽管由于客户需求不同，这些要素的重要程度也有所不同，但一般可将物流客户服务的要素分为三组：交易前要素、交易要素、交易后要素。

（一）交易前要素

物流客户服务的交易前要素倾向于非日常性、与政策有关，它们需要管理和投入。尽管这些活动没有明确地涉及物流，但它们对产品的销售具有重大的影响。客户服务的交易前要素具体包括以下内容。

1. **客户服务政策声明**

客户服务政策声明要做到：

（1）基于客户需要；

（2）明确规定服务标准；

（3）确定由谁向谁汇报绩效评估以及汇报的频率；

（4）可操作或能够被实施。

2. **客户接受服务政策声明**

如果企业提供为增强市场渗透而设计的某种服务水平，但是不能告诉客户能够提供什么东西，那么客户服务政策声明就没有什么意义。为客户提供接受服务政策声明，可以减少客户对产品性能存在某些不切实际的期望的可能性。声明必须向客户明确在具体的性能指标没有达到的情况下，如何向公司沟通信息。

3. **组织结构**

尽管不存在最适合于成功实施所有客户服务政策的某种组织结构，但所选择的结构应该有利于那些实施客户服务政策所涉及的职能部门之间的沟通与合作。此外，公司应该为客户提供能够满足其信息需求的具体个人的姓名和电话号码。

4. **系统的柔性**

为了有效地对无法预料的事件做出反应，例如暴风雪、原材料或能源短缺、罢工等，系统必须是柔性的。

5. **管理服务**

如帮助客户进行库存管理、订货、购买培训手册和举行研讨会。

以上客户服务的交易前要素都是成功的市场营销必不可少的组成部分。

（二）交易要素

交易要素是指那些与客户服务相关的活动，包括以下内容。

1. **缺货水平**

缺货水平是对产品供应情况的一种测度。为了确定问题所在，对于缺货情况应根据产品和客户来进行登记。当出现缺货时，公司可以通过安排合适的替代产品，或当产品已入库时，可以通过加速发货，来维持与客户的良好关系。

2. **订货信息**

订货信息是指为客户提供的关于库存情况、订单状态、预期发货和交付日期以及延期交货情况等的信息。延期交货的能力使公司能够确定和推进那些需要立即关注的订单。

公司可以利用延期交付的订单数量及相关的订货周期时间来评估系统的绩效水平。延迟交付的能力很重要，因为其他方法可能是被迫缺货。公司应该按客户和按产品类别将延期交付的数量记录下来，从而识别和纠正比较差的系统绩效水平。

3. 订货周期要素

订货周期是指从客户发出订单开始到产品交付给客户的总时间。订货周期的各个组成部分包括：订单传递、订单输入、订单处理、订单分拣和包装、交付。因为客户关心的主要是总体时间，因此，监控和管理好订货周期的每一个组成部分来控制订货周期的变动是很重要的。

4. 加急发货

加急发货是指为了缩短正常的订货周期而需要对货物进行特殊处理。尽管加急成本比标准处理的成本要高得多，但它可能比失去客户的代价要低。对于管理者来说，决定哪些客户应该得到加急发货以及哪些客户不适合采用加急发货是很重要的。是否加急发货一般根据某个特定客户对制造商的贡献来确定。

5. 转运

转运是指为避免缺货而在地区之间进行的产品运输。转运通常是根据客户订单的预测来进行的。

6. 系统的准确性

系统的准确性，如订单数量、订购产品和发票的准确性对于制造商和客户来说都是很重要的。误差应该被记录下来和报告给系统，作为系统处理订单数的一个百分比。

7. 订货方便性

订货方便性是指一个客户在下订单时所经历的困难程度。模糊的订单形式或非标准化的术语所引起的问题能够导致不良的客户关系。一个比较合适的绩效衡量指标是，与方便性有关的问题数占订单数的百分比。这个问题可以通过对客户进行现场采访的方式来识别、减少和消除。

8. 产品的替代性

当一个客户所订购的产品被同一种但不同规格的产品或另一种具有同样性能或更好的产品所替代时，产品替代就发生了。例如，一个客户订购了一箱每瓶为 150 克的适合中性发质的洗发水，如果此产品缺货，该客户愿意接受 80 克或 200 克装的洗发水，那么制造商就能够提高以特定时期内产品的可获得性为评估指标的客户服务水平。为了制定出合适的产品替代政策，制造商应该与客户密切合作，为他们提供信息或征求他们的意见。一个成功的产品替代计划需要制造商与客户之间保持良好沟通。

（三）交易后要素

客户服务的交易后要素支持产品的售后服务。具体的交易后要素包括以下内容。

1. 安装、质量保证、变更、修理和零部件

这些在采购决策中是很重要的要素，应该以类似于交易要素的方式进行评估。为了执行这些功能，公司需要做到：

（1）协助确保产品在客户开始使用时的性能与期望的要求相符；

（2）可获得零部件供应和修理人员的支持；

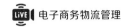

（3）保证有效的管理职能。

2. 产品跟踪

产品跟踪也是客户服务的一个必要的组成要素。为了避免诉讼，公司必须能够一发现问题，就回收存在潜在危险的产品。

3. 客户索赔、投诉和退货

一般来说，设计物流系统时，考虑的是使产品朝客户的方向移动。然而，几乎每一个制造商都有一些退货产品，对这些产品进行非日常性处理成本是很高的。公司政策应规定如何处理索赔、投诉和退货。公司应保留有关索赔、投诉和退货方面的数据记录，从而为产品开发、市场营销、物流和其他公司职能部门提供有价值的客户信息。

4. 临时性的产品替代

当客户在等待接受采购的物品或先前采购的产品需要修理时，为客户提供一个临时性的产品替代。

四、物流客户服务的作用

客户服务是整个物流体系设计和运作的基础与必要组成部分。物流企业在市场竞争中需要确定自己的核心业务和核心优势，差异化的客户服务能给企业带来独特的竞争优势。加强物流管理、改进客户服务是创造持久竞争能力的有效手段。此外，客户服务水平直接影响到企业的市场份额、物流总成本，进而影响到总体利润市场规模和经营范围的扩大。从某种意义上说，"服务"是物流的性质，而一流的客户服务已成为高水平物流客户服务企业的标志。客户服务水平不仅决定了能否维持住原有的客户，而且决定了有多少潜在客户会成为现实客户。因此，物流客户服务都要注重赢得新客户，留住老客户，这是客户服务最基本的要求。

（一）提高销售收入

客户服务是影响物流企业经营的重要因素，它直接关系到物流企业的市场营销。通过物流活动提供时间与空间效用来满足客户需求，是物流企业功能的产出或最终产品。无论是面向生产的物流，还是面向市场的物流，其最终产品都是提供某种满足物流客户需求的服务。

（二）提高客户满意程度

客户服务是由企业向购买其产品或服务的人提供的一系列活动。从现代市场营销观念的角度来看，客户服务包含三个层次，即核心产品、形式产品、延伸产品。

客户所关心的是购买的全部产品，即产品的实物和产品的附加价值。而物流客户服务就是提供这些附加价值的重要活动，它对客户满意程度具有重要影响。良好的客户服务可以增加产品的价值，提高客户的满意程度。因此，许多物流企业都将客户服务作为企业物流的一项重要功能。

（三）降低流通成本

物流客户服务方式的选择对降低流通成本具有重要作用。低成本战略历来是企业竞争中的一项重要内容，而低成本的实现往往涉及商品生产、流通的全过程，除了生产原材料、零部件、人力成本等各种有形的影响因素外，物流客户服务方式等无形要素的选择对成本也具有相当大的影响。

（四）创造超越单个企业的供应链价值

一方面，物流客户服务作为一种特有的服务方式，以商品为媒介，将供应商、厂商、批发商及零售商有机地组成一个从生产到消费的全过程流动体系，推动了商品的顺利流动；另一方面，物流客户服务通过自身特有的系统设施（POS、EOS、VAN 等）不断将商品销售、库存等重要信息反馈给流通渠道中的所有企业，并通过不断调整经营资源，使整个流通过程能够协调地应对市场变化，进而创造出一种超越流通渠道内单个企业的供应链价值。

（五）留住客户

客户是企业利润的源泉。在现代市场经济下，客户及其需要是企业建立和发展的基础。更好地满足客户的需求，是企业成功的关键。过去，许多企业都将工作重点放在新客户开发上，而对如何留住现有客户研究较少。实际上，留住客户的战略更为重要。因为老客户与公司利润率之间有着非常高的相关性，留住老客户就可以留住业务，同时降低客户销售以及广告的成本，特别是满意的老客户还会提供业务中介。因此，"不能让老客户投向竞争对手"已成为企业的一个重要战略问题。

五、物流客户服务的基本能力

反映物流客户服务能力的指标主要有三个：可得性、作业绩效和可靠性。

（一）可得性

可得性是指当客户需要存货时企业所拥有的库存能力。可得性可以通过多种方式实现，通常的做法是按预期客户订货进行存货储备。

服务可得性可以用以下三个物流绩效指标进行衡量：缺货频率、供应比率和订货完成率。通过这三个指标基本可以确定一个企业满足客户对存货需求的能力。

1. 缺货频率（Stockout Frequency）

缺货频率是指缺货发生的概率。产品的缺货频率衡量的是一个特定产品的需求超过其可得性的次数，将所有产品发生缺货的次数汇总起来，就是一个企业实现其产品可得性的状况。

2. 供应比率（Fill Rate）

供应比率是衡量缺货的程度或影响大小的指标，它反映了客户真实需求能否得到满足，因为缺货并不意味着需求得不到满足。供应比率可以用于计算某个顾客或任意顾客组合或业务部门组合的供应绩效。例如，一个顾客订货 100 单位产品，只有 90 单位可得，那么供应比率为 90%（90/100）。缺货频率和供应比率都取决于客户订货情况，订货次数增多，缺货频率就会提高。

3. 订货完成率（Orders Shipped Complete）

订货完成率是衡量企业提供一个顾客所预订的全部存货能力的指标，它以某一客户的全部订货作为衡量对象。

（二）作业绩效

可通过速度、一致性、作业灵活性和故障与恢复等方面来衡量作业绩效。

1. 速度

完成周期的速度是指从一开始订货时起至货物实际抵达时止的这段时间。完成周期越短，客户存货越少。

2. 一致性

虽然服务速度至关重要，但大多数物流客户服务更强调一致性。一致性是指企业在众多的物流作业完成周期中按时配送的能力，代表了企业履行合约的能力。

3. 作业灵活性

作业灵活性是指企业处理异常的客户服务需求的能力。需要企业灵活运作的典型状况有：更改装运交付的地点；新产品引进；供应中断；产品回收；顾客的特殊定制等。

4. 故障与恢复

不管企业的物流客户服务能力多么完美，故障的发生总是不可能完全避免的。企业必须具备预测服务过程中可能发生的故障或服务中断的能力，并有能力制订适当的应急计划来恢复系统的运作，完成服务。这也是保障服务一致性所不可或缺的能力。

（三）可靠性

物流客户服务的质量与物流客户服务的可靠性密切相关。物流活动中最基本的质量问题是如何实现服务的可得性和作业完成能力。而服务可靠性中一个关键的因素是企业能否提供精确无误的信息。正如前面提到的，服务过程中意外总可能发生，顾客通常会讨厌意外事件，但如果他们能够事先收到明确的信息，就可以对意外情况做出相应的调整。

对物流客户服务可靠性的衡量主要体现在以下三个方面：衡量变量、衡量单位和衡量基础。

1. 衡量变量

在基本的物流客户服务方案中，特定的履行活动就是据以评估的衡量项目。包括延交订货数、已取消订货数、装运短缺数等。按时点进行衡量的变量是静态变量，按时段进行衡量的变量是动态变量。

2. 衡量单位

衡量单位的选择包括数量单位、时间单位等。

3. 衡量基础

衡量基础用于规定如何汇总物流完成报告，把整个物流系统归类成某种衡量基础，以期在大系统的规模上来概括客户服务的表现，包括总系统层次、订货层次、销售领域层次、顾客层次、产品组层次、厂牌层次等。

六、物流客户服务的层次

客户取向通常取决于三个方面：价值、系统和人。当客户感觉到产品或者服务在质量、数量、可靠性或者适合性方面有不足的时候，他们通常会侧重于价值取向。客户需求的满足是一个过程的终点，意味着企业目标的实现，客户服务的价值甚至超过了产品本身。所以，客户服务水平直接反映了一个企业的综合实力。按照物流客户服务内容的不同，可将物流客户服务分为三个层次，即基本服务、客户满意和客户成功。

（一）基本服务

基本服务体现为企业服务的最低标准，企业据此来建立其最基本的业务关系。基本客户服务能力是一种向每一位客户都能提供支持的水平，对所有的客户在特定的层次上予以同等对待，以全面保持其忠诚。对于任何一个客户的订货，企业只要接受，就有义务按照其基本服务的承诺为客户服务，即使这份订货对其来说几乎无利可图。

（二）客户满意

客户满意是指企业要在基本服务以外提供更多的增值服务，并且以完美订货服务为目标。这种服务层次仅面向一些重要的客户，并通过客户满意的实现来建立长久的合作关系和维持长期的获利来源。长期以来，客户满意度始终是企业市场营销及商业战略中最核心的理念之一。在制定客户满意度方案时，企业首先要回答的问题是：客户得到满足究竟意味着什么。企业的服务水平能够达到客户的要求，甚至超过客户的期望，那么客户就能够得到满足。相反，如果无法达到客户的期望值，客户就不能得到满足。许多企业都用这种方法来理解客户满意度，并努力达到或超过客户的期望值。

（三）客户成功

客户成功是指企业以协助客户成功为目标为客户提供比客户满意更高的服务，这种服务层次不再局限于物流作业的层面，而是更加强调与客户在战略层次上的合作，旨在维系具有高成长潜力及高目标达成概率的长期企业间关系。这种合作涉及了由物流领域到企业决策的各个方面，诸如新产品开发、市场定位、渠道设计等。近年来，越来越多的企业逐渐开始意识到，企业能否不断壮大并拓展市场份额，取决于企业吸引并留住行业中最关键的客户的能力，基于此，出现了一种新型的服务承诺，即企业应用自身的运作能力确保关键客户取得成功，实现"以客户为中心"的市场营销。企业对客户成功的重视体现了企业为满足客户需求所做的主要承诺，表11-1总结了"以客户为中心"的企业理念所经历的演变过程。需要注意的是，企业之所以强调客户服务，目的是建立一些内部标准，用于衡量企业基本服务的绩效水平。客户满意度平台是建立在这样的一种观念之上的：客户对企业绩效具有一定的期望值，而确保客户满意的唯一方法就是根据这些期望值来评估客户对企业绩效的认同程度。

表 11-1 "以客户为中心"的企业理念演变过程

客户服务层次	要点
基本服务	达到内部标准
客户满意	满足客户期望
客户成功	满足客户的需求

客户成功计划包括两个方面：一是全面了解个体消费者的需求情况；二是与客户建立长期关系，以获得较大的增长空间和盈利空间。

从很多方面来说，要想实现客户成功的计划，物流管理者们必须站在供应链的角度进行全面的统筹规划，企业要不断改进生产方式、配送方式和销售方式，事实上，供应商和客户之间的合作不但能给双方带来更多的利益，或许还能带来更大的改革和突破。此外，双方还必须进行大量的交流，否则就不能实现更好的合作。当企业实施客户成功的战略遇到难题时，通常采用的方法是为客户提供增值服务。

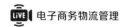

⊚ 素养提升

2023 年我国快递服务质量提升 快递业务量完成超 1 300 亿件

快递链接千城百业、联系千家万户、连通线上线下，是服务生产、促进消费、畅通循环的重要力量，对经济社会发展的贡献日益凸显。

改革开放以来，我国快递业实现了从小到大的历史性跨越，开启了由大到强的新征程，进入高速增长阶段。"十四五"以来，我国快递市场迈入"千亿件"时代，快递行业发展从高速增长阶段转向高质量发展阶段。

2024 年 4 月 8 日，国家邮政局市场监管司司长在第二季度例行新闻发布会上表示，2023 年，快递服务满意度和时限准时率在行业高质量发展的大背景下，不仅有效恢复，而且得到了较大的提升。其中，快递服务公众满意度得分和 72 小时妥投率都创造历史最好水平。

据介绍，2023 年快递服务质量提升，主要有四方面原因：一是旺盛的需求带动了服务质量提升。我国超大规模市场优势为快递业发展提供了广阔的空间。全年快递业务量完成 1 320 亿件，同比增长 19.5%，为服务质量提升打下良好基础。

二是行业保通保畅工作取得积极进展。主动发现并化解难点卡点，断点堵点持续打通，服务更加畅行无阻。发展的客观环境持续改善后，市场主体更加注重完善基础设施，提升服务能力和水平。

三是主要市场主体对服务质量工作更加重视，进行了很多有益的尝试。比如，优化中转处理、应用智能装备、加大农村网络投入、推广绿色包装、升级客服管理等措施在很多企业都有体现。

四是邮政管理部门组织开展了服务质量提升行动，对一些服务质量突出问题加大了治理力度，用户体验感、满意度不断增强。

调查数据显示，2023 年快递服务公众满意度得分为 84.3 分，较 2022 年上升 0.9 分。涉及评价的 5 项二级指标满意度较 2022 年均有上升。

其中，受理、揽收、投递、售后、信息环节满意度得分分别为 89.5 分、88.7 分、85.3 分、76.3 分、84.5 分，同比分别上升 0.4 分、0.4 分、0.9 分、1.8 分、0.8 分。在 50 个城市中，快递服务公众满意度得分居前 15 位的城市为北京、青岛、沈阳、济南、天津、漯河、郑州、鄂州、太原、东莞、苏州、温州、石家庄、厦门、银川。

时限测试结果显示，2023 年全国重点地区快递服务全程时限为 56.42 小时，同比缩短 2.40 小时。72 小时妥投率为 80.97%，同比提升 3.15 个百分点。从分环节来看，寄出地处理环节平均时限为 7.60 小时，同比延长 0.04 小时；运输环节平均时限为 35.51 小时，同比缩短 1.32 小时；寄达地处理环节平均时限为 10.08 小时，同比缩短 0.68 小时；投递环节平均时限为 3.24 小时，同比缩短 0.43 小时（其中部分数据进行了四舍五入处理）。

国家邮政局市场监管司司长表示，服务质量提升是一项长期性、系统性的工程，快递企业还需要在四个方面进一步加强工作：一是有效提升农村地区的服务能力，包括处理设备的升级改造、服务网络的布局完善、末端能力的不断加强等。二是优化产品供给，将站递、箱递、上门投递更加精准匹配到用户，满足多样化的需求。三是持续提升履约水平，尤其是加强快递品牌总部全网服务质量统一管理，树牢品牌意识和诚信理念，让用户感到更加值得信赖。四是促进电商与快递的协同发展，完善业务流程，电商在下单时提供投递方式选择项，可以提高投递的效率。

资料来源：乔雪峰. 2023年我国快递服务质量提升 快递业务量完成超1 300亿件.（2024 - 04 - 08）[2024 - 04 - 15]. http://news.youth.cn/qdc/pic_list/202404/t20240411_15190056.htm.

▶ 任务二　　物流客户管理

◎ 案例导入

联邦快递的全球运送服务

联邦快递的创始者弗雷德·史密斯有一句名言："想称霸市场，首先要让客户的心跟着你走，然后让客户的腰包跟着你走。"虽然竞争者很容易采用降价策略参与竞争，但联邦快递认为提高服务水平才是长久维持客户关系的关键。

电子商务的兴起，为快递从业人员提供了良好的机遇。在电子商务体系中，很多企业间可通过网络的连接，快速传递必要信息，但对一些企业来讲，运送实体的东西仍是一个难题。举例来讲，对于产品周期短、跌价风险高的计算机硬件产品来讲，在接到顾客的订单后，取得物料、组装、配送，以降低库存风险及掌握市场先机，是非常重要的课题。因此，对通过网络直销的戴尔电脑来讲，如果借助联邦快递的及时配送服务来提升整体的运筹效率，就可以极大地规避经营风险。有一些小企业，由于经费、人力的不足，往往不能建立自己的配送体系，这时就可以借助联邦快递进行配送。联邦快递要成为企业运送货物的管家，需要与客户建立良好的互动与信息沟通模式，使得企业能掌握自己的货物配送流程与状态。在联邦快递，所有顾客都可借助其网址同步追踪货物状况，还可以免费下载实用软件，进入联邦快递协助建立的亚太经济合作组织关税资料库。它的线上交易软件 BusinessLink 可协助客户整合线上交易的所有环节，从订货到收款、开发票、库存管理一直到将货物交到收货人手中。这个软件能使无店铺零售企业以较低成本比较迅速地在网络上进行销售。另外，联邦快递特别强调，要与顾客相配合，针对顾客的特定需求，如公司大小、生产线地点、业务办公室地点、客户群科技化程度、公司未来目标等，一起制定配送方案。联邦快递还提供一些高附加值的服务，如货物的维修运送服务、将已坏的电脑或电子产品送修或返还所有者、扮演客户的零件或备料"银行"，等等。在过去都是由客户自己设法将零件由制造商送到终端顾客手中，而现在快递公司可完全代劳。

综上所述，联邦快递的服务特点在于，协助顾客节省了仓储费用，而且在交由联邦快递运送后，顾客仍然能准确掌握货物的行踪，可利用联邦快递的系统来管理货物订单。

问题与思考：

1. 什么是物流客户管理？

2. 联邦快递服务的优势是什么？

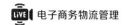

学习任务单 11-2

学习情景	小东已经学习了物流客户服务的基本知识，可是小东还是好奇，物流公司有如此多的客户，天南海北到处都有，它们是如何对这些客户进行管理的呢？对此，小东和同学一起进行调研，学习了物流客户管理的相关知识
任务描述	学生分小组就以下问题进行讨论： 问题1：什么是物流客户管理？ 问题2：物流客户管理的原则是什么？ 问题3：什么是 CRM？ 以上任务建议 2 学时完成
讨论	你办理过什么会员卡？该会员身份给你提供哪些服务政策？
任务拓展	调查身边的物流公司，看看它们是如何对客户进行管理的

学习任务考核单 11-2

小组：

序号	任务	分值	总结与归纳	成绩
组长： 组员：				
1	物流客户管理的定义、原则和内容	30 分		
2	客户 ABC 分类	30 分		
3	客户关系管理系统	40 分		
合 计				

＊请学生填写完学习任务考核单后上交。

🎯 知识链接

一、物流客户管理概述

（一）物流客户管理的定义

物流客户管理是指物流客户服务人员通过收集和分析物流客户信息，把握客户需求特征和行为偏好，有针对性地为客户提供物流产品或服务，发展和管理物流企业与客户之间的关系，从而培养客户的长期忠诚度，达成双方"共赢"的经营活动过程。

（二）物流客户管理的原则

1. 动态管理

客户关系建立后，若是置之不顾，就会失去它的意义。因为客户的情况是会发生变化的，所以客户的资料也需要不断调整，要剔除过旧或已经变化了的资料，及时补充新的资料，对客户的变化进行跟踪，使客户关系管理保持动态。

2. 突出重点

不同类型的客户资料很多，我们要透过这些资料找出重点客户，重点客户不仅要包括现在的客户，还应包括未来的客户或潜在客户。这样可以为企业选择新客户、开拓新市场提供资料，为企业进一步发展创造良机。

3. 灵活运用

对客户资料进行收集管理，目的是在销售过程中加以运用。所以，在建立客户资料卡后，不能束之高阁，必须以灵活运用的方式及时全面地提供给销售代表或其他有关人员，使他们能进行更详细的分析，使"死资料"变成"活资料"，提高客户管理的效率。

4. 专人负责

由于客户资料只能供内部使用，所以客户管理应确定具体的规定和办法，由专人负责管理，严格管理好客户情报资料的利用和借阅。

（三）物流客户管理的内容

客户管理无疑是物流企业运营过程中的重要工作，物流客户管理主要包括以下五方面内容。

1. 客户资料管理

客户资料管理是指对客户信息进行收集、分类并根据意向度进行分级管理，也可称为客户档案管理。

优秀的客户管理软件在客户资料管理方面可以做到检索快速、查看方便、记录快捷。

2. 客户沟通管理

客户沟通管理是指与客户对接的所有部门在与客户沟通过程中进行记录留存。它一方面可以对客户反馈进行记录，另一方面可以作为对对接部门的工作人员如销售人员、服务人员的工作量进行考核的依据。

优秀的客户管理软件可以在管理沟通记录的同时，快速设定跟进计划到期提醒，避免遗忘；同时能够及时共享客户信息，获取内部多部门的协作，提高客户转化率。

3. 客户需求管理

客户需求管理主要是指对客户现状、需求的挖掘。

优秀的客户管理软件可以针对客户需求生成分析报告，制定更有针对性的解决方案。

4. 客户订单管理

当客户进行采购/购买时，其订单数据将在客户管理软件中被记录下来；也可以打通ERP软件，实现订单管理的闭环。

优秀的客户管理软件能够方便用户查看订单状态、收款/开票情况并及时提醒回款等。

5. 客户售后服务管理

当前客户开发难度越来越大，赢得老客户的信任不仅可以促进回购，还能增加转介的可能。对客户售后服务的管理一方面能够提高客户满意度；另一方面通过客户管理软件的数据分析，还能准确了解各区域客户的喜好，企业提供的各类产品、服务中存在的

不足，以及市场的变化。

二、客户 ABC 分类

客户是企业生存和发展的动力源泉，是企业的重要资源，应对客户进行科学有效的管理，以追求收益的最大化。按照客户价值进行分类，可以把客户群分为关键客户（A 类客户）、主要客户（B 类客户）、普通客户（C 类客户）三个类别，即 ABC 客户分类法。对不同类别的客户，应采取不同的管理方法，并建立科学动态的分类管理机制。

客户分类是物流企业管理的内在要求。根据"80/20 原则"，企业销售额（或别的重要指标）的 80％来自 20％的重要客户。但是，目前多数物流企业在服务资源的配置上存在着"大锅饭"或"倒置"现象，即对所有客户一视同仁，重要客户并未得到更多的服务。任何企业的资源都是有限的，企业的各项投入及支出都应用在"刀刃"上。因此，企业要想获得最大的收益，就必须对自己拥有的客户进行有效的差异分析，并根据这种差异来区分不同价值的客户，指导企业更合理地配置有限的市场销售、服务和管理资源，实现客户资源价值和企业投入回报的同步最大化。

三、客户关系管理系统

客户关系管理系统（Customer Relationship Management，CRM）是一种软件交流平台，它通过建立强大的客户服务系统，将从各个渠道和途径收集来的客户信息集中在一个大的数据库网络里，记载相关购买使用记录、回访记录、使用频次等，实现各环节信息传递和共享，通过整合客户信息，来进一步稳定客户关系，协调企业现有资源，为客户提供个性化服务。

客户关系管理系统利用信息技术，以客户为中心，通过对客户的跟踪、管理和服务，留住老客户，吸引新客户，提高客户满意度，从而提高物流企业的竞争力。CRM 具有两个方面的含义：第一，CRM 是一套企业信息化管理的软件系统；第二，CRM 是一种先进的管理模式，它主张一切以客户为中心，一切以客户为导向。

（一）CRM 系统的功能

（1）实现与客户的多渠道紧密联系；

（2）实现对客户销售、市场营销、客户服务与支持的全面管理；

（3）实现对客户订单的流程追踪；

（4）实现对客户基本数据的记录、跟踪；

（5）实现对客户群体的划分和趋势研究；

（6）实现数据挖掘和在线联机分析，以提供决策支持；

（7）实现与企业资源计划、供应链管理、办公自动化等系统的紧密集成。

（二）CRM 系统的分类

按照 CRM 系统的功能，可以把 CRM 应用系统分为操作型、渠道型和分析型三类。

1. 操作型 CRM

操作型 CRM 通过利用信息技术来帮助企业实现对客户资料管理、服务管理、营销管理、销售环节管理等环节的自动化，达到利用 IT 技术来提高企业的运营效率、降低企业运作成本的目的，从而最终达到实现企业利润最大化和利润持续增长的目的。

2. 渠道型 CRM

渠道型 CRM 是指通过提高对客户服务请求的响应速度来提升客户满意度的一套管理系统。信息时代的客户会通过不同的信息手段来达到与企业进行信息交流、商品交换的目的，这就要求企业各部门提高对客户多种信息交换形式的响应速度和质量，企业需要将各部门对客户信息交流的需求统一在一个平台上，而渠道型 CRM 就应运而生了。

3. 分析型 CRM

分析型 CRM 在功能上要更全面一些，但是也有所侧重。它除了包括以上两种 CRM 系统的功能之外，更加注重系统本身的分析功能。企业可以用它对大量客户信息进行最大限度的数据化、量化，从而针对客户的实际需求制定相应的营销战略，开发出相应的产品和服务，更好地满足客户的需求，实现企业的自身价值。

选择使用哪种 CRM 系统进行客户关系管理取决于企业的实际需求，不必单方面追求功能的强大，千万别像有的企业那样花巨资购买功能强大的 CRM 系统，之后却发现很多功能都用不上，还要花很多人力财力去进行维护。

▶ 任务三　物流客户服务质量和绩效管理

⊙ 案例导入

JCPenney 公司质量管理创新

一、JCPenney 公司配送中心的基本情况

JCPenney 公司位于俄亥俄州哥伦布的配送中心，每年要处理 900 万种订货，每天要处理 25 000 笔订货。该配送中心为 264 家地区的零售店装运货物，无论是零售商还是消费者家中，都能做到 48 小时之内把货物送到所需的地点。哥伦布配送中心有 200 万平方米，雇用了 1 300 名全日制员工，旺季时有 500 名兼职雇员。JCPenney 公司在其位于密苏里州的堪萨斯城、内华达州的雷诺以及康涅狄格州的曼彻斯特的三个配送中心里成功地实施了质量创新活动，能够连续 24 小时为全国 90％的地区提供服务。

二、JCPenney 公司的质量管理创新

JCPenney 公司认为真正的竞争优势在于优质的服务。管理部门认为，这种服务的优势应归功于 20 世纪 80 年代中期该公司所采取的三项创新活动，即质量循环、精确至上以及激光扫描技术。

1. 质量循环：小改革解决大问题。1982 年，JCPenney 公司首先启动了质量循环活动，以期维持和改善服务水准。

2. 精确至上：不断消除物流过程中的浪费。精确至上的创新活动旨在通过消除收货、拣选和装运活动中存在的缺陷，来提高服务的精确性。

3. 激光扫描技术：用科技改进质量管理。应用激光扫描技术，以 99.9% 的精确性来跟踪 230 000 个存货单位（SKU）的存货。JCPenney 公司需要一种系统，能够按每秒三次的速度，从任何角度读取各种包装尺寸的产品信息。于是，公司内部的系统支持小组优化了硬件和软件来达到这一目的。其结果是，该配送中心的四个扫描站耗资 12 000 美元，削减了每个扫描站分别所需的 16 个键盘操作人员。

三、质量管理创新

从协调员工与技术的关系看来，"加重工作"的质量循环与"减轻工作"的技术应用之间，会造成一种有趣的尴尬局面。JCPenney 公司在引进扫描技术的同时，还需要保持其既得利益和改进成果。

质量管理一直以来都是我国企业广泛关注和重视的问题，各企业在实践中也创造了许多行之有效的管理方法。但是，质量管理是无止境的发展过程，需要企业在经营活动中不断追求。JCPenney 公司在质量管理创新方面的方法和经验就值得我们学习：第一，质量管理是日常管理工作，需要关注小的地方，认真对待每一个问题，坚持天天改造，实现天天改进。第二，质量管理需要有不断更新的观念和方法。面对新的环境和新的需要，企业质量管理会有新的改变，只有更新思想、创新方法，才能实现企业质量管理目标。第三，积极探索和引用现代技术来推动企业质量管理的发展。第四，协调企业内部各部门、各环节、各种资源要素之间的关系，形成企业高效有序的质量管理运行机制；协调企业外部的相关关系，为企业质量管理创造良好的发展环境。

问题与思考：

1. 什么是物流客户服务质量体系？

2. JCPenney 公司采用了哪些手段进行质量创新？

学习任务单 11-3

学习情景	小东假期去参观了京东物流的客服基地，对京东如何管理庞大的客户群体产生了兴趣，小东对此展开了研究
任务描述	学生分小组就以下问题进行讨论： 问题1：物流客户服务质量标准的内容是什么？ 问题2：物流客户服务绩效评价体系包括哪些内容？ 以上任务建议2学时完成
课程思政	学习"素养提升"内容《快速查询越做越好，时效产品越做越好，跨越获行业大奖》，了解物流企业如何为客户提供高质量服务
讨论	谈一谈你印象最深的客户服务
任务拓展	利用业余时间，以小组为单位调查当地的物流企业是如何进行客户质量管理的

学习任务考核单 11-3

小组：

组长：	组员：				
序号	任务	分值	总结与归纳		成绩
1	物流客户服务质量标准	30分			
2	物流客户服务绩效评价体系和指标	30分			
3	物流客户服务绩效评价方法的架构	40分			
合　计					

＊请学生填写完学习任务考核单后上交。

◎ 知识链接

一、物流客户服务质量标准

（一）物流客户服务质量标准的内容

物流客户服务质量内涵丰富，一般包括为实现客户需求而使用的物流技术质量和物流功能质量。大部分企业将物流技术质量设为物流客户服务质量的核心，集中企业资源提高物流客户服务的技术质量，并以此作为企业竞争的主要因素。但随着竞争的加剧，企业应同样重视提供物流服务的过程，提高物流客户服务的功能质量，并将其作为增强本企业竞争优势的一种手段。而物流客户服务质量环是对物流客户服务质量形成流程和规律的描述，它是设计和建立物流客户服务质量体系的基础，可针对不同行业类别，根据企业的具体情况、服务类型、特点来确定合适的服务质量环。

物流客户服务质量体系一般是按照 ISO9000 系列标准构建的，其作用是达到和保持物流客户服务质量的目标，使企业内部保证物流服务质量达到要求，使客户相信物流客户服务质量符合要求。它包括物流质量管理体系结构、组织结构、程序文件、控制过程、资源要素。企业应充分认识到质量管理在物流客户服务中的重要性，通过维护客户的利益使客户满意，达到提高企业客户服务质量的目的。

（二）物流客户服务过程的质量管理

在产品或服务的商业交易活动中，对供应方来说，通过产品或服务的质量获得市场、赢得效益是最终目的，但产品或服务的质量不是由某几台设备、某几个工作人员或某种规定、某种措施所能保障的。供应方不仅需要通过生产、工作全过程的管理和质量控制来保障当前产品或既定服务的质量，还需要一个不断提高企业整体质量水平的持续发展的管理机制；对需求方来说，得到高质量水平的产品或服务是唯一目的，但产品或服务的质量只能在取得产品或接受服务的过程中才能感知，需求方不仅需要得到优质的产品或服务，而且对产品或服务供应方所具有的保证质量的能力有评价、认识的需求。因此，需要从满足需求方对产品或服务的质量要求和对供应方稳定保证质量的能力、信誉的需求出发，从供应方建立严密的全过程质量控制、管理及持续改进质量管理，提高产品或服务质量水平的必要性出发，建立质量管理体系的要求和质量体系第三方认证的规则。

根据服务质量环，物流客户服务过程的质量管理可划分为三个主要过程：物流市场研究与开发、物流服务组织设计以及物流客户服务提供过程的质量管理。总之，物流客户服务质量管理是一个循序渐进、没有终点的过程。在快速变化的竞争市场中，所有忽视质量改进的企业都只能随着竞争对手的进步而失去更多的客户。

二、物流客户服务绩效评价体系和指标

(一) 前台服务要素

前台服务主要包括交易前下达订单和订单实现交接两个环节。在这两个环节中，企业与客户面对面交流，是客户直接感知物流服务质量的环节，故这部分的绩效要素对企业获得客户、维持客户起着重要的作用。因此，该部分指标必须反映对客户需求的快速响应，以便企业管理人员时刻掌握服务质量的动态过程，及时处理相关问题，保证较高的服务水平。响应性是指迅速应对客户提出的要求、询问和及时、灵活地处理客户的问题的能力。其具体的绩效指标包括：订单的便利性、客户咨询处理速度、顾客投诉处理时间。

1. 订单的便利性

随着网络技术的发展，下达订单的方式也越来越多。目前，下达订单的方式主要有：因特网、电话、销售点现场。

2. 客户咨询处理速度

客户咨询一般是客户和物流企业客服团队的直接沟通。因此，为了提高客户咨询处理速度，必须有一支具有较高素质和服务意识的客服团队。

3. 顾客投诉处理时间

顾客投诉处理时间是从顾客投诉开始到问题得到满意解决为止的时间。对于时间性的绩效考评指标，企业必须制定合理的执行时间标准。对于物流服务而言，如果在服务过程中出现了失误，顾客在标准执行时间的基础上最长可以接受的等待时间是有限的。因此，无论服务的延迟是出于什么原因，都将因顾客的离去而大大影响利润水平。为了保证执行的标准时间最短，就必须在流程上加以严格控制。

(二) 后台服务要素

后台服务要素是不和顾客直接接触、为前台服务提供强有力的支持作用的重要考评要素，主要是物流服务流程效率的考评要素，包括可靠性、安全性两个维度。

1. 可靠性

可靠性是指按照承诺办事的能力。具体的衡量指标有：

(1) 企业的库存可得率，即企业产品库存满足客户需求的能力。

(2) 订单分拣的正确率，即正确分拣的订单总数与接收到的订单总数的比值。

(3) 配送及时率，即在需求时间内执行的客户运输需求总量与客户的配送需求总量的比值。

2. 安全性

安全性即在配送过程中货物保全的程度，主要通过配送完好率来衡量。配送完好率

是指执行的所有物资完好数量与客户运输需求总量的比值。

三、物流客户服务绩效评价方法的架构

物流客户服务是在客户需求的拉动下，为提高物流企业竞争力而借助信息技术和管理技术实现产品设计、原料采购、产品制造、仓储配送、分销与零售集成化并进行优化管理，进而实现客户价值最大化的管理模式。综合物流客户服务特征和当前物流客户服务绩效评价方法的有关研究成果可得到物流客户服务绩效评价方法的架构。物流客户服务绩效评价方法架构一般采用平衡计分卡法、关键业绩指标法、层次分析法、德尔菲法、模糊综合评价法、标杆瞄准法、SWOT矩阵法。

首先，采用平衡计分卡法全面地分析影响物流客户服务水平的因素，并在此基础上以同行先进企业为标杆，利用关键业绩指标法找到制约物流客户服务质量的关键因素，进而科学地确定物流客户服务绩效评价的指标体系；其次，以层次分析法为主、德尔菲法为辅计算各个评价指标的权重，在此基础上确定最终权重；再次，在模糊综合评价法思想的指导下计算绩效评价的最终结果；最后，利用标杆瞄准法和标杆企业相比较，确定企业物流客户服务水平和质量的等级，并利用SWOT矩阵法找出企业物流客户服务的优势和劣势。这种物流客户服务绩效评价方法架构能系统、全面地评价企业物流客户服务的绩效，是综合利用当前各种先进评价方法，集其各自优点于一体的绩效评价架构。平衡计分卡法和关键业绩指标法相结合，使评价的指标既科学、全面又突出重点。采用层次分析法和德尔菲法确定指标的权重，将定性因素定量化和定量因素定性化两种思想相互结合，科学地评价物流客户服务。模糊综合评价法使得评价的结果能够符合人们的思维习惯，更加接近现实。标杆瞄准法和SWOT矩阵法相结合能够将企业与先进的物流企业相比较，对评价的结果进行切合实际的分析，从而认清企业物流客户服务发展的优势和障碍，明确企业物流客户服务发展的趋势和方向。

◎ 素养提升

快运查询越做越好，时效产品越做越好，跨越获行业大奖

成立多年来，跨越速运不但快运查询服务越做越好，时效产品也成为B端客户的"心头好"。胡润至尚优品颁奖典礼隆重举办，跨越速运斩获了一项服务大奖："2023年中国物流服务最佳表现奖"。

过去一年，在由运联智库每年发布的中国零担排行榜中可以发现，跨越速运是名次上升最快的企业。《2020年中国零担排行榜》中，跨越速运第七名；在2022年和2023年，跨越速运分别以113亿元和139.7亿元，连续两年蝉联零担收入榜单第二名。在行业内，被冠以快运增速冠军称号。跨越速运是如何实现行业引领的呢？在运力方面，跨越速运可以实现全国各大机场全天候、24小时不间断的航空货运服务，可实现全国90%以上的网络区域覆盖，华南、华东及华北400余座城市"夜发晨至"的快递时效成为标配，日均航空货量近2 000吨；在科技方面，跨越速运打造了一个有着一千余人专业研发IT工程师的"跨越速运新科技"团队，可以有效降低货损率，提高运输时效，满足客户千人千面的个性化要求；在服务方面，跨越速运开通了7×24小时专人服务，为客户

提供的"管家式服务"。

作为中国奢侈品牌界的年度盛宴,"胡润至尚优品"具有极高的口碑和影响力。"如今,集团再次荣膺'2023年中国物流服务最佳表现奖',我相信这不仅是对于跨越速运多年来稳健成长和不懈创新的最好鼓励,背后更承载了千万家企业客户对跨越速运的极高认可,以及未来肩上一份更加沉甸甸的责任。"集团销售总经理在获奖现场感言。

作为物流行业唯一一个获奖的企业,此次荣获"2023年中国物流服务最佳表现奖",是行业内外对跨越速运的高度认可,在接下来的时间里,跨越速运将继续发力,让速运行业迈上新台阶!

资料来源:十堰晚报,2024-04-11.

练习题

1. 简答题

(1) 什么是物流客户服务?

(2) 物流客户服务的层次有哪些?

(3) 物流客户服务的基本能力有哪些?

(4) 什么是物流客户管理?

(5) 物流客户管理的内容是什么?

(6) 物流客户服务质量标准的内容是什么?

2. 实训练习

请同学们以小组为单位完成以下实训任务。

【任务内容】

某客户购买了一批商品,并选择了物流公司进行配送,然而,实际送达时间比预期延迟了数天,影响了客户的生活和工作,客户到物流公司进行投诉。

【实践活动安排】

活动	物流客户服务质量管理
活动目标	正确处理物流客户投诉
活动内容	根据案例,讨论处理投诉的方法
活动考核	1. 每个小组上交一份作业记录 2. 考核每个小组答案的合理性,分A、B、C、D 4个等级评定

参考文献

[1] 蓝飞云，郭蓬舟．第三方物流企业客户服务绩效考评指标体系研究［J］．铁道货运，2009（1）．

[2] 徐超毅．物流客户服务绩效评价方法研究［J］．郑州航空工业管理学院学报，2008（2）．

[3] 韦妙花．仓储与配送实务［M］．北京：电子工业出版社，2019.

[4] 于丽娟．商品仓储物流［M］．北京：高等教育出版社，2017.

[5] 北京中物联物流采购培训中心．物流管理职业技能等级认证教材：初级［M］．2版．南京：江苏凤凰教育出版社，2021.

[6] 方磊．电子商务物流管理［M］．2版．北京：清华大学出版社，2016.

[7] 马宁．电子商务物流管理：微课版［M］．3版．北京：人民邮电出版社，2020.

[8] 滕宝红，徐梅．电商运营经理实战工作手册［M］．北京：人民邮电出版社，2022.

[9] 商玮，童红斌，徐慧剑．电子商务基础［M］．2版．北京：电子工业出版社，2022.

[10] 顾明．电子商务物流［M］．2版．北京：机械工业出版社，2022.

[11] 蓝仁昌．物流信息技术应用［M］．3版．北京：高等教育出版社，2021.

[12] 黄有方．物流信息系统［M］．北京：高等教育出版社，2010.

[13] 郑少峰，张春英．现代物流信息管理与技术［M］．2版．北京：机械工业出版社，2022.

[14] 王淑荣．物流客户服务［M］．北京：机械工业出版社，2014.

[15] 陶杰．基于配送中心成本及服务水平的价值分析［D］．成都：西南交通大学，2006.

[16] 杨茜．纸包装材料的优势与发展［J］．中国包装工业，2005（3）．

[17] 朱艳艳．日照绿茶包装材料与设计形式之探析［D］．苏州：苏州大学，2016.

[18] 李妮，付红飞，刘琳琳．浅谈电子商务环境下快递包装的现状及存在问题［J］．今日印刷，2020（12）．

[19] 王盼盼，孙曼熙，杨永发．电商模式下产品包装设计研究［J］．工业设计，2019（10）．

［20］仲晨，杨雅碧，周丽娜．电商物流包装的研究现状及其展望［J］．包装学报，2020，12（5）．

［21］胡志才．"新零售"背景下智能包装设计的发展与应用研究［J］．包装工程，2022，43（14）．

［22］高德，计宏伟．包装动力学［M］．北京：中国轻工业出版社，2010．

［23］刘杏英．浅析淘宝网物流配送的问题及对策［J］．物流工程与管理，2012，34（3）．

［24］马俊鹏．电力物资配送管理之我见［J］．科技创业家，2012（18）．

［25］刘龙政，焦岳红．电子商务下的物流配送流程分析［J］．物流技术，2009，28（12）．